21世纪高师文科系列教材

逻辑学教程

郭彩琴　编著

北京大学出版社
PEKING UNIVERSITY PRESS

图书在版编目(CIP)数据

逻辑学教程/郭彩琴编著. —北京:北京大学出版社,2007.2
(21世纪高师文科系列教材)

ISBN 978-7-301-11599-2

Ⅰ.逻… Ⅱ.郭… Ⅲ.逻辑—师范大学—教材 Ⅳ.B81

中国版本图书馆 CIP 数据核字(2007)第 013264 号

书　　　　名：	逻辑学教程
著作责任者：	郭彩琴 编著
特 约 审 稿：	裘江杰
责 任 编 辑：	严胜男
标 准 书 号：	ISBN 978-7-301-11599-2/B·0399
出 版 发 行：	北京大学出版社
地　　　 址：	北京市海淀区成府路 205 号　100871
网　　　 址：	http://www.pup.cn
电 子 邮 箱：	zpup@pup.pku.edu.cn
电　　　 话：	邮购部 62752015　发行部 62750672　编辑部 62753374
	出版部 62754962
印　 刷　 者：	北京飞达印刷有限责任公司
经　 销　 者：	新华书店
	890 毫米×1240 毫米　A5　　11.125 印张　　320 千字
	2007 年 2 月第 1 版　2024 年 8 月第 16 次印刷
定　　　 价：	29.00 元

未经许可,不得以任何方式复制或抄袭本书之部分或全部内容。
版权所有,侵权必究　举报电话:010—62752024
　　　　　　　　　　　电子邮箱:fd@pup.pku.edu.cn

目 录

前　言 …………………………………………………………（ 1 ）

第一章　绪论 …………………………………………………（ 1 ）
　第一节　逻辑学的研究对象 ……………………………（ 1 ）
　第二节　学习逻辑学的意义 ……………………………（ 6 ）
　思考题 ……………………………………………………（ 8 ）
　练习题 ……………………………………………………（ 8 ）

第二章　概念 …………………………………………………（ 10 ）
　第一节　概念概述 ………………………………………（ 10 ）
　第二节　概念的内涵和外延 ……………………………（ 15 ）
　第三节　概念的种类 ……………………………………（ 18 ）
　第四节　概念间的关系 …………………………………（ 23 ）
　第五节　定义 ……………………………………………（ 28 ）
　第六节　划分 ……………………………………………（ 32 ）
　第七节　概念的限制与概括 ……………………………（ 36 ）
　第八节　概念的应用 ……………………………………（ 40 ）
　思考题 ……………………………………………………（ 48 ）
　练习题 ……………………………………………………（ 49 ）

第三章　判断(一) ……………………………………………（ 53 ）
　第一节　判断概述 ………………………………………（ 53 ）
　第二节　性质判断 ………………………………………（ 56 ）
　第三节　关系判断 ………………………………………（ 67 ）
　思考题 ……………………………………………………（ 72 ）
　练习题 ……………………………………………………（ 73 ）

第四章　判断(二) ……………………………………… (79)
第一节　联言判断 …………………………………… (79)
第二节　选言判断 …………………………………… (83)
第三节　假言判断 …………………………………… (88)
第四节　负判断 ……………………………………… (95)
第五节　真值表的判定作用和真值表方法 ………… (102)
思考题 ………………………………………………… (107)
练习题 ………………………………………………… (107)

第五章　演绎推理(一) …………………………………… (112)
第一节　推理概述 …………………………………… (112)
第二节　直接推理 …………………………………… (121)
第三节　三段论 ……………………………………… (128)
第四节　关系推理 …………………………………… (141)
思考题 ………………………………………………… (145)
练习题 ………………………………………………… (145)

第六章　演绎推理(二) …………………………………… (151)
第一节　联言推理 …………………………………… (151)
第二节　选言推理 …………………………………… (153)
第三节　假言推理 …………………………………… (157)
第四节　二难推理 …………………………………… (166)
思考题 ………………………………………………… (173)
练习题 ………………………………………………… (174)

第七章　模态判断及其推理 ……………………………… (178)
第一节　模态判断 …………………………………… (178)
第二节　模态推理 …………………………………… (182)
思考题 ………………………………………………… (186)
练习题 ………………………………………………… (186)

第八章　普通逻辑的基本规律 …………………………… (188)
第一节　同一律 ……………………………………… (189)
第二节　矛盾律 ……………………………………… (193)
第三节　排中律 ……………………………………… (196)

思考题………………………………………………………（202）
　　练习题………………………………………………………（202）
第九章　归纳与类比…………………………………………（206）
　　第一节　归纳推理概述……………………………………（206）
　　第二节　完全归纳推理……………………………………（208）
　　第三节　不完全归纳推理…………………………………（210）
　　第四节　探求因果联系的逻辑方法………………………（214）
　　第五节　类比推理…………………………………………（220）
　　思考题………………………………………………………（223）
　　练习题………………………………………………………（223）
第十章　论证…………………………………………………（227）
　　第一节　论证概述…………………………………………（227）
　　第二节　论证的规则………………………………………（232）
　　第三节　反驳及其方法……………………………………（236）
　　思考题………………………………………………………（241）
　　练习题………………………………………………………（241）
第十一章　谬误………………………………………………（244）
　　第一节　形式谬误…………………………………………（244）
　　第二节　非形式谬误………………………………………（247）
　　思考题………………………………………………………（256）
　　练习题………………………………………………………（256）
第十二章　现代逻辑基础知识简介…………………………（259）
　　第一节　命题逻辑…………………………………………（259）
　　第二节　谓词逻辑…………………………………………（266）
　　思考题………………………………………………………（270）
　　练习题………………………………………………………（271）

附录一
　　各章练习题参考答案………………………………………（272）
附录二
　　综合练习题及参考答案……………………………………（303）

附录三
　　应用练习题及参考答案……………………………………（333）
参考书目……………………………………………………（345）
后　记………………………………………………………（347）

前　　言

　　说起逻辑，就高校文科学生而言，大多觉得这门课太抽象，不好学；说起学逻辑的好处，学过的人又都予以肯定，认为学和不学就是不一样。这就给逻辑学教师提出了一个难题：如何帮助学生克服畏难心理？如何提高学生的逻辑思维能力？如何使传统逻辑与现代逻辑顺利接轨？笔者对上述问题几经思考，结合多年来的教学实践，在参阅多种相关教材后书成此稿，以奉读者。

　　本书以普及传统逻辑的基础理论为主旨，以高校文科专业的本科生、专科生及广大逻辑学爱好者为对象，以简明实用为原则。在全书的构架上，将模态判断和模态推理合为一章，将归纳推理和类比推理合为一章，分别作简要介绍，突出了演绎推理的内容。在阐述基本原理时，力求联系实际、通俗易懂，以利于初学者理解要义。此外，全书在各章节的主要知识点上都增加了相应的实例，旨在帮助读者克服心理障碍，增进学习兴趣。

　　逻辑学原理是思维的法则，正确的思维要通过恰当的语言来表达。因此，本书第二章特意增设一节"概念的应用"，综合分析了语言表达中常见的逻辑错误、可能出现的思维障碍以及几种修辞格的逻辑机理；第十一章《谬误》增加了对"非形式谬误"的分析。这些都有利于读者的学习。

　　在学好理论知识的同时注重逻辑学习题的演练，这是提高逻辑素养的必由之路。根据逻辑知识习得的认知规律，在习题设计方面，本书以分项演练、循序渐进、综合检验、融会贯通，理论和实用内容兼收并重为原则。笔者对所选的习题及考卷进行了精心的编排，其中少量习题选自最新公务员考试模拟习题。

　　现代逻辑是当代基础科学的重要组成部分，自然也应是当代大学生知识结构的重要内容。本书在阐述传统逻辑原理的过程中,注重对符号语言应用的思维训练,意在增强读者的抽象意识与抽象能力,也为传统逻辑与现代逻辑教学内容的有机衔接创造了条件。同时,本书还简要介绍了现代逻辑的基础知识,旨在拓展读者的视野,为日后进一步的学习打开一扇知识之窗。

当前,科学技术的飞速发展、不同文化的交汇碰撞,呼唤着人们的理性思维,而传统逻辑正是构建人类思维大厦的基石,是孕育现代逻辑百树千花的沃土,在人们的日常思维中仍有着它不可替代的作用。能在这片沃土上耕耘,为各位读者略尽绵薄之力,吾愿足矣。

郭彩琴
2006 年 3 月 15 日

第一章 绪 论

第一节 逻辑学的研究对象

在现代汉语中,"逻辑"一词属舶来语,是英语"logic"一词的音译。"logic"源于希腊文"λόγος(逻各斯)",它的本义是言语、秩序、规律的意思,引申为理性、思想、道理、思维规律等。在日常语言中,"逻辑"一词是多义的,既可以表示思维规律、客观事物的发展规律,也可以表示一种观点、理论,还可以指逻辑科学。例如:

① 实现四个现代化是我国半个多世纪以来全部革命过程的合乎逻辑的继续。

② 无论是讲话还是写文章,思考都要周密,要合乎逻辑。

③ 干部要学点逻辑。

④ 无知就是幸福——这是庸人的逻辑。

"逻辑"一词在例①中表示客观事物发展的规律,在例②中表示思维规律,在例③中指逻辑科学,在例④中则指一种观点、看法。

顾名思义,由逻辑一词的含义可知,逻辑学是关于思维的科学。逻辑学研究思维,重在研究思维的逻辑形式及其规律,同时也涉及一些简单的逻辑方法。

按照马克思主义认识论的观点,人的认识是从实践中产生的,人们对客观事物的认识可分为感性认识和理性认识两个阶段。思维是指人们在理性认识阶段的思考活动,它是人脑对客观世界间接、概括的反映。具体地讲,也就是人们在取得感性认识的基础上,进一步运用抽象、概括、分析、比较等思考方法,不断抽取出同一类认识对象的特有的、共同的属性,逐步形成概念、判断,并进一步根据这些判断作出推理,从而得出新的判断的过程。

例如,在著名侦探小说《福尔摩斯探案集》中,根据作者的描述,福尔摩斯与华生二人是在素昧平生的情况下不期而遇的。不料,福尔摩斯语出惊人:"你是个军医,刚从阿富汗回来。"华生当即为福尔摩斯准确超人的判断力所折服,但又百思不得其解。后来福尔摩斯对华生解释说:"在你这件事上,我的推理过程是这样的:'这一位先生,具有医务工作者的风度,但又有一种军人的气概,那么,显见得他是个军医;他刚从热带回来,因为他脸色黝黑,但从他手腕的皮肤黑白分明看来,这并不是他原来的肤色;他面容憔悴,这就清楚地说明他是久病初愈而又历尽了艰苦;他左臂受过伤,现在动作起来还有些僵硬不便。试问:一个英国的军医,在热带地方历尽艰苦,并且臂部负过伤,这能在什么地方呢?自然只有在阿富汗了。'这一连串的思想,历时不到一秒钟,因此我便脱口说出你是从阿富汗来的。"

又如,我国当前个人所得税的起征点应该以多少为宜?对此,在政府召开的听证会上,每一位发言人都根据自己所掌握的材料,从客观情况出发,说明了自己的观点,并阐述了各自的理由。从思维的角度来看,他们的观点就是他们运用各种数据和已有的判断进行不断的推理所得出的结论;他们每人的发言就是一个完整的论证。面对同样的事实,各人的观点却可能是大相径庭的,这是因为人们头脑中的思维对象尽管来自客观世界,但却经过不同头脑的加工,增加了一定的主观色彩,因此其思维内容实际上是一种对客观世界的间接的反映,具有抽象性和概括性的特点。

可见,思维的发生源于社会实践活动;思维的内容来自客观世界;思维的实质是整理加工感性认识材料的过程(其中最重要的是抽象和概括)。而这整个加工过程就是不断地在实践中形成概念、判断,并运用已有的判断进行推理,进而得出新的判断的过程。人类对客观世界的认识,就是遵循实践——认识——再实践——再认识的认识规律,在这种循环往复、不断深入的思考当中得以深化的。这种全面地、创造性地进行思考的能力是只有人脑才具有的,因此,思维是人脑特有的机能,是人脑对客观事物的间接和概括的反映。

思维内容离不开思维形式,思维形式即承载思维内容的方式,概念、判断、推理是三种基本的思维形式,判断、推理又可区分为多种类型。这三种思维形式彼此既有联系又有区别。概念是思维活动最基本的元素;判断是由概念组成的,又为推理提供了前提和结论;推理则是主要的思维形式,是人们认识世界、获取新知的重要手段,人的思维活动主要依靠推理来实现。

逻辑学研究思维,不是研究思维的具体内容,而是研究思维形式,更准确地说,是研究各种类型的判断、推理(特别是推理)的逻辑形式。所谓思维的逻辑形式(或曰思维的结构形式),也就是对各种类型的判断、推理从结构方面予以抽象化的结果。无论是哪一种类型的判断(或推理),必然有一定的结构形式。如果把内容不同的同一种类型的判断放在一起进行比较分析,就会发现它们在结构形式上的相同之处。例如:

① 智力是人类认识客观事物并作出适当反应的一种能力。
② 菱形是四条边长相等的四边形。
③ 罗盘是用指南针确定方向的仪器。

从结构形式上看,这三个判断各自都有一个判断对象,都有一个与该类对象事物相关的属性,也都有一个表明对象与属性关系的判断词"是"。因此,如果用 S 代表判断的对象,用 P 代表与这类对象相关的属性,那么,它们共同具有的结构形式就可以表示为:S 是 P。这一结构形式也就是包括上述三个判断在内的这种类型判断所共同具有的逻辑形式。又如:

① 文学是人学,古典文学是文学,所以古典文学是人学。
② 凡年满 18 周岁的公民都是有选举权的,某班学生都是年满 18 周岁的公民,所以某班学生都是有选举权的。

这是两个内容完全不同的推理。在各自的推理中,如果相同的概念用同一个字母表示,不同的概念用不同的字母表示,那么就可以得到它们共同具有的推理形式:

```
      M 是 P
      S 是 M
   ─────────
    ∴ S 是 P
```

如果完全用符号语言来表示，那么，这一推理形式就是：

```
      MAP
      SAM
   ─────────
    ∴ SAP
```

这一形式也就是包括上述两个推理在内的这种类型的推理所共同具有的逻辑形式。可见，思维的逻辑形式也就是具有不同思维内容的某种类型的思维形式所共同具有的一般形式结构。它们正是从大量具体的判断及推理中抽象出来的。逻辑学研究的对象就是这些抽象的形式，研究这些形式各自的特点及其变化规律，从而明确指出在人们的思维活动中哪些形式是不适用的，哪些是普遍适用的，哪些是有条件适用的，运用这些形式时需要注意哪些问题等等。

思维的逻辑形式是由逻辑常项和逻辑变项两部分组成的。逻辑常项是该逻辑形式被还原为具体的判断（或推理）时固定不变的部分；逻辑变项是该逻辑形式被还原为具体的判断（或推理）时可变的部分。例如，上述判断形式中，S、P 都是逻辑变项，"是"是逻辑常项。上述推理形式中，M、S、P 都是逻辑变项，A 是逻辑常项。

人们在思维活动中要运用多种类型的判断形式和推理形式。在一个思维过程中，各种逻辑形式之间及其内部的各个组成部分之间有一定的内在联系，这种内在的联系就是逻辑规律。逻辑学研究思维的逻辑形式是为了揭示思维的逻辑规律，以便帮助人们正确认识并掌握这些规律，使得人们在思维活动中具有思想的确定性、无矛盾性、明确性、论证性，在表达思想时能够做到清晰、准确、严密、合乎条理。关于逻辑形式的规律有许多，其中有些只适用于部分逻辑形式，被称为规则；有些普遍适用于各种思维形式，是思维活动所必须遵循的前提,被称作思维的基本规律。在普通逻辑学中,公认的逻辑基本规律有三条,即同一律、矛盾律、排中律。例如,"转基因食品是有害的"与"转基因食品不是有害的"这两个判断是不可能同时成立的。讲话人对于这样两个互相否定的判断若同时断定为真,那么就违反了思维的基本规律中矛盾律的逻辑要求,犯了自相矛盾的逻辑错误。

思维的逻辑规律是有客观依据的,是客观事物最普遍的关系在人们头脑中的反映,是经过人们的长期实践才被认识和确定下来的,因此是有客观基础的,对于人们的思维活动具有制约作用和规范作用。

逻辑学除了研究思维形式及其规律外,还涉及一些简单的逻辑方法。所谓简单的逻辑方法,即在认识事物的性质和关系的过程中,与思维形式的运用有关的一些抽象化的思考方法,如分析、综合、抽象、概括、比较、探求现象间的因果联系的方法、明确概念的逻辑方法等。

人类的思维活动是通过语言得以实现的,无论使用哪一种思维形式存储或表达思维内容,都离不开语言。可以说思维是借助于语言来实现对客观事物的反映的,因此,逻辑学研究思维形式自然也就离不开研究相关的自然语言表达方式。另一方面,由于逻辑学研究的是抽象的思维形式,所以离不开字母和符号。本书所介绍的知识主要是传统的形式逻辑学的知识,传统的形式逻辑学以自然语言为主,但也涉及少量的符号语言。符号语言是一种人工构造的表意符号系统,亦即人为地赋予某些符号以特定的含义,并用符号和公式表达所要陈述的思想内容以及对象之间的关系。比起自然语言来,符号语言表意更为严密,语义界定更严格,这样就避免了理解上的歧义性,当然也就更具抽象性。因此对于初学者来说,可能需要有一个适应的过程。

第二节　学习逻辑学的意义

一、逻辑学的性质

逻辑学是一门基础科学，属工具性学科，它无时无处不在发生作用。逻辑学科的这一性质是由它特殊的研究对象所决定的。众所周知，整个世界是个绚丽多彩的知识王国，而每一门具体科学都只能是在某一领域内进行相关的研究，为人们提供该领域的科学知识。例如，天文学是研究天体的结构及其演变的；物理学是研究物体的运动变化规律的；逻辑学是研究思维形式、思维方法、思维规律的。如果从知识内容来看，除逻辑学外，其他各门科学都为人们提供了某一领域的具体科学知识，惟独逻辑学告诉人们的是关于思维自身的知识，也就是说，除了对思维形式的认识外，它不能给人们直接提供任何有具体内容的知识。然而，在具体的思维活动中，思维形式和思维内容又是密切相关的，没有无思维形式的思维内容，也没有无思维内容的思维形式。自然，研究各种思维内容的各门具体科学都需要运用各种思维形式，因而也就离不开研究思维形式的逻辑学。逻辑学给我们提供了必要的逻辑工具和方法，只有掌握了逻辑学知识，才能自觉地正确运用各种思维形式，做到概念明确，判断恰当，推理合乎逻辑，论证有说服力，进而才有可能构造一个具有确定性、无矛盾性、论证性的亦即合乎逻辑的会话、演说、论证乃至于思想或科学体系。正像语法给人们提供了运用语言的规则一样，逻辑给人们提供了思维的规则。因此，逻辑学的基本内容对于各门具体科学来说都是普遍适用的，学习逻辑学对于每一个人都具有重要的意义。

二、学习逻辑学的意义

学习逻辑学最重要的意义在于帮助我们提高逻辑思维能力。例如，已知"并非我班所有的文娱活动积极分子都是体育活动积极分子"，那么，是否可以肯定"我班有些文艺活动积极分子是体育活动积极分子"呢？一般来讲这需要一番思索，但如果掌握了逻辑学的有关知识，那么对这个问题就可以迅速作出正确的回答。

又如，赴南极考察的某探险队抵达目的地后才发现：由于输油管道带少了，无法将船上的油输送到营地，这将危及全体队员的生存。他们找遍了船舱，也没有找到可替代的物品。怎么办？正当大家一筹莫展的时候，队长灵机一动："用冰做管子！"于是，他们把水浇在输油管道上，水当即结成了冰，再把管道抽出来，一节冰制的输油管道就做好了。用这种办法，问题很快得到了解决。这里，队长的高明取决于他高超的逻辑推理能力。

逻辑思维能力的提高，有助于人们正确地认识客观事物，获取新的知识；有助于人们准确地表达思想，进行严密的论证；也有助于人们识别、驳斥谬误与诡辩。此外，学习逻辑学对于人们学习和掌握其他各门科学知识以及提高办事效率也都是很有好处的。

例如，某报社刊登了一篇关于知识分子作用的文章，其中有这样一句话："没有知识分子就搞不成四化。"文章发表后，一位工人读者提出了意见："没有知识分子就搞不成四化，难道没有我们工人就搞得成四化吗？这不是否定我们工人的作用吗？"事实上，运用必要条件假言判断的知识加以分析，就可以断定这篇文章的观点没有错误。

又如，某顾客去商店买酒，他选了一瓶酒，看了看，不满意，就要求售货员给他换一瓶。随后，他拿起那瓶酒就走。售货员见状，忙喊道："先生，您还没给钱呢！"这位顾客说："啊，我这一瓶是用那一瓶换的。"售货员说："那一瓶您也没给钱呀？"顾客回答说："那一瓶我没拿呀，那不是还在你的柜台上放着吗？"很显然，这位顾客是在为自己的行为进行诡辩。要驳斥各种诡辩，也需要逻辑学的知识。另外，要想更好地论证自己的观点、准确地表达思想，也同样需要逻辑知识。有人就曾经对列宁的演说评论道："列宁演说中的逻辑好像万能的触角，用钳子从各方面把你钳住，使你无法脱身，你不是投降，就是完全失败。"

掌握了逻辑学知识，可以提高人们的认识水平、思考能力、论辩能力和办事效率。既然如此,那么,怎样才能学好逻辑学呢?

由于逻辑学主要研究思维的逻辑形式,自然离不开符号和术语,而且各种规则也比较多,刚开始接触时容易产生畏难情绪。要学好逻辑学,首先就要克服畏难情绪,树立自信心,相信自己一定能学好。其次,要做到深入理解并掌握理论知识,能够紧紧把握各个知识点之间的联系。最后特别要注意理论联系实际,通过大量习题以及一切实践机会来及时巩固已有的理论知识,做到举一反三,知其所以然,这样就能学好逻辑学。

思 考 题

1. 普通逻辑学研究的对象是什么?
2. 学习普通逻辑学有什么意义?
3. 生活中处处有逻辑,请举出两个实例说明你所理解的逻辑是什么?

练 习 题

一、请指出下列概念的含义:
1. 思维 2. 思维形式 3. 思维的逻辑形式 4. 逻辑方法

二、请指出下列各段议论中"逻辑"一词的含义:

1. 虚构、夸张是文学创作的必要手段,但它不曾离开现实生活的逻辑。其目的在于更概括、更真实、更典型地表现事物的本质。

2. 写文章、说话都要讲逻辑。

3. 经历过艰难困苦的人,更懂得珍惜每一个铜币。这是生活的逻辑。

4. 逻辑是我们必须掌握的工具。

5. "家大业大浪费点没啥",这是纨绔子弟的逻辑。

6. "好死不如赖活",这是懦夫的逻辑。

三、请指出下列各组判断是否具有相同的判断形式：

1. "有些企业不是独资企业"与"有些国家不是发达国家"。

2. "如果甲是三好学生,那么甲会得到奖学金"与"只有甲是三好学生,甲才会得到奖学金"。

3. "某罪犯或犯有挪用公款罪,或犯有贪污罪"与"某罪犯既犯有挪用公款罪,又犯有贪污罪"。

4. "物质欲望是创造社会财富的动力"与"大学生助学贷款是解决高校贫困生生活困难的主要途径"。

四、选择题：

1. "所有的S不是P"与"有的S是P"（　　）。
A. 逻辑常项相同但变项不同
B. 逻辑常项不同但变项相同
C. 逻辑常项与变项都相同
D. 逻辑常项与变项都不同

2. "任何改革者都不是唯命是从的,有些干部是改革者,所以,有些干部不是唯命是从的。"此推理的逻辑形式是（　　）。
A. 所有的M不是P,所有的S是M,所以,所有的S不是P。
B. 所有的M不是P,有的S是M,所以,有的S不是P。
C. 有的P不是M,有的S是M,所以,所有的S不是P。
D. M是P,S不是M,所以,P不是S。

3. 思维的逻辑形式之间的区别,取决于（　　）。
A. 思维内容　　　　B. 逻辑常项
C. 逻辑变项　　　　D. 语言表达形式

五、请列举具有下列逻辑形式的判断和推理：

1. 所有的S都是P。

2. 有的S不是P。

3. 所有的M都是P;S是M,所以,所有的S都是P。

4. 如果p,则q;p,所以q。

5. 所有的S都不是P,所以,并非有的S是P。

第二章 概　念

第一节　概念概述

一、什么是概念

　　概念是反映对象特有属性(或本质属性)的思维形式。
　　世界是由物质构成的。物质即独立于人的意识之外的一切客观存在。任何一种存在,当它被人们所关注时,都成为人们认识的对象。客观存在的任何一种事物都有其自身的性质,如形状、体积、成分、结构、功能等,也都会和周围的事物发生一定的关系,如时间、地点、位置等。人们认识客观事物,其实就是认识事物自身具有怎样的性质;认识该事物与其他事物之间具有怎样的关系。事物自身的性质及其与他事物之间的关系统称为事物的属性。自然,任何事物都具有自己的属性;任何属性也都是一定事物的属性。因此,以属性为标志,可以把客观事物区分成各不相同的类。基本属性相同(或相似)的就属于同一个类,基本属性不同的就属于不同的类。就同一类事物而言,它们所具有的相同(或相似)属性有许多,这许多属性可分为特有属性和非特有属性两种。特有属性是这一类事物所特别具有而其他事物不具有的属性,也就是对这一类事物具有决定意义的属性;非特有属性是对这类事物不具有决定意义的属性。而概念就是人们在理解了该事物的特有属性后,留在人们头脑中的对这类事物特有属性的共识及其相关形式。
　　例如,纸介质的书这一类事物,一般来说,每一本都是以纸张为原料、装订成册的印刷品；都是供人阅读，有一定的内容，传播一定知识文化信息；都有自己的形状、体积、重量等等。在这些属性中，具有决定意义的不是有形状、体积、重量等，而是由纸张装订成册，有一定的专门性文字、图片或其他内容，表达作者一定的思想与情感，供人阅读的印刷品，这些就是纸介质书的特有属性。至于有形状、体积、重量等则是书的非特有属性。人们在理解了它的特有属性后，便在头脑中留下了对它的相应认识以及体现这些认识内容的相应的图像及语音和文字符号——书，于是也就形成了关于书(纸介质的)的概念。

概念是思维形式，所谓思维形式，也就是思维内容的载体。这里所说的概念这一思维形式，也就是存在于人们头脑中的、承载着人们对相关对象事物特有属性的认识内容的语言文字符号及相应的图像。我们可以把这语言文字符号及图像合称为语音表象。因此，所谓"概念是反映对象特有属性的思维形式"，其实也就是说概念是存在于人们头脑中的具有一定思维内容的语音表象。这一语音表象所承载的思维内容，正是人们对这一类对象事物特有属性的共识。

二、概念的形成及其特性

(一) 概念的形成

根据唯物论的认识论，概念的形成过程是人脑对感性认识材料进行加工的过程。由于客观事物反复多次作用于人的感觉器官，使得人们逐渐形成了对该事物的感觉、知觉、表象。人脑运用各种逻辑方法对这些感性认识成果进行不断的加工整理，特别是经过多次的抽象、概括，逐渐达到对该事物的深层认识，也就是对其特有属性的认识，同时借助语音表象把这种认识在头脑中确定下来，通过记忆使之得到巩固、加强，并取得社会的公认，于是便形成了对应于这一事物的概念。

按照当代思维学的观点，大脑神经系统有表象、思考两个功能。表象即感觉，也就是指视觉、听觉、嗅觉、味觉、触觉等感觉器官可以把相关刺激转化为各种感觉。思考即对信息（刺激）进行各式各样的区分、合并、排列、比较、选择等，是与感觉传导方向相反的一种心理作用。因此，根据这种观点，也可以认为概念的形成是大脑的思考功能与表象功能同时作用的结果：大脑的思考功能对认识对象（客体信息）不断进行加工，运用比较、分析、综合、抽象、概括等手段，逐渐达到对对象事物特有属性的理解，表象功能以语言形式将其存储和再现，变成指向性信息，由此而形成的这种承载着相应认识内容的形式就是概念。对此，可以通过对汉字起源的分析予以说明。

汉字是表意文字，古人把汉字的造字方法归为"六书"。其中象形、指事、会意、形声是不同的造字方法。而语言、文字正是概念的外在表达方式。我们从分析古汉字的字形就可看出人们对相关概念的特有属性的理解。例如，"木"（木）是象形字，由树根、树干、树枝组成；"水"（水）是象形字，是由许多小水珠组成的弯弯曲曲的流动的液体；"末"（末）是指事字，即树枝的末端——树梢；"集"（集）是会意字，即三只短尾鸟落在了同一棵树上，等等。可见，汉字的起源正说明了概念是借助语音表象确立在人们头脑中的对该事物特有属性的理解。

由于人们头脑中的每一个概念都是反映某一类客观事物的特有属性的，而每一类客观事物所包括的单个具体对象又有可能是一个或多个，因此，人们头脑中所形成的相应的每一个概念都是一个类概念，其对应的同类单个具体对象便可能是一个或多个。我们把头脑中这个类所涵盖的每一个单个对象称作这个类的一个"类分子"。例如，"北京市"是一个类概念，这个类中只有北京这一个对象，即一个类分子；"中华人民共和国的直辖市"也是一个类概念，它的类分子数有四个，即北京、天津、上海、重庆；"城市"也是一个类概念，其类分子数有许多，涵盖了世界各地的各个城市。

（二）概念的特性

1. 概念的抽象性和概括性

概念在形成过程中经过了多次抽象和概括，因此概念具有抽象性和概括性。

所谓抽象,就是运用比较、分析、区分、排列等方法,将客体与其属性分离开来,将一属性与其他属性分离开来加以认识,从而最终达到对该事物类所具有的特有属性的认识的思维过程;所谓概括,是指对于通过抽象从部分对象中得到的相关属性的认识经推理而推广到同类对象全体来加以认识的思维过程。因此,概念的抽象性,是说从概念反映的内容来看,与感性认识相比,它对于对象事物属性的认识不再是直观的、表面的,而是间接的、深入的;概念的概括性,是说从概念反映的内容来看,它对于事物的认识不再是单个的、具体的,而是对该类事物中全部单个对象共有的特有属性的认识。

2. 概念的确定性和灵活性

由于概念的形成过程体现了人类对客观事物经长期实践由浅入深的认识过程,因此,概念一经建立,便具有较长期的稳定性,其形式不会轻易改变,人们对这一概念特有属性的认识也不会轻易改变。另一方面,由于概念的形成过程同时又是人们对客观事物多方面特有属性的不断深化的认识过程,且客观事物本身也处于发展变化之中,因此,由于认识深度及认识角度的不同,对于某个概念的特有属性,又可以从多方面加以说明,这就意味着概念同时又具有相对灵活性。例如,人对"人"这一概念的认识是"能思维的理性动物",是"能制造和使用生产工具的动物",是"各种社会关系的总和"。又如,"水"这种物质从物理学角度来看是"无色、无臭、无味的透明液体",而从化学角度来看则是"两个氢原子和一个氧原子的化合物"。可见,概念既具有确定性的一面,又具有灵活性的一面。

3. 概念的主观性和客观性

概念是一种思维形式,无论它反映的是什么样的客观事物,都只能存在于人们头脑中,它只是人们对客观事物的认识,而不是事物本身。因此,概念具有主观性,属意识范畴。另一方面,由于概念所涉及的思维内容是"对客观事物特有属性"的反映,归根结底,这种认识内容仍来自客观世界。因此,概念同时又具有客观性,它是主观性和客观性的统一。

三、概念和语词的关系

客观事物本身反映到人们头脑中形成概念,人们要表达概念则要依赖语词或词组。概念属思维的范畴,词或词组则属于语言的范畴。概念与语词的关系其实是思维与语言关系的具体体现。两者是内容与形式的对立统一。一定概念是一定语词的思想内容;一定语词是一定概念的语言形式(外在形式),两者既相互依赖,又相互区别,同时又不是一一对应的。相互依赖是说一定的语词可以表达一定的概念,而任何一个概念也都要靠语词来表达;相互区别是指概念作为思维形式之一是可以反映客观事物的,而语词作为语言形式之一只是标志事物、表达概念的符号。另外概念和语词并不是一一对应的,原因如下:

首先,并非所有的语词都表达概念。一般来说,汉语中的实词(名词、动词、形容词、代词、数量词等)是表达概念的,而虚词中多数不表达概念,如结构助词"的、地、得",语气词"啊、吗、呢"等。

其次,同一个概念可用不同的语词来表达,这是由同义词现象所决定的。如有一首诗曰:"一个孤僧独自归,关门闭户掩柴扉。半夜三更子时分,杜鹃谢豹子规啼。"每一诗句中都有几个语词对应同一个概念。

再者,同一语词在不同的语言环境中也可表达不同的概念。这一点则是由多义词现象所决定的。如"白头翁"、"安培"、"逻辑"、"斑竹"(网络语言是"版主")等语词都是如此。

综上所述,理解概念主要应把握如下几方面:

1. 概念是思维形式,承载着相应的思维内容

思维形式是承载思维内容的方式。也就是说,概念是存在于人们头脑中的一种能够把人们对某事物特有属性的认识内容确定下来的方式——语音表象。这里,人们对事物特有属性的共识,也就是它所承载的思维内容。

2. 概念是理性认识的基本形式

概念是由感性认识发展而来的一种理性认识的形式,也是理

性认识最基本的形式。它是人脑运用各种逻辑方法(特别是抽象和概括的方法)对已经取得的感性认识材料加工的产物,因此,概念具有抽象性、概括性等特点。

3. 任何一个概念都是一个"类概念"

任何一个概念都是对一类事物的反映,因此,任何一个概念都是一个"类概念",其类分子数可以是一个,也可以是多个。

4. 概念与语词或词组有一定的关系

概念的语言表达形式主要是语词或词组,二者是内容和形式的对立统一,同时又不是一一对应的。

第二节 概念的内涵和外延

一、什么是概念的内涵和外延

概念的内涵和外延是概念的两个基本特征。概念的内涵就是反映在概念中的对象的特有属性。概念的外延是指反映在概念中的具有相应特有属性的全部对象。如"文学"这个概念,它的内涵是"以语言文字为手段形象化地反映社会生活的艺术";它的外延是人们头脑中具有这一特有属性的全部对象,可以说文学的外延包括小说、诗歌、戏剧、散文。概念的内涵和外延都不能像概念一样,独立地存在于人们头脑之中,它们没有自己独立的形态,仅仅是分别从质和量两方面对概念作出的说明。概念的内涵说明了人们对概念所反映的对象的特有属性的理解,概念的外延则表明了概念的适用范围。

概念的内涵与外延是概念的两个基本特征,这是由概念的本质所决定的。由于概念所反映的特有属性必然是同一个类中全部单个具体对象共同具有的属性,因此,在反映特有属性的同时,也反映了相关对象的数量范围。任何一个具体的概念都具有质和量紧密相关的这样两个方面,自然,概念的内涵和外延也就成为概念的两个基本特征。

任何一个概念都是具有相同特有属性的某类事物的全部单个

具体对象在人们头脑中的集中反映,因此,任何一个概念都是一个类概念。例如"商品"这个概念,它的内涵是"用于交换的社会劳动产品";它的外延就是指我们所理解的具有"用于交换的社会劳动产品"这一属性的全部单个对象。因为这些单个对象都具有"用于交换的社会劳动产品"这一共同属性,因此可以看成是属于同一个类,当然"商品"这一概念也就是一个类概念。那么,怎样说明"商品"这一概念的外延是什么呢？为了叙述方便,可以把"商品"这一个大类分为若干个相应的小类来加以说明,即商品的外延包括食品、服装、鞋帽、小百货、工艺品等等。同理,"图书"的外延包括中国图书和外国图书；而"中国的直辖市"的外延则指北京、上海、天津、重庆；"鲁迅的小说"的外延包括《阿Q正传》、《祝福》、《伤逝》等。由此可见,要说明一个概念的外延范围,可以把这个概念分为几个相应的较小的类来加以说明；也可以把它直接分成相应的若干单个对象来加以说明。任何一个概念都是个类概念,但外延大小是不同的,可以把外延较大的概念看作"母类",把相应的几个外延较小的概念视作它的"子类"("母类"和"子类"都只是在一定语言环境中相对而言),把每一类中相应的那些单个对象称作"类分子"。这样对于概念的外延便容易明确,也便于说明。

二、概念的内涵与外延间的反变关系

如果一个概念的外延范围中包含了另一个概念的全部外延,那么这两个概念之间具有属种关系,外延大的称作"属",外延小的称作"种"。具有属种关系的概念在内涵与外延方面存在着反变关系。即：一个概念的外延愈大,其内涵愈少,外延愈小,其内涵愈多；反之,一个概念的内涵愈少,其外延愈大,内涵愈多,其外延愈小。例如,团员、团干部、优秀团干部这三个概念是属于同一属种序列的概念。从"团员"到"团干部"再到"优秀团干部",外延是愈来愈小,而内涵却愈来愈多；也可以说是内涵愈来愈多,而外延却愈来愈小。反向观之,则内涵愈少,外延愈大；也可以说外延愈大,内涵愈少。也就是说在具有属种关系的概念间是存在着内涵和外延方面的反变关系的。理解概念内涵与外延的反变关系应注意的问题是：

1. 内涵、外延的多少、大小都是相对的，是相对于变化了的概念的内涵、外延而言，并非是固定的。例如，"团干部"相对于"团员"来说，内涵增多而外延缩小了，但相对于"优秀团干部"来说，则是内涵减少，外延扩大了。

2. 这种反变关系仅存在于具有属种关系的概念间，并非任意两概念间都具有这种反变关系。因为具有属种关系的概念是具有一定的共同内涵要素的概念，即种概念具有属概念的内涵，否则是无法比较它们外延的大小以及内涵的多少的。

3. 概念内涵与外延间的反变关系不是严格意义的数量关系，而只是一种变化的趋势。

三、明确概念的内涵与外延的作用

概念的内涵与外延是从质与量两方面说明概念的，分别表明了概念的特有属性和适用范围。若一个概念的特有属性和适用范围都确定了，这个概念自然也就随之确定了。因此，只有明确一个概念的内涵与外延，才能真正理解这个概念。只有正确地理解，才能正确地运用。

例如，世界著名的伟大作家莎士比亚的剧作《威尼斯商人》中，商人安东尼奥为了帮助朋友，向一直仇恨他的夏洛克借了一笔钱。为了报私仇，夏洛克要安东尼奥签约：如果到期不能还债，就要在欠债人"靠近心口处割一磅肉"。安东尼奥当时认为自己的商船可以按时回来，还债没问题，所以就签约同意了。不料他的商船因故受阻，没能按时回来，债款无法还清，于是夏洛克状告安东尼奥违约。在法庭上，夏洛克坚持要履约。这时，"律师"鲍西娅表示：要严格履行契约，但必须是从安东尼奥身上割下一磅肉，不能多，也不能少，也不许流下一滴血，否则按违约规定，财产要充公，伤害人要判处伤害罪。最后，贪婪残暴的夏洛克阴谋未能得逞。这里就涉及了概念"一磅肉"的外延。

又如,在数学课上,老师告诉大家,"X"可以代表实数范围内的任何一个数,它可以是有理数(包括整数和分数,整数又包括正数、负数、零),也可以是无理数。然后,老师提出了一个问题:"X"和"-X"这两个数哪一个大?甲说:"X大。因为X是正数,而-X是负数,正数总是比负数大。"于是老师又讲解了一遍,然后又问甲:"X和2X哪个大?"甲回答:"因为2X是两个X,所以应该是2X大。"显然,甲的两次回答都是错误的,原因就在于他没有弄清X的内涵和外延究竟是什么,以为X只能表示正数。

再如,有人说:"姜昆表演的曲艺很受群众欢迎。"这里,使用"曲艺"这个概念是不恰当的,应把"曲艺"改为"相声"。原因在于"曲艺"比"相声"的外延范围要大,用在这里意思就比较含混,是不妥的。但是,有时在特定场合,出于某种需要,人们也常常有意使用外延较大的概念。例如,李某去商店给朋友买礼品,路上遇见熟人王某。王问李:"干什么去?"李回答:"买东西去。"这种情况是常见的。可见,明确概念的内涵与外延,正是正确理解、正确区分并准确使用概念的前提,也是进一步掌握关于概念的其他知识的基础。

第三节 概念的种类

在人类的科学发展史上,达尔文的进化论学说被誉为19世纪自然科学三大发现之一。然而在他的学说刚刚问世的时候,曾经遭到封建教会势力的竭力抨击。1860年6月,教会在牛津召开了一次著名的会议。会上,英国的红衣大主教威尔勃福斯作了长篇演说,反对达尔文的学说。他在演讲中对在场的年轻教授赫胥黎说:"坐在我对面的赫胥黎先生,你是主张达尔文的观点,认为人是由猿进化来的。那么我请问你:究竟是你祖父是猴子变的,还是你祖母是猴子变的呢?"此言一出,全场大哗。这时,年轻的赫胥黎沉着应战,以大量科学事实进行辩驳,成功地捍卫了达尔文的学说。这里,威尔勃福斯犯了一个错误,原因就涉及概念种类的知识。

概念可以按具体内容进行分类。例如,可以把概念分成文学类的、医学类的、生物学类的等等，但逻辑学不讨论这种分类内容。逻辑学所讲的概念种类，是在各门科学提供的具体知识的基础上，根据概念在内涵和外延方面的逻辑特性（也就是不同概念的内涵或外延在形式方面所共有的特性）来进行分类的。

一、肯定概念和否定概念

根据概念所反映的对象是否具有某属性，可将全部概念分为肯定概念和否定概念。肯定概念又称正概念，它是反映对象具有某属性的概念，如"专业"、"美丽"、"中国古典文学"、"侵略战争"、"天津"等。否定概念又称负概念，它是反映对象不具有某属性的概念，如"无情"、"不美丽"、"非师范院校"、"非正义战争"等。从语言表达形式上看，负概念一般都带有否定词"无"、"不"、"非"，但并非带有这类字眼的语词都表达负概念，关键要看这些语素在构词中是否还具有否定意义。如"非洲"、"否极泰来"等，就不属于否定概念。另外，有的专有名词所表达的概念如"不锈钢"，因不存在与之意义相反的概念"锈钢"，因此也不能视为负概念。

肯定概念和否定概念总是相对应的，两者外延的和是一个范围更大的、直接包含它们的外延的概念，即它们的属概念，而否定概念总是相对于这个属概念即某个特定范围而言的。这个范围就是这个否定概念的"论域"。例如，"非团员"是指除团员以外的其他一切青年人，它的论域是青年。同样道理，"非金属元素"的论域是元素，"非正常状态"的论域是状态。

另外，否定概念是"反映对象不具有某种属性的概念"，这和概念的定义"概念是反映对象特有属性的思维形式"是否相矛盾呢？答曰：否。因为"不具有某种属性"正是否定概念所反映的对象的特有属性。

二、普遍概念和单独概念

根据概念所反映的对象数目的不同，可将全部概念分为普遍概念和单独概念。

任何一个概念都是一个类概念,不过它们所反映的对象数目是不尽相同的。如果把概念外延中的一个单个对象称作一个"类分子"的话,那么,普遍概念就是类分子数在两个或两个以上的概念,如"学生"、"政党"、"规律"等;单独概念就是类分子数为一个的概念,如"李白"、"中华人民共和国的首都"、"世界最长的河流"等。

由于普遍概念的类分子数不止一个,因此在具体的语境中涉及普遍概念时,人们就会想到相应的同类的单个对象。例如,当我们谈到"太阳系大行星"时,人们就会想到是八个而不是一个。在汉语中,表达普遍概念可以使用普遍性名词、动词、形容词等。由于用动词或形容词表达的概念(如跑、跳、说、勇敢、美丽等)都是对某一类对象的某种性质或状态的概括,具有普遍性,因而这些概念都是普遍概念。

由于单独概念的类分子数只有一个,所以表达单独概念的语词主要有人名、地名、书名、具体的时空概念以及摹状词组。摹状词组就是描摹事物性状的词组,如"世界最长的河流"、"当前最不受欢迎的中国电影导演"等。

三、集合概念和非集合概念

根据概念所反映的对象是否为集合体,可将全部概念分为集合概念和非集合概念。反映集合体的概念是集合概念;不反映集合体的概念是非集合概念。

所谓集合体,就是由若干同类的个体对象所组成的统一的整体或群体。集合体所具有的属性,只为该集合体所具有,而不必为组成这个集合体的那些个体都具有。例如,由一个一个中国女排的队员所组成的中国国家女排就是一个统一的整体,由一只一只羊汇聚成的羊群就是群体。中国国家女排、羊群都是集合体。同样道理,诸如联合国、人类、书籍、花卉等也都是集合体。从属性上看,某个集合体一旦形成,它就会具备一些只为它自身所具有,而组成它的那些同类个体对象都不具有或者不都具有的属性,因而它就成为一个独立的认识对象。集合概念与非集合概念的区别，就在于此。

概念是要靠语词或词组来表达的。同一个语词在不同的语言环境中可以表达不同的概念。因此，有一些语词既可以表达集合概念，也可以表达非集合概念。怎样辨识呢？要判定一个语词表达的是否为集合概念，关键是看在具体的语境中，它所表达的概念是否反映集合体，是否反映集合体的这种特殊属性。是，则为集合概念；不是，则为非集合概念。也就是说，可以用这样的方法来辨别：看与之相应的构成成分——同类单个对象是否具有相关属性。如果都不具有或不都具有这一属性，那么该属性就是作为集合体才具有的特有属性，那么该概念就是集合概念；如果相应的同类单个对象全部都具有相关属性，那么该属性就不是什么集合体所特别具有的属性，则该概念就是非集合概念。从语言形式上看，可以此为标志：如果该语句为"S 是 P"的形式（其中 S 为有待辨识的概念，P 为与之相关的属性），那么，就看"S(S_1、S_2、S_3……S_n)是 P"是否成立。如果全部都不成立或一部分不成立，那么 S 在这里就是集合概念；反之，如果全部都成立，那么 S 在这里就是非集合概念。例如，"鲁迅的作品是一天读不完的"，这里，"鲁迅的作品"这一概念是集合概念，因为它强调了"鲁迅的作品"作为整体所具有而每一篇并不一定具有的"一天读不完"这样一个集合体的特有属性。辨识方法："《祝福》是一天读不完的"不成立，"《伤逝》是一天读不完的"不成立，因此，这里的"鲁迅的作品"是集合概念。又如，"鲁迅的作品不是科学幻想作品"（亦即：鲁迅的作品是非科学幻想作品），在这一语言环境中，"鲁迅的作品"这一概念则是非集合概念。因为"不是科学幻想作品"这一属性是鲁迅的每一篇作品都具有的，因此这里并没有强调"鲁迅的作品"作为整体而具有的什么特殊的属性。辨识方法："某某（鲁迅的任何一篇作品）是非科学幻想作品"成立，并且无一例外，因此，这里的"鲁迅的作品"是非集合概念。

可见，判定一个概念是否为集合概念，一定要在具体的语言环境中加以考察分析。有时，在具体的语境中并没有出现相关的某种属性,只出现对某语词的解释。这时,要辨识该语词所表达的是否是集合概念,就要看它是否表达了集合体,亦即是否是同类单个对象所组成的统一的整体或群体。例如,"欧洲经济共同体即西欧共同市场",其中,"西欧共同市场"就是集合概念。另外,在具体的语境中,还可能仅仅是对某概念外延范围的说明,也没有涉及其特有属性。此时,这个概念是在"类"的普遍意义上,在非集合的意义上使用的,因此应该是非集合概念。例如,"森林包括防护林、经济林、用材林、薪炭林、特殊用途林",这里的"森林"就是非集合概念。

事实上,客观事物间的关系有类与子类、类分子的关系;有整体和部分的关系;有集合体与组成该集合体的相应个体的关系。从属性来看,这三组关系情况是不同的:

类与子类、类分子的关系:子类、类分子都具有类的属性;

整体与部分的关系:部分不具有整体的属性;

集合体与个体的关系:个体都不具有或不都具有集合体的属性。

由此可见,根据对象与属性的联系来区别集合概念与非集合概念这一方法是有客观依据的。

了解了概念分类的知识便可以知道,本节开始所说的威尔勃福斯先生的错误是混淆了概念的种类。"人是由猿进化而来"中的"人"是个集合概念,威尔勃福斯先生却把它错误地当成了非集合概念。这是犯了"概念混淆"的逻辑错误。

掌握概念的分类的知识,有助于准确地使用概念。一方面可以避免某些混淆概念的逻辑错误,另一方面还可以在对话中化不利为有利,对一些刁钻的问题作出巧妙的回答。例如,小说《人到中年》的作者谌容访问美国时,曾到某大学演讲。讲演之后,她照例直率地回答学生们的各种问题。忽然,有一个学生问:"听说你至今还不是共产党员,请问你对中国共产党的私人感情如何?"谌容回答说:"你的情报很准确,我确实不是中国共产党党员。但是我的丈夫是个老共产党员,而我同他共同生活了几十年尚无离婚的迹象,可见我同中国共产党的感情有多么深。"这里,谌容通过把"中国共产党"这个集合概念偷换成"中国共产党党员"这个非集合概念,从而巧妙地回避了敏感的政治问题,营造了和谐的气氛,足以令人称道。

第四节 概念间的关系

客观世界中各种事物及各种现象间存在着多种多样的关系。这种关系反映到人们头脑中,于是各种概念之间也相应地存在多种多样的关系。各类概念之间存在的多种具体关系,是各门具体科学研究的对象。普通逻辑学所讲的概念间的关系指的是概念外延之间的关系,根据任意两类概念在外延方面有无相同的部分,概念间的关系可分为相容关系与不相容关系两大类。根据相容概念外延重合情况的不同,相容关系又可分为同一关系、真包含关系、真包含于关系、交叉关系。在不相容关系中,根据不同特点,又可区分出矛盾关系和对立关系两种特殊情况。

一、相容关系

(一) 同一关系

同一关系又称全同关系,它是两概念外延完全重合的关系。即如果 a 概念的全部外延都是 b 概念的外延,且 b 概念的全部外延也都是 a 概念的外延,则 a、b 两概念间具有全同关系,如"等边三角形"与"等角三角形"、"《呐喊》的作者"与"鲁迅"等。

从概念内涵的角度来看,具有同一关系的两个概念实际上是从不同的方面来反映同一类对象的。因此,需要注意的问题是:

1. 同一关系概念的辨析

必须正确区分同一关系概念与同一个概念。同一关系概念是指外延完全相同,内涵不尽相同的两个概念;而同一个概念则是外延、内涵完全相同,仅仅是用不同语词表示而已。如"中华人民共和国的首都"与"中国的现代化大都市之一———北京"是具有同一关系的两个概念;而"雪糕"和"雪条"、"棒冰"所表达的则是同一个概念。

2. 同一关系概念的并列应用

具有同一关系的概念有些可以并列使用,以同位语形式出现。例如,"《茶馆》的作者老舍是人民作家",这里,"《茶馆》的作者"和"老舍"是同一关系概念。

3. 同一关系概念的表达效果

在行文中交替使用同一关系概念,有助于从不同方面加深对同一对象的认识,还可以增强文章的感染力和语言的表现力。例如,世界著名的语言大师莎士比亚的名作《哈姆莱特》中,主人公哈姆莱特曾对他的母亲说过这样一句话:"你是王后、你的丈夫的兄弟的妻子,你又是我的母亲,但愿你不是。"短短一句话,就将哈姆莱特内心的痛苦、无奈、愤恨且又极端蔑视他母亲的复杂情感表现得淋漓尽致。这就是交替使用同一关系概念所产生的语言效果。

概念的同一关系如图 2-1 所示,图中的 a、b 分别表示两个不同的概念。圆内既是 a 概念同时也是 b 概念的外延范围。

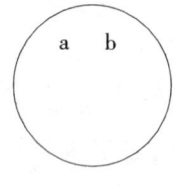

图 2-1

(二) 真包含关系

真包含关系是指两个概念外延部分重合的关系。a、b 两个概念,如果 a 概念的部分外延与 b 概念的全部外延相重合,那么 a、b 两个概念具有真包含关系,也称属种关系,读作 a 真包含 b,如"电器"与"电视机"、"观众"与"电影观众"等。

概念的真包含关系如图 2-2 所示,图中的 a、b 分别表示两个不同的概念。

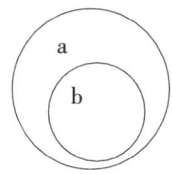

图 2-2

（三）真包含于关系

真包含于关系也是两概念外延部分重合的关系。a、b 两个概念，如果 a 概念的全部外延与 b 概念的部分外延相重合，那么 a 与 b 是真包含于关系，也称种属关系，读作 a 真包含于 b，如"大学生"与"学生"、"教科书"与"书"等。

概念的真包含于关系如图 2-3 所示，图中 a、b 分别表示两个不同的概念。

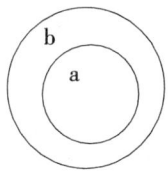

图 2-3

a、b 两概念具有真包含或真包含于关系，那么，外延较大的概念叫作属概念（也称上位概念），外延较小的概念叫作种概念（也称下位概念）。因而真包含关系又称属种关系，真包含于关系又称种属关系。例如，"文学作品"对于"小说"来说是属概念，"小说"则是"文学作品"的种概念。使用属种关系或种属关系概念需要注意的问题是：

1. 明确属种关系概念在内涵方面的联系

种概念必然具有属概念的内涵。例如，文学作品的内涵是"用语言文字形象化地反映社会生活的艺术"，那么小说作为文学作品的种概念，必然也具有这个内涵。

2. 属种关系概念具有相对性

种概念与属概念只是相对而言，并非固定不变的。例如，小说对于文学作品来说是种概念,但对于长篇小说来说却成了属概念。

3. 正确区分属种关系与非属种关系

分清属种关系和整体与部分的关系。例如,"语言"与"汉语"是属种关系,而"北京市"与"海淀区"则是整体与部分的关系。两者的根本区别在于:是属种关系,则种概念 b 必然具有属概念 a 的内涵;是整体与部分的关系,则部分必然不具有整体的内涵。要想正确区分这两种关系,可以运用检查"b 是 a"的说法成立与否来加以断定:成立,则 a 与 b 是属种关系;不成立,则 a 与 b 不是属种关系。例如,"西红柿是蔬菜"的说法成立,则蔬菜与西红柿是属种关系;"海淀区是北京市"的说法不成立,则北京市与海淀区不是属种关系。事实上,从事物之间的联系来看,它们是整体与部分的关系,海淀区是北京市的组成部分。从这两个概念各自的内涵来看,海淀区不具有北京市的内涵;从这两个概念外延之间的关系来看,它们是互不相容的关系。

(四) 交叉关系

交叉关系也是指两概念的外延部分重合的关系。a、b 两个概念,如果 a 概念只有部分外延与 b 概念的外延相重合,而 b 概念也只有一部分外延与 a 概念的外延相重合,那么 a、b 两概念间的关系就是交叉关系。如"常见病"与"传染病"、"医生"与"教授"等。交叉关系如图 2-4 所示,图中 a、b 分别表示两个不同的概念。

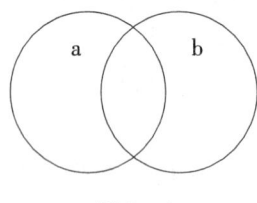

图 2-4

二、不相容关系

不相容关系也称全异关系。当 a、b 两概念外延没有任何重合部分时,二者便具有不相容关系,即全异关系。如"道德"与"气候"、"大学生"与"中学生"、"金属"与"非金属"等。全异关系如图2-5所示,图中a、b分别表示两个不同的概念。

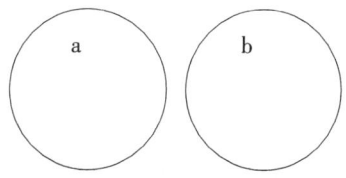

图2-5

具有全异关系的概念,有些是属于不同的论域的,如"道德"与"气候";有些是属于同一论域的,如"大学生"与"中学生"、"金属"与"非金属"。属于同一论域的全异关系又可以分为矛盾关系和对立关系两种情况。

(一)矛盾关系

具有全异关系的两个概念a和b,同时包含于它们的属概念c当中,如果a与b的外延之和等于c的全部外延,那么a与b具有矛盾关系,如"金属"与"非金属"。

矛盾关系如图2-6所示,图中a、b与c分别表示三个不同的概念。

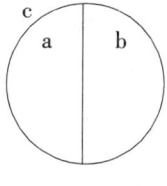

图2-6

(二)对立关系

具有全异关系的两个概念a和b,同时包含于它们的属概念c当中,如果a与b的外延之和小于c的全部外延,那么a与b具有对立关系。如"大学生"与"中学生"。对立关系又称反对关系,如图2-7所示,图中a、b、c分别表示三个不同的概念。

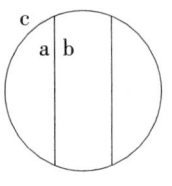

图 2－7

综上所述,任意两概念外延之间的关系通常也可以直接表述为以下五种:同一关系、真包含关系、真包含于关系、交叉关系、全异关系。其中前四种为相容关系,第五种为不相容关系,而矛盾关系和对立关系则是全异关系中的两种特殊情况。

为了直观方便,可用圆来代表任意一个概念的外延,那么,用一定数目的圆在同一平面中的位置关系就可以表示两个或几个概念外延之间的关系,这种图形被称为"欧拉图"。

上述关系都是两个概念之间的关系,在实际思维活动中往往涉及多个概念之间的关系。要考察这些概念之间的关系,可以先确定其中外延最大的一个概念(或两个概念间的关系),然后再两两分析,逐一确定各概念与其他全部概念之间的关系,这样就可以把多个概念间的关系分析清楚。

明确概念间的关系,有助于准确地使用概念、正确地表达和交流思想,这对实际生活具有重要意义。例如,有一个人和别人下象棋,一连三盘都输了。他的朋友问他:"怎么样? 输了还是赢了?"他回答说:"第一盘棋我不曾赢;第二盘棋他不曾输;第三盘棋我要和,他不跟我和。"这一巧妙的回答就是利用了"输"、"赢"、"和"两两之间是对立关系,而不是矛盾关系这一事实,因此他保全了自己的面子。

第五节 定 义

一、什么是定义

定义是用简短的语言揭示概念所反映的对象事物的特有属

性，从而明确概念内涵的逻辑方法。例如：

① 文学是以语言文字为手段形象化地反映社会生活的艺术。

② 有一个角是直角的三角形叫作直角三角形。

③ 民族是人们在历史上形成的一个有共同语言、共同地域、共同经济生活以及表现于共同文化上的共同心理因素的稳定的共同体。

由以上定义可以看出，定义实际上就是帮助人们确定任一概念内涵的具体内容的思考方法。从语言角度来看，定义就是把人们对某概念特有属性的理解明确地用简短的语言文字揭示出来的一个陈述语句。它的语言形式是：a 是 b。被定义概念可以在前，也可以在后。被定义概念称作被定义项，说明被定义概念的那一部分（也就是揭示被定义概念所反映的客观事物特有属性的那一部分）叫作定义项。定义项一般用一偏正词组表达。表明被定义项与定义项关系的概念称定义联项，通常用判断词"是"表达。定义项又可进一步分为两部分：表达定义项的偏正词组中，其中心词所表达的概念称为被定义项的邻近属（概念），前面的修饰部分称为种差。所谓邻近属也就是直接包含被定义项的那个属概念；种差则表示在同一属概念外延范围之内的被定义概念与其他种概念的本质差别。例如，被定义项"直角三角形"被直接包含于它的邻近属"三角形"之中，而"有一个角是直角"正是在三角形范围内被定义概念"直角三角形"与其他种概念（钝角三角形、锐角三角形）的本质差别。种差与邻近属合在一起便是定义项，也就是所揭示出的被定义概念的内涵。

定义的一般表达形式是：Ds 即 Dp。其中，Ds 表示被定义项；Dp 表示定义项；"即"表示定义联项。

二、下定义的方法

普通逻辑提供的给概念下定义的方法，必须是在掌握有关科学知识的前提下进行。最常用的一种下定义的方法是"属加种差定义"法。具体作法是：先找出直接包含被定义概念的邻近属概念，以确定被定义项所反映的对象属于哪一个大类，然后找出这一大类中除被定义概念外的其他种概念，再用被定义概念与它们一一加以比较，从而找出其间本质的差别——种差。将种差与邻近属合在一起就是定义项。也就是说，下定义的方法可用公式表示为：被定义概念＝种差＋邻近属概念。

三、定义的规则

给概念下定义不仅要了解有关知识，掌握定义的方法，还应遵守下列规则：

1. 定义必须相应相称

定义必须是相应相称的，这就是说，定义项与被定义项所反映的是同一类对象，并且定义项的外延与被定义项的外延应完全相等。例如，"词是能独立存在的最小的语言单位"，就是一个正确的定义。

如果下定义时违反这条规则，就可能会出现"定义过宽"或"定义过窄"两种逻辑错误。"定义过宽"是说定义项的外延大于被定义项的外延。如"人是双足无羽、能直立行走的动物"这一定义犯了定义过宽的错误。有人曾提来一只褪了毛的鸡，用以说明这个定义是错误的。又如，"小说是作者虚构的、描写英雄人物的、有故事情节的语言艺术"。小说不仅仅描写英雄人物，也描写一般人物和反面人物，因此，这一定义就犯了定义过窄的错误。

2. 定义项不得直接或间接包含被定义项

这条规则是说下定义时不能把被定义概念作为定义项的组成部分。如果违反这条规则，定义项中直接出现了被定义概念，就犯了"同义反复"（或"同语反复"）的错误；如果定义项中间接包含了被定义项，那么就犯了"循环定义"的错误。例如，"恒星是不动的星"，"恒"与"不动"意义相同，因此这一定义犯了"同语反复"的错误。正确的定义是："恒星是由炽热的气体组成、能自己发光的天体。"又如,"所谓理性,就是人区别于动物的高级神经活动。所谓高级神经活动,就是人的理性活动",这是一个循环定义,它并没有揭示"理性"这一概念的本质。

3. 定义必须清楚确切

定义是要使人们准确地了解某事物在某方面的特性的,因此内容必须准确,用词不能含混晦涩,也不能使用比喻。因为比喻作为修辞手法虽能帮助人们形象地理解事物,但并不能科学地揭示事物的特有属性。诸如"舞蹈是用双足书写的诗"、"数学是科学的皇后"等作为定义都是不妥的。

4. 定义一般不使用否定形式

定义要揭示对象的特有属性,而否定形式只能说明对象不具有哪些属性,因此不符合定义的要求。不使用否定形式,包括不使用否定句式以及不使用负概念说明。如"商品不是供生产者本人消费的产品"、"电笔是非文具"作为定义都是不妥的。但是,当被定义概念本身是负概念时,这条规则是不起作用的。例如,"无机物是不含碳元素的化合物",这里,"不含碳元素的化合物"虽含有否定意义,但它正是被定义概念的特有属性,因此这类定义是不违反这条规则的。换言之,给一个负概念下定义时使用否定形式是允许的,同时也是必需的。

四、定义的种类

根据定义项中种差性质的不同,可将定义分为以下四种:

1. 性质定义

性质定义是以对象的性质为种差的定义。如前面所举的定义都属于性质定义。

2. 发生定义

发生定义是以对象事物在发生发展过程中不同于其他对象之处作种差的定义。例如:

> 月蚀是月球运行于太阳和地球之间,三者形成一直线时发生的月球失光的天文现象。

3. 关系定义

关系定义是以对象事物与其他事物的关系为种差的定义。例如：

> 偶数就是能被 2 整除的整数。

4. 功能定义

功能定义是以对象事物所具有的功能为种差的定义。例如：

> 洗衣机是利用电能转为机械能作为洗衣动力的电器。

此外，还有一类被称作语词定义的定义，这类定义并非真正意义上的定义，而只是一种规定或说明语词所表达的意义的方法。语词定义可分为说明性的语词定义和规定性的语词定义。说明性的语词定义是对已确定的语词意义的说明。当人们不了解某个语词的意义时，就需要用它来加以说明。例如：

> ①"康拜因"就是联合收割机。
> ②"犊"就是小牛。

规定性的语词定义是给某些语词（或引进的符号）规定意义，或是对使用者主观规定的某种特殊意义作出规定性解释。例如：

> ①"双百方针"就是中国共产党提出的百花齐放、百家争鸣的文艺方针。
> ②"三个代表"就是中国共产党提出的"中国共产党必须始终代表中国先进生产力的发展要求，代表中国先进文化的前进方向，代表中国最广大人民的根本利益"这一重要思想的简称。

第六节　划　分

一、什么是划分

划分是以对象的一定属性为标准，通过把一个概念所反映的对象分为若干个相应的小类来明确这个概念的外延的逻辑方法。例如：

① 文学作品包括小说、诗歌、戏剧、散文。
② 小说可分为长篇小说、中篇小说、短篇小说、微型小说。
③ 脊椎动物可以分为哺乳类、鱼类、鸟类、爬行类、两栖类。

例①是根据文学作品的体裁来把它的外延分成相应的四个小类；例②是根据小说的篇幅来把它分成相应的四个小类。这里，体裁、篇幅都是被划分对象本身所具有的属性。划分后所得到的每个小类都是被划分概念的种概念，被划分的概念与划分后所得到的每一个概念之间都是属种关系。划分与分解不同。分解是把一个具体对象作为整体而分成若干部分，每部分并不具有该对象事物的属性。例如，北京市可分为北京的市区、近郊区、远郊区三部分，每一部分都不具有北京市的属性；而划分后所得到的每一个类则具有被划分对象的属性，如例①中，小说、诗歌、戏剧、散文都具有文学作品的属性。

二、划分的要素和方法

划分的要素有三个，即母项、子项和划分依据。母项是指被划分的那个外延较大的概念；子项是指母项被划分后所得到的若干个相应的种概念；划分依据是每次划分时作为标准的被划分概念的某方面的属性。

在同一次划分中，可以是以某一个属性为标准，也可以是同时以几个属性作为综合标准。上述例①和例②都是以一个属性为标准；而例③则是以动物的生殖方式、心脏结构、体表温度等多种属性作为综合标准进行的划分。可见，划分时可根据不同的需要，寻找和确定不同的标准进行不同的划分。此外，对同一类对象，也可以从不同角度进行多种划分。例如，人可按性别分为男人和女人，可按年龄分为老人、成年人、青年人、少年儿童、婴幼儿,也可按职业分为工人、农民、医生、教师等等。

划分的方法包括一次划分、连续划分及二分法。一次划分是指根据实践的需要对被划分的概念一次划分完毕。这种划分只有母项、子项两个层次,如以上所举的划分。连续划分是把被划分的概念划分为相应的若干个子项后,又将子项作为母项继续进行划分,直至满足需要为止。例如,学校大扫除时,老师将全班同学分为两组,甲组负责室内,乙组负责室外。甲组又分为男女生两部分,男生负责屋顶和地面,女生负责窗户和课桌等等。二分法是一种特殊的划分方法。即以对象有无某种属性作为划分依据,将被划分的概念划分为一个正概念和一个负概念。这种划分方法好处在于重点突出,可使注意力集中到需要考查的那一方面。例如,亲属可分为直系亲属和非直系亲属,战争可分为正义战争和非正义战争等等。

三、划分的规则

1. 划分必须相应相称

划分必须是相应相称的,这就是说,划分后所得到的各个子项必须是被划分概念的种概念,且它们的外延的和应该等于母项的外延。如果划分后的子项有的不是被划分概念的种概念,那么就犯了"多出子项"的错误,其子项的外延和必然会大于母项的外延;如果被划分概念的种概念有的没有被列进子项范围,那么就犯了"划分不全"的错误,其子项外延和必然会小于母项的外延。以上这两种错误都属于划分不相称的情况。还有一种情况是:如果子项与母项没有共同的内涵要素,即子项不是被划分概念的种概念,那么这一划分就是不相应的。例如,"犯罪集团分为主犯和从犯",这不是正确的划分,它的子项与母项是不相应的,没有共同的内涵要素。又如,"戏剧分为悲剧和喜剧",这一划分犯了"划分不全"的错误,因为"正剧"也应是子项之一。再如,"相容概念间的关系可分为同一关系、真包含关系、真包含于关系、交叉关系、矛盾关系",

违反了这一规则,犯了"多出子项"的错误,因为"矛盾关系"不是相容概念间的关系。需要注意的是:被划分概念与划分后的每个子项之间都应该是属种关系,且划分时不要遗漏任何一个种概念,这样就能避免上述逻辑错误。

2. 在同一次划分中根据必须同一

这条规则是说在同一次划分中所依据的标准不能随意变化。如果随意变化,就会出现划分结果混乱的情况,犯"混淆根据"的逻辑错误。例如,"城市居民分为汉族人、满族人、回族人、工人、干部",其中,工人、干部与前三个子项间不是同一标准,原因在于同一次划分中最初以所属民族为标准,然后又改为以身份为标准,这是不允许的。

3. 划分后的子项应是互相排斥的

子项排斥,也就是划分后的子项相互间都应具有不相容关系。违反这条规则就犯了"子项相容"的逻辑错误。例如,"优秀学生包括学习优等生、三好生、优秀少先队员",这一划分子项彼此相容,违反了这条规则。

4. 划分不能越级

在同一次划分中,只能有母项、子项这两个层次。如果把其中一个子项作为母项再进行划分,将所得的第二级子项与前一级子项并列在一起作为第一级的子项,这就是越级划分。例如,"句子可分为陈述句、祈使句、反诘句、一般疑问句、感叹句",其中的反诘句、一般疑问句属于第二级子项,因此这一划分就犯了"越级划分"的错误。

四、分类与列举

分类与列举都属于划分的特殊形式。一般的划分根据对象的一定属性便可进行,而分类则是根据对象的特有属性进行的。另外,一般的划分实用性比较强,它是由日常实践需要决定的,这一实践过程结束,这种划分也就随之失掉了意义;而分类则不同。由于分类的根据是对象的特有属性,因此分类较一般的划分更科学,分类的结果也具有较大的稳定性,能在较长时间内发挥作用。如图书的分类就是如此。

列举与划分的区别是:划分要揭示概念的全部外延,而列举在多数情况下并不要求揭示概念的全部外延,如"社会科学包括文学、史学、法学、哲学等等"。列举只是明确概念一部分外延的逻辑方法,列举时某类对象所包括的子项可能是有限的,也可能是无限的,无论是哪种情况,只要根据实际需要,列出其中一部分,后面加等等就可以了。

第七节 概念的限制与概括

一、概念的限制

(一) 什么是限制

通过增加概念的内涵从而缩小概念外延来明确概念的逻辑方法叫作限制,也就是由一个外延较大的概念过渡到一个外延较小的概念的方法。它是一种概念的推演。例如,对"剧作家"这一概念可以增加"世界著名的"这一属性,限制为"世界著名的剧作家";对"科学技术"可以增加"西方的"和"先进的"这两个属性,限制为"西方先进的科学技术"。

限制是一种由属概念过渡到种概念的推演。它是依据概念内涵与外延间反变关系中的"一个概念的内涵愈多,则它的外延愈小,一个概念的外延愈小,则它的内涵愈多"这一原理进行推演,从而明确概念的一种逻辑方法。把握限制这种方法,关键是要知道:被限制的概念与经过限制后所得到的概念之间的关系是真包含关系,即属种关系。

(二) 限制的作用

限制是从外延大的概念过渡到外延小的概念的方法,因此,使用限制可以强调概念外延中的某一部分,以突出重点;也可以进一步揭示事物的特有属性,使认识由一般过渡到特殊,达到具体化。例如:

① 逻辑，尤其是数理逻辑，更重视符号语言的作用。

② 春山淡冶而如笑，夏山苍翠而如滴，秋山明净而如妆，冬山惨淡而如睡。

例①对"逻辑"中的"数理逻辑"给予特别的强调，突出了"逻辑"中的这一部分外延；例②则分别揭示了一年四季中山貌的不同，使人们对山在不同时空中的形态认识更为具体。

概念的限制在实际工作中非常重要。例如，一家皮革制品公司曾经与某贸易公司签订了一份订货合同，合同的内容是向该公司订购一千平方米牛皮作为皮革制品的原料。按照约定，这家公司汇出了预付款，对方也把牛皮按时发了过来。可是该公司的办事人员打开货物一看，不禁愣住了。原来，该公司发来的牛皮都是水牛皮，而水牛皮质地又脆又硬，也没有光泽，是不能作为皮革制品的原料的，这家公司的本意是想要黄牛皮，只是因为在合同中少写了一个"黄"字，应该限制的概念没有给予限制，结果造成了重大的财产损失。

（三）使用限制应注意的问题

1. 被限制概念同经过限制后的概念之间必须是属种关系

非属种关系的概念间不能进行限制。无论是具有全异关系还是具有同一关系或交叉关系的概念，都不能进行限制。如"市政府"与"区政府"、"工厂"与"车间"、"书籍"与"工具书"、"老虎"与"凶猛的老虎"等，后者对于前者都不是限制。

2. 单独概念不能限制

限制的目的是使概念外延缩小以便更明确概念的本质。单独概念的外延类分子数为一，已无法再缩小，因此不能限制。如"鲁迅"与"文学家鲁迅"、"李白"与"青年时期的李白"、"天安门"与"雄伟的天安门"等，后者对于前者都不是限制。

3. 限制语要恰当

限制的语言形式可以是增加限制词，也可以是改变中心词，但都要求使用的语词恰如其分。随意限制、多余限制或容易引起歧义的限制都是不恰当的。如"重要的关键"、"坏毛病"，以及像"一个工人画家的画展开幕了"中"一个工人画家的画展"这样易引起歧义的限制都是不恰当的。当然,如果限制语使用得当,也可以增加语言的魅力,取得良好的效果。

例如,传说,宋代著名文学家、书法家苏东坡一次到某寺庙去游玩,庙中老和尚见他衣着简朴,不以为然,便随口说了一声:"坐。"然后又吩咐小和尚:"茶。"一番交谈后,老和尚感到来人谈吐不凡,心生敬意,于是请来人进厢房畅谈。走进房来,老和尚恭敬地让道:"请坐。"又对小和尚说:"敬茶。"当得知来人竟是苏东坡时,慌忙起身把东坡往内厅里让,又毕恭毕敬地说:"请上坐。"紧接着催促小和尚说:"敬香茶。"待到东坡告辞时,老和尚请诗人题字留念。东坡听罢,微笑着提笔写了一副对联。上联是:"坐,请坐,请上坐",下联是:"茶,敬茶,敬香茶"。

这副对联不无善意的嘲讽,却又十分幽默而得体,这正是恰当使用限制语所取得的效果。

二、概念的概括

(一) 什么是概括

通过减少概念的内涵以扩大概念的外延来明确概念的逻辑方法叫作概括。也就是由一个外延较小的概念过渡到一个外延较大的概念的方法。它同样也是一种概念的推演。例如,"粉笔"可概括为"文具","办公桌"可概括为"办公用品","红"可概括为"颜色"等。又如,毛泽东同志在《纪念白求恩》一文中说:"一个外国人,毫无利己的动机,把中国人民的解放事业当作他自己的事业,这是什么精神?这是国际主义精神,这是共产主义精神。"这是概括在文章中的具体应用。

概括是由种概念向属概念的过渡,所依据的是概念内涵与外延反变关系中的"一个概念的内涵愈少,则它的外延愈大;一个概念的外延愈大,则它的内涵愈少"。它也是明确概念的一种逻辑方法。把握概念的概括这种方法,最重要的是要知道:被概括的概念与概括后得到的概念之间是真包含于关系,即种属关系。

(二) 概括的作用

概括与定义、划分、限制一样,同属于明确概念的逻辑方法。

概念的限制侧重于明确概念所反映的客观事物的具体范围和特性;概念的概括则侧重于明确概念所反映的客观事物的一般意义和关系。概括有两方面的作用:

首先,运用概括可以扩大讨论的问题或思考的对象范围。例如,"不仅是党的干部,而且所有的共产党员都十分关心目前这场反腐倡廉的斗争",这里,思考的范围由"党的干部"扩大到了"共产党员",后者对于前者就是个概括。这是从外延方面着眼,外延扩大则内涵减少,视野随之更开阔了,思维的空间也扩大了。

其次,运用概括还可使人们对具体问题的认识提高到一般原则的高度。如前面所举的《纪念白求恩》一文中的例子,这是从内涵方面着眼。内涵减少则外延扩大,从而把论述的问题提高到了原则的高度,这可以使我们进一步认识到对象的本质,提高思维的能力。又如,《晏子春秋》中讲述了这样一个故事:

春秋时期,齐景公的一条猎狗死了,他命令宫外的臣子出钱给它买一口棺材,宫里出钱给它举行祭礼。晏子听说了,就去劝解。齐景公说:"这是件小事,不过是为了和身边的人取笑罢了。"晏子说:"您错了。过度收取赋税却不返还给百姓,浪费钱财不过为了使身边的人高兴,对小民的忧患视而不见,却把身边的人的喜乐看得很重,这样,国家就没有希望了。再说,现在孤儿老人受冻挨饿,一条死去的狗却享有祭奠,无家室的人得不到救济,一条死去的狗却有棺材,行事邪僻到这种程度,百姓听说了一定会怨恨您,诸侯听说了一定会轻视您,怨恨在百姓心里积聚,地位在诸侯中越来越低,您却认为这是小事,请您仔细考虑一下吧!"齐景公听了,说:"好!"就命令厨师赶快把那条狗做成菜肴,用来招待朝臣。

这里,晏子就是运用概括的方法帮助齐景公对礼葬爱犬一事提高到原则的高度来认识,从而使他修正了自己的错误。

(三) 使用概括应注意的问题

1. 经过概括后所得到的概念同被概括的概念必须是属种关系

由于概括是由一个外延较小的概念过渡到一个外延较大的概

念,因此经过概括后所得到的概念同被概括的概念必须是属种关系。例如,"逻辑学教材"可概括为"教材",但"区政府"不能概括为"市政府"。原因是"市政府"与"区政府"是对立关系,而不是属种关系。

2. 连续概括不能是无限的

对于一个外延较小的概念可以连续进行概括,但最终要概括到什么程度,这要根据实践的需要来确定,不必要也不可能无止境地概括下去,应该说概括到"范畴"也就达到了极限。因为"范畴"是一定领域的最大的属概念,不可能再继续概括了。例如,对电视机进行连续概括:电视机——电器——电子工业产品——工业产品——产品——实体——物质——范畴。

3. 概括时应注意程度

对一个概念进行概括是出于实践的需要,因此经一定的概括后达到能够说明问题的目的就可以了,不能为了概括而不顾现实地无限上纲,胡乱概括。例如,考试作弊的行为——违反校规校纪的行为——破坏教学秩序的行为。这里,第一次概括还是可以的,指出了这种错误行为的性质,有利于提高人们的认识,但第二次概括已违反规则,不能这样概括。又如,"四人帮"横行时制造了很多冤案。有人曾因为用牛皮纸做毛主席著作的书皮而被打成现行反革命。理由是:用牛皮纸做毛主席著作的书皮的行为——认为毛主席的话是吹牛皮——诬蔑毛主席——现行反革命。显然,这种所谓的概括其实是完全没有科学依据的。

第八节 概念的应用

概念是思维的起点,也是思维的结果。人类思维活动的运作过程就是不断地运用概念作出判断、进行推理,从而取得新的认识(判断)的过程。自然,掌握概念的理论知识是至关重要的。而思维与语言又是密切相关的,一定的概念要靠一定的语词来表达,概念的应用离不开一定的语词、词组和一定的语言环境,因此,通过对语言形式的分析,才能深入理解有关概念的知识,进而做到正确地使用概念。而在自然语言中,人们常常会发现由于使用概念不当而造成的逻辑错误,同时又会看到有意违反逻辑常规反受人青睐的修辞现象。

一、概念应用中的逻辑错误

(一) 使用概念不准确

一定的语词可以表达一定的概念,同一个语词也可以表达不同的概念,同一个概念又可以用不同的语词来表达,因此,在使用概念时,要考虑具体的语言环境,选择最恰当的语词,力求准确无误,否则就会出现概念混淆、模糊、歧义、赘余等现象。

1. 概念混淆

例如:

① 淡黄色的晓月,斜照卢沟桥……这座"狮桥"是金代明昌三年建成。"雄狮"在风霜雨雪中已守桥700多个岁月。

② 他随父母离开祖国,定居巴黎四十多年了。他虽然已经取得了法国国籍,但是对故土仍魂牵梦绕,是一位热爱祖国的华侨。

③ 本期刊物上的诗文,除了张老师外,都是学生写的。

④ 这种英雄行为,我们要发扬下去,实现四化需要这样的党员。

例①中的"岁月"一词所表达的是个集合概念,而这里应使用表达非集合概念的语词"年",犯了"误用集合"的错误。例②中混淆了"华侨"与"华裔"两个内涵完全不同的概念。例③中把"张老师"和"张老师的"相混淆了。例④把"英雄行为"与"勇敢精神"混淆了,造成了词语搭配不当。

造成这一类错误的主要原因是讲话人想当然地使用了不恰当的词语。写文章、讲话时,所要使用的概念的内涵是什么,它的属概念是什么,可对应的是哪些词语,对这些都需要有清醒的认识,仅凭头脑中含糊的感觉去揣度对象的属性,就会发生类似的错误。

此外，词汇积累欠缺，只好使用生造词语来表情达意，这也是一方面的原因。只有通过学习，增加语言学及其他各种知识，提高自己的文化修养，才能克服这一类错误。

2. 概念模糊

例如：

① 北京山顶洞人从很早的时候起就知道用火。

② 在英国，一只狗进一次"美容院"的花费，相当于一个普通工人工资的三四倍。

③ 我乘车于二月八日凌晨三十分到达北京，请你到车站接我。

例①中的"很早的时候"是一个内涵和外延不确定的概念。例②中"一个普通工人工资的三四倍"这一概念含混不清，究竟是一个普通工人一个月工资的三四倍呢，还是一年工资或一天工资的三四倍呢？内涵并不明确。例③中的表述存在的问题是：是什么车？几点三十分？哪个车站？全都不清楚。以上四例都犯了"概念模糊"的错误。

造成这一类错误的原因主要是讲话人在思考问题或表达思想时，思路不清晰，跳跃性太强，或惯于粗放式思维，考虑问题不够深入细致。纠正的办法是接受系统的逻辑思维训练，努力培养良好的思维习惯。

3. 概念歧义

例如：

① 一个工人画家的画展就要开幕了。

② 三个卫生学校的学生来到这个村子里，义务为乡亲们看病。

③ 父在母先亡。

④ 下雨天留客天留我不留。

例①中的"一个"是限定"画家"还是"画展"，不明确。例②中的"三个"是限定"学校"还是"学生"，也不明确。例③和例④因停顿不同可以有不同的理解。

造成这一类错误的原因主要是讲话人思维单一或不周密,缺少多向思维的意识,因此没有意识到同一语句可以表达不同的判断。另一方面是由于讲话人忽视了语境的作用。纠正的办法是加强求异思维训练,增强思维发散性的意识,同时注意在人际交往时学会换位思考,注意在不同的语言环境中词语搭配的问题。

4．概念赘余

例如:

① 有人认为伟大的事是伟大的人做的;平凡的事情做不好没什么关系。这种错误的认识和想法是有害的。

② 他抡起拳头,有力地挥动着。

③ 书市上充斥着许多庸俗低级的下流读物。

以上三例都存在着语义重复的问题。造成这一类错误的原因主要是思维连贯性差、焦点重叠,思路不畅,或是语言组织能力低,造成或强调过分,或抓不住重点的现象。纠正的办法是加强逻辑思维训练,同时养成反思和自查的习惯,另外还要注意在人际交往中不要过于低估对方的理解力。

(二) 混淆概念间关系

概念间关系是不同对象事物间普遍关系的反映。如果在一定的语言环境中,对于所使用的概念彼此间应有的关系不明确,那么就会造成概念间关系的扭曲、失真。常见的混淆概念间关系的错误有以下几种:

1．非属种关系误作属种关系

例如:

① 年内,北京、上海两地将为农村出版上百种图书。中外古典名著如《红楼梦》、《三国演义》、《西游记》、《钢铁是怎样炼成的》、《安娜·卡列尼娜》等也将有计划地再版。

② 萍乡是个工业城市。过去城市居民的口粮及其他副食品主要靠外地供应。

2．属种关系误作全异关系

例如:

①我们希望今后能更多地同国外的文艺工作者、电影工作者交往,互相学习,取长补短,共同进步。

②解放军战士奋不顾身地抢救粮食、棉花和人民的生命财产。

3. 交叉关系误作全异关系

例如:

①这次打击处理的主要是严重危害社会治安的抢劫犯、盗窃犯、诈骗犯、投机倒把犯和屡教不改的犯罪分子。

②有人将《红与黑》、《基度山伯爵》、《家常菜谱》等外国名著和畅销书高出售价数倍在市场兜售。

4. 并非同一属概念中的种概念强行并列

例如:

①你看,那野牛顽强好斗;那鸵鸟昂首阔步;那鸣鹿引颈长唳;那苍鹭悠闲自得;那烈马跳跃飞奔;那舞蹈婀娜多姿……

②最近看了电视片《莫让年华付水流》,心情真是十分激动。这部片子一扫过去种种陋习,情节真实生动,感人至深。有政治、有科技、有文学、有爱情……

5. 在反对或矛盾关系概念中插入第三个概念,破坏了原有的反对关系或矛盾关系

例如:

①他们请本校有经验的老师,结合多年来从事教育工作的体会,用正反两方面的经验教训加以阐述,有实际、有理论、有批判。

②不论清晨、白昼或黄昏,街上的自行车总是络绎不绝。

③思想潮流汹涌而来,既有主流,也有支流、逆流、暗流……

(三) 使用逻辑方法不恰当

定义、划分、限制、概括都是明确概念的逻辑方法。在使用这

些方法时,必须遵守相关的规则或注意事项,否则就会犯错误。这类错误包括违反定义规则、违反划分规则、限制不当、概括不当。例如:

① 真理是人们对客观事物及规律的认识。

② 原生态歌曲属于意识形态,包括吹奏乐、打击乐、四重唱、拉网小调等。

③ 各单位选送的优秀歌手,特别是世界各地的优秀歌手,都来参加这次华人青年歌手大奖赛。

(四) 综合性错误

有关概念的知识有许多(诸如概念的特征、分类、关系等等),而在实际生活中,能否正确使用概念则是对概念基本知识的综合性考察。如果逻辑修养差,往往会在一段文字或讲话中出现多种类型的错误。例如:

① 现在规定每周星期四下午,市政府所属各局、教育局、卫生局、文化局、农林局以及文卫系统、工交系统、财贸系统,都要坚持政治学习,市政府的工作人员、各科室的领导干部也不例外。

② 在纪念中国人民抗日战争及世界人民反法西斯战争胜利60周年之际,各地中小学生和爱国师生通过参观展览馆、观看抗日题材的影片等,普遍受到一次深刻的国际主义及爱国主义思想教育。

二、几种"反逻辑"修辞的理据

在语言表达中,使用概念不当会造成各种逻辑错误,影响人们正常的思想交流。但是,在实际生活中,许多有意违反逻辑要求的话语,不但没有人去苛求其内在的逻辑关系,相反却得到人们的青睐。它们不但具有积极的表达效果,而且有许多已成为固定的辞格,是修辞学内容的重要组成部分。事实上,这种"反逻辑"的语言现象是有其内在的逻辑机理的。对于这一点,从使用概念的角度可略见一斑。

1. 在同一语境中用同一语词表达不同的概念

在不同的语言环境中,同一语词可以表达不同的概念,这是由多义词现象所决定的;而在同一语境中有意使用同一语词表达不同的概念,虽说违反常规,有时却会取得意想不到的效果。

例如,扬州有一处园林名为"何园"。有一则关于何园的广告词是:"何园可圆梦?圆梦在何园。"这是一个变化了的回环句,作为一园的名称,"何园"是专有名词,不能再分解。但"何"字若作为疑问代词,则其意义为"什么"。而在上述语境中,在同一则广告里,两次使用"何园"一词,却故作两种不同的解释,表达了两个不同的概念。第一次出现时作疑问代词,第二次出现时则作为专有名词的词素。这种表现手法即修辞学中所说的"别解":在同一语境中将同一语词故作不同意义的解释。这则广告利用句式上的回环和语义上的别解而作出的有意反逻辑的构思在表达上却取得了生动且幽默的艺术效果。

除"别解"外,像"双关"也属于在同一语境中用同一语词表达不同概念,是有意违反运用概念的常规。例如:

① 要想皮肤好,早晚用大宝。(大宝化妆品广告)
② 阿里山瓜子,一嗑就开心。(阿里山瓜子广告)
③ 人类失去"联想",世界将会怎样?(联想集团广告)

2. 利用不同事物所具有的相同或相似属性,把不同概念当作同一个概念对待

客观事物各自具有多方面的属性,不同的事物因属性的不同而相互区别,但也可以因某方面属性的相同或相似而发生一定的联系。为了增强语言表达效果,人们所使用的比拟以及借代等修辞手法其实就是在同一语境中把在某方面具有相似属性的不同概念有意视作同一个概念,以使语言更生动形象。例如:

① 风雨能摧残樱花,但是冲风冒雨,樱花不是也能舒开笑脸么?(杨朔《樱花雨》)
② 光生,给现钱,袁世凯,不行么?(叶圣陶《多收了三五

斗》）

③……竹杖芒鞋轻胜马，谁怕？一蓑烟雨任平生。（苏轼《定风波》）

例①中的樱花也能"舒开笑脸"是把物比作人，抓住了花能绽开与人可"开颜"这一相似点。例②中用袁世凯其人的名称去代替铸有袁世凯头像的钱币，是因为两者有相同特征。例③中用"一蓑烟雨"指代了人生中的政治坎坷、磨难。在比拟、借代等修辞格中，都是把不同对象视作同类，利用其在属性上的某种相同或相似点，有意用一个概念取代另一个概念。这明明是不合逻辑的，却收到了形象突出、具体生动的表达效果，得到了人们的认同。

3. 利用一事物具有多方面属性的特点，有意转移视角

任何一种事物都具有多方面的属性，在论辩和交流中，当意识到对方的问题于己不利时，有意避开对方的话题，利用谈话所涉及的对象具有多方面属性的特点，有意把话题由涉及的属性转移到对自己有利的另一属性上来，从而化被动为主动，这就是妙答。例如：

① 舞场上，一位小姐问她的外交官舞伴："贵国的小姐与我国的小姐中，您更喜欢哪国的？"外交官回答："谁更喜欢我，我就更喜欢谁。"

② ……你说过没有？
——我说过。
你怎么说的？
——我……用嘴说的。

4. 有意脱离具体对象，将对象的某种属性强调到不适当的程度

属性是表明事物的性质与关系的，一定的属性不可能离开一定的事物而独立存在，因而诸如性状、程度、数量等属性也就必然要受到一定事物的制约，与该事物相适应。如果把某属性孤立地强调到不适当的程度，使它脱离了具体事物，那么就违反了关于事物与属性间关系的常规。但是，在文艺作品中，却常常出现不顾属

性对事物的依附性而故意言过其实地对客观的人、事尽力作扩大或缩小的描述,这其实也就是"夸张"的手法。例如,"山,快马加鞭未下鞍。惊回首,离天三尺三",这里,人所感受到的高是山之高,是山的属性,但山再高,也不可能高到天上去。用"离天三尺三"形容高,显然这高度已不是山所能达到的。又如,"白发三千丈"完全不合乎事实,远远超过了白发所能达到的长度,但这种渲染却给人以奇妙的想象,使人能够接受。看似反逻辑,实则为修辞的理据。将属性与事物分离而作专门性的夸大的描述构成了夸张;将一事物的属性强加于另一事物又构成了拈连;不同事物的属性相斥又构成了抵牾、舛互等辞格。关于运用反逻辑手段构成的另外一些修辞格以及其他一些语言现象,这里就不再一一赘述。

思 考 题

1. 什么是概念?
2. 概念的基本特征是什么?
3. 概念与语词的关系是什么?
4. 概念的种类有哪些?各自的分类依据是什么?
5. 概念间的关系有哪些?
6. 明确概念的逻辑方法有哪些?
7. 什么是定义?定义是由哪几部分组成的?下定义的规则是什么?
8. 什么是划分?划分包括哪些要素?划分的规则是什么?
9. 什么是限制?什么是概括?限制和概括的理论依据是什么?
10. 使用限制和概括应该注意什么问题?
11. 由于概念运用不当,在语言表达中可能发生哪些逻辑错误?

练 习 题

一、填空：

1. 概念是＿＿＿＿＿＿＿＿＿＿＿＿＿＿＿＿的思维形式。

2. 概念的＿＿＿＿＿和＿＿＿＿＿是概念的两个基本特征。

3. 根据概念所反映对象数目的不同，可将全部概念分为＿＿＿＿＿、＿＿＿＿＿。

4. 任意两个概念间的关系包括＿＿＿＿＿＿、＿＿＿＿＿＿、＿＿＿＿＿＿、＿＿＿＿＿＿、＿＿＿＿＿＿五种。

5. 通过＿＿＿＿＿概念的内涵从而＿＿＿＿＿概念的外延来明确概念的逻辑方法叫作概念的限制。

6. 定义是揭示概念的＿＿＿＿＿的逻辑方法；划分是揭示概念的＿＿＿＿＿的逻辑方法。

7. 定义是由＿＿＿＿＿、＿＿＿＿＿、＿＿＿＿＿三部分所组成，其中定义项又是由＿＿＿＿＿和＿＿＿＿＿两部分所组成。

8. 划分的三要素是＿＿＿＿＿、＿＿＿＿＿、＿＿＿＿＿。

9. 明确概念的逻辑方法包括＿＿＿＿＿、＿＿＿＿＿、＿＿＿＿＿、＿＿＿＿＿四种。

10. 被限制概念与限制后所得到的概念之间的关系是＿＿＿＿＿关系；被概括的概念与概括后所得到的概念之间的关系是＿＿＿＿＿关系。

二、下列各段文字中括号内的部分是从内涵方面还是从外延方面说明引号内的概念的？

1. "企业"包括（独资企业、合伙企业和公司企业）。公司企业是（由多个人或社会公众共同出资开办的经济实体）。

2. "净资产"是（企业全部资产减全部负债后的余额），包括（企业投资人对企业的投入资本、企业自身形成的利润等）。

3. "科学"是（人们关于自然、社会、和思维的知识体系）。科学是一种社会意识形态，但它与艺术不同。艺术是通过各种典型的、生动的、具体的形象来反映客观世界的；而科学则是（通过概念、定义、公理等逻辑思维形式来反映客观世界的)。科学包括(自然科学、社会科学)两大类。

三、下列语句中括号内的概念是单独概念还是普遍概念？是正概念还是负概念？

1. 《狂人日记》是(文学革命)的第一声春雷。
2. (台湾)是中国的领土。
3. 这台(非数字化彩色电视机)是第一台国产电视机。
4. (失败)是成功之母。
5. 我们应该坚决打击一切(恐怖活动)。
6. (中华民族)有能力自立于世界民族之林。
7. 黑人兄弟热爱(非洲)的每一寸土地。
8. (非正常死亡)是人们所不希望看到的。
9. 单句包括(主谓句)和(非主谓句)。
10. 这次选举的选票有(赞成票)、(反对票)、(弃权票)。

四、选择题：

1. 下列几组概念中具有矛盾关系的是(　　)。
   A. 支持　赞同　　　　　　B. 收入　家庭收入
   C. 交通费　住宿费　　　　D. 普遍　特殊
2. 下列几组概念中具有交叉关系的是(　　)。
   A. 正数　负数　　　　　　B. 电脑　台式电脑
   C. 非国产手机　名牌手机　D. 朋友　同学
3. 下列几组概念中具有真包含关系的是(　　)。
   A. 有情　无情　　　　　　B. 森林　树
   C. 中国　台湾　　　　　　D. 情感　伤感

五、分别画出下列各组概念的欧拉图：

1. A. 面积　　B. 体积　　C. 乘积　　　　D. 积累
2. A. 教授　　B. 诗人　　C. 脑力劳动者　D. 电脑
3. A. 本科生　B. 硕士生　C. 球迷　　　　D. 影迷
4. A. 东北虎　B. 斑马　　C. 哺乳类动物　D. 动物
5. A. 手套　　B. 红旗　　C. 红色的　　　D. 白色的
6. A. 团员　　B. 青年人　C. 球迷　　　　D. 文学爱好者

六、下列各题中加括号的语词是在集合意义下使用表达集合概念,还是在非集合意义下使用表达非集合概念?

1.(教师)是人类灵魂的工程师。

2.(公务员)应该是人民的勤务员,应该全心全意地为人民服务。

3.(我校文学院的老师)来自祖国各地。

4.(方老师)已经有35年教龄了。

5.(昆虫)是地球上种类最多的动物。

6.网络教学属于(现代化教学手段)。

7.谁不努力学习,谁就会被社会所淘汰,成为(落伍者)。

8.印度是发展中国家,是(亚洲国家)。

七、下列各题是否属于划分?为什么?

1.这片森林是由槐树、柞树、枣树等多种树木组成的。

2.一年可分为春、夏、秋、冬四季。

3.中国留学生遍布世界各地。无论是英国、美国、德国、法国,还是日本、韩国、澳大利亚、马来西亚,几乎到处都是黄皮肤的中国人。

4.山东省包括济南、青岛、威海、泰安等城市。

八、下列定义和划分是否正确?如不正确,违反了哪些规则?

1.健康就是没有疾病;没有疾病就是健康。

2.教师是辛勤的园丁。

3.商品是摆在商店里货架上的物品。

4.金笔不是用铅制作的笔。

5.市场包括国际市场、国内市场、商品市场、金融市场、劳动力市场。

6.生物包括动物、植物、微生物、两栖动物。

7.基本的思维形式有两种:概念和判断。

8.概念间的相容关系有同一关系、真包含关系、真包含于关系、交叉关系、对立关系。

九、下列概括和限制是否正确?为什么?

1.学生　　　　概括:知识分子　　限制:大学生

2. 喜马拉雅山脉　　　概括:山　　　　限制:珠穆朗玛峰
3. 街道办事处　　　　概括:办事处　　限制:居民委员会
4. 非金属元素　　　　概括:元素　　　限制:塑料

十、请从运用概念的角度指出下列语句中是否有逻辑错误？如有,请说明错误的性质。

1. 如果"概念 A 可以分为 a，b，c"是一个正确的划分,并且概念 A 与概念 B 全异,那么 A 可以分为 a，b，B。

2. 句子的基本成分有主语、谓语、宾语、定语、状语、补语、中心语。

3. 他是一位年轻有为的青年学者。

4. 公园里有一种叫仙人掌的东西,它不是植物,样子长得很特别。

5. 善感的心灵也曾为背井离乡、漂泊海外的人们在跨过关门时四顾苍茫的悲凄情景而落下过伤感的泪水。

6. 这次职称考核,凡是讲课受到学生欢迎的老师都视为合格;凡是有过缺勤记录的老师都不合格。

7. 哥哥来信告诉我,村里生活富裕了,家家都买了电视,有黑白的、彩色的、遥控的、十四寸的、二十一寸的。他让我利用业余时间学习书法和草书,还说要我寄给他两本英语书籍。我久久地凝视着这封信,心中感慨万千。

8. 节日前夕,副食品特别是碗、盘、调羹等餐具的供应量远远超过去年,各大商店还纷纷要求该店职工使用文明用语礼貌待客,这种举措受到各大公司及广大顾客的好评。

第三章 判 断(一)

学习概念的知识是为了正确使用概念,准确地表达思想。但仅仅使用概念这种思维形式在一般意义上是无法表达思想的。要想独立地表达一个完整的意思,至少必须由两个概念有机地组合起来。如"门开着"、"灯亮了"。这种两个或两个以上概念的有机组合就涉及了另外一种思维形式——判断。

第一节 判断概述

一、什么是判断

客观存在的一切事物都具有一定的性质,也都处在一定的关系之中。思维主体对对象事物的性质或关系情况总可以作出肯定性或否定性的断定。人们常说的对某件事的看法、对某个问题的观点正是这样的断定。这种对于事物情况有所断定的思维形式称为判断。例如:

① 自满是学习的敌人。
② 三人行,必有我师。
③ 劳动密集型产业不是高科技产业。
④ 只有打破垄断,才能实现公平竞争。

判断的一个基本特征是有所断定,而就某个具体判断而言,主体所作出的某种断定可能符合客观实际,也可能不符合。如果某个判断的断定符合实际,那么这个判断为真,否则这个判断为假。判断的"真"或"假"都称作判断的逻辑值,即真值。自然,一个判断总是或真或假,这是判断的另一个基本特征。

判断大体上相当于现代逻辑中所说的命题。所谓命题就是通过语句来反映事物情况的思维形式。所不同的是:命题是对事物情况的客观陈述,而判断则更强调思维主体对于事物情况的断定。在普通逻辑中判断与命题在同等意义上使用,不作进一步的区别。因为逻辑学不关注某个具体判断的真假情况,而是注重研究判断的各种逻辑形式,研究它们在形式上的真假特征以及不同判断之间在形式上的真假制约关系。在这个意义上,可以说,判断就是命题。

判断在人的思维活动中占有重要的地位。它能借助语句存储、表达人们对客观事物的某种确定的认识,从而实现人们相互间思想的交流。它还能够借助语句把隐匿在人们头脑中的概念的内涵与外延明确揭示出来,把人类的认识成果固定下来。判断又是构成推理的要素,人类认识的发展正是在已有认识的基础上,通过推理不断形成新的判断,因此,判断也是人类对客观事物在不同认识阶段上所能达到的最高水平的标志。

二、判断和语句的关系

判断是思维形式,属思维范畴,要表达判断必须依赖于语句。判断和语句的关系正如同概念和语词一样,是思维和语言关系的具体体现。一定的判断是一定语句包含的思想内容,一定的语句是一定判断的语言表达形式,同时两者又不是一一对应的。原因如下:

首先,并非所有的语句都能表达判断,只有包含明确断定的语句才能表达判断,也就是说,只有陈述句、反问句能表达判断,而一般疑问句、祈使句、感叹句都不能明确地表达判断。例如:

① 没有耕耘,怎能有收获?
② 为实现四化而奋斗!
③ 今天的幸福生活真是来之不易啊!
④ 政治体制改革是当前改革的关键。

例①表达了只有耕耘才能有收获的思想,对于耕耘与收获的关系作出了明确的断定,因而表达判断。例②作为标语口号,并不包含明确的断定。例③旨在抒发一种感慨,也没有直接作出断定,因此均不表达判断。例④是陈述句,包含明确的断定,因此表达判断。

其次,同一个判断可用不同的语句表达,这是因为语言是丰富多彩的,具有一定的灵活性,而判断则具有思维的确定性。在实践中,人们可以根据语言风格、语言环境、感情色彩的不同需要来选择恰当的句型表达某个判断。例如:

① 谁都不能说服他。
② 要说服他是不可能的。
③ 怎么可能说服他呢?

另外,同一语句也可以表达不同的判断,这是因为语言中存在着同音词、多义词、双关语等语言现象。另外语言结构的不确定也会造成歧义句的产生。例如,一首题为《向总理请示》的诗云:"黄浦江上有座桥,江桥腐朽已动摇。江桥摇,眼看要垮掉。请指示,是拆还是烧?"这是一首影射"四人帮"的诗,诗中利用了谐音字来表达思想。又如"三个美术班的学生都来了"、"父在母先亡"这样的语句因其结构也会引起理解上的歧义,造成同一语句表达不同的判断。

三、判断的种类

对于大量具体的判断来说,从内容到形式,都可以是多种多样的。逻辑学不关心具体判断的内容,只研究各种判断形式的内部结构、逻辑特性以及彼此之间的真假制约关系等等。掌握判断形式方面的知识,有助于人们正确地运用各种判断形式表达思想,运用已有的判断知识作出正确的推理,从而得出新的正确的判断。

判断的种类有很多,现将本书所要介绍的种类列表如下:

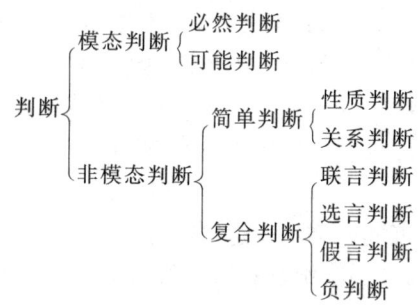

第二节 性质判断

一、什么是性质判断

简单判断是自身不包含其他判断的判断。性质判断属简单判断,它是断定对象具有或不具有某种性质的判断,也称直言判断。例如:

　　所有的金属都是有光泽的。

这是一个性质判断。从结构上看,它包含主项、谓项、联项、量项几部分。其中表示被断定对象的那个概念"金属"叫作主项;表示该对象性质的概念"有光泽的"叫作谓项;表示被断定对象与性质之间联系的那个概念"是"叫作联项;表示被断定对象数量的概念"所有的、都"叫作量项。如果用 S 表示主项,P 表示谓项,这一判断的形式就是"所有的 S 都是 P"。又如:

　　有的商品不是玻璃制品。

这也是一个性质判断。其中"商品"是判断的主项;"玻璃制品"是判断的谓项;"不是"是联项;"有的"是量项。如果用 S 表示主项,P 表示谓项,这一判断的形式就是"有的 S 不是 P"。

一个性质判断所涉及的对象可以是一个个别事物,也可以是一类事物的全部或一类事物中的一些。根据判断所涉及的对象数目的不同,量项可以使用不同的词语。用量项"所有的、全部、凡……"表示判断所涉及的对象是事物类的全部;用"有的、有些、有"表示判断所涉及的对象是事物类中的一些;用"某个"表示判断所涉及的对象是事物类中的一个。判断的联项可以是肯定的,用"是"表示;"是"可以表示"属于",也可以表示"等于"。联项也可以是否定的,用"不是"表示。量项和联项都称作逻辑常项,主项和谓项都称作逻辑变项。由于一个性质判断的质是由联项决定的,一个性质判断的量是由量项决定的,因此,一个性质判断的类型是由量项和联项共同决定的。也就是说,一个性质判断的类型是由逻辑常项决定的。

二、性质判断的种类

(一)性质判断的类型

根据量项和联项样式的不同,性质判断可分为以下六种类型:

1. 全称肯定判断。例如:

   所有的花朵都是会凋谢的。

2. 全称否定判断。例如:

   一切生命都不是永恒的。

3. 特称肯定判断。例如:

   有的人是自学成才的。

4. 特称否定判断。例如:

   有些学校不是重点学校。

5. 单称肯定判断。例如:

   鲁迅是中国文化革命的旗手。

6. 单称否定判断。例如:

   这台电视机不是国产的。

这六种判断的逻辑形式依次为：
1. 所有的 S 都是 P　　　　（简写为 SAP，简称为 A 判断）
2. 所有的 S 都不是 P　　　（简写为 SEP，简称为 E 判断）
3. 有的 S 是 P　　　　　　（简写为 SIP，简称为 I 判断）
4. 有的 S 不是 P　　　　　（简写为 SOP，简称为 O 判断）
5. 某个 S 是 P
6. 某个 S 不是 P

单称判断的主项是单独概念或是某类中的一个类分子，该判断事实上也是断定主项外延的全部都具有或都不具有某种性质的，因此，除非特别加以说明，一般来说，单称判断都作为全称判断的特例来处理。这样，性质判断就可以概括为 A、E、I、O 判断四种类型。

(二) 文恩图

在逻辑发展史上，英国数学家文恩（John Venn, 1834—1923）曾提出用图形来直观地表示这四种判断的主、谓项外延间的关系，这就是著名的文恩图解。下面介绍如何运用文恩图来表示这四种判断。

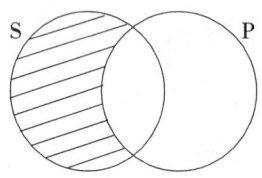

图 3-1

图 3-1 中的阴影部分表示：是 S 而不是 P 的部分是不存在的，即"没有 S 不是 P"，亦即"所有的 S 都是 P"。

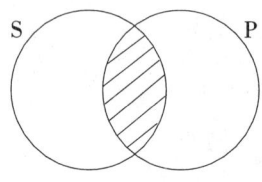

图 3-2

图 3-2 中的阴影部分表示:既是 S 又是 P 的部分是不存在的,即"没有 S 是 P",亦即"所有的 S 都不是 P"。

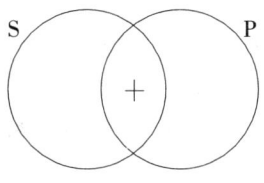

图 3-3

图 3-3 中的两个圆重合部分中的"＋"字表示:是 S 又是 P 的部分是存在的,即"至少有的 S 是 P",亦即"有的 S 是 P"。

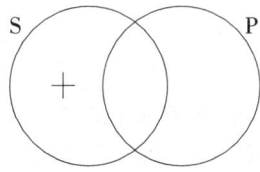

图 3-4

图 3-4 中 S 圆中的"＋"字表示:是 S 而不是 P 的部分是存在的。即"至少有的 S 不是 P",亦即"有的 S 不是 P"。

(二) 区分性质判断类型要注意的问题

一个性质判断究竟属于哪种类型,取决于它的量项和联项。这里要注意的问题是:

1. 正确区分肯定判断与否定判断。例如,"有些语句表达判断"是肯定判断,而"有些语句不是不表达判断"是否定判断,其中联项是"不是",谓项是"不表达判断"。

2. 全称判断的量项是可以省略的。例如,"国家是有阶级性的"与"所有的国家都是有阶级性的"所表达的内容是相同的,它们具有同样的逻辑形式:SAP。

3. 正确认识特称判断的量项的意义。在日常用语中,我们说"班里有些同学是团员",常常就同时意味着"班里另一些同学不是团员"。但事实上每一个判断只能表达一种明确的断定,因而这样的理解是不合逻辑的。就特称肯定判断或特称否定判断而言,它的量项"有的、有些、有"只表示某类事物中的一些在该判断中被断定了具有或不具有某种性质,至于对没有被涉及的另一些来说,该判断并未作出断定。因此,特称判断量项"有的、有些、有"的意义是"至少有些"、"至少有一个",也就是"存在"的意思。也就是说,客观上全班同学有可能都是团员,但这个特称判断却只涉及其中一些而已。

三、同素材性质判断的对当关系

(一) 同素材性质判断的对当关系的内容及逻辑方阵

同素材性质判断是指主项相同,谓项也相同的一组性质判断。根据性质判断的分类结果,一组同素材的性质判断应包括A、E、I、O四种类型。如"我班所有的学生都是团员"(A)、"我班所有的学生都不是团员"(E)、"我班有的学生是团员"(I)、"我班有的学生不是团员"(O),就是一组同素材性质判断。不同素材的性质判断之间在真假方面一般没有直接的关系,而同素材的性质判断之间则有着真假方面的联系。我们把同素材的性质判断在真假方面相互对应、相互制约的关系叫作同素材性质判断的对当关系。

同素材性质判断的对当关系的内容是:具有 SAP、SEP、SIP、SOP 判断形式的同素材性质判断之间存在四种关系。

1. 矛盾关系

矛盾关系分别存在于 A 和 O、E 和 I 之间。具有矛盾关系的两个判断,不能同真,也不能同假。即其中一个判断真,另一个判断必假;其中一个判断假,另一个判断必真。

2. (上)反对关系

(上)反对关系存在于 A 和 E 之间。具有反对关系的两个判断,不能同真,可以同假。即其中一个判断真,另一个判断必假;其中一个判断假,另一个判断真假不定。反对关系也称上反对关系。

3. 下反对关系

下反对关系存在于 I 和 O 之间。具有下反对关系的判断,可以同真,不能同假。即其中一个判断真,另一个判断真假不定;其中一个判断假,另一个判断必真。

4. 差等关系

差等关系分别存在于 A 和 I、E 和 O 之间。每一组具有差等关系的两个判断,一个是全称判断,一个是特称判断。如果全称判断真,则特称判断必真;如果全称判断假,则特称判断真假不定。如果特称判断假,则全称判断必假;如果特称判断真,则全称判断真假不定。

为简明起见,可用下面的图形来表示上述同素材性质判断的四组对当关系,这个图形称为同素材性质判断的逻辑方阵:

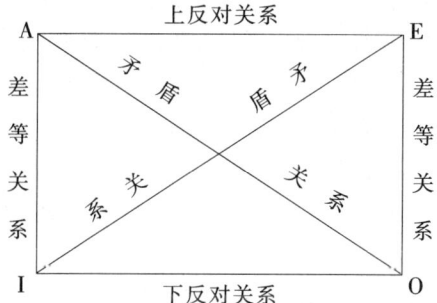

(二) 性质判断的真假与其主、谓项概念外延间的五种关系

同素材性质判断之间之所以会存在上述对当关系,是因为性质判断的真假与它的主谓项概念外延之间的关系有关。根据概念之间关系的理论,任意主项 S 与任意谓项 P 外延之间的关系有且只有五种可能,即:S 与 P 是全同关系、真包含关系、真包含于关系、交叉关系和全异关系。在这五种情况下,相应的每一种类型的性质判断都有确定的真假,列表如下:

判断的真假 \ S与P之间的关系 判断的类型	(S,P 全同)	(S⊃P)	(S⊂P)	(S×P 交叉)	(S)(P) 全异
A	T	F	T	F	F
E	F	F	F	F	T
I	T	T	T	T	F
O	F	T	F	T	T

根据这一图表，可以说明同素材性质判断的对当关系是成立的。例如，只有当S与P为同一关系或真包含于关系时，A判断逻辑值为真，而此时对应的E判断逻辑值均为假；只有当S与P为全异关系时，E判断逻辑值才为真，而此时对应的A判断逻辑值则为假；当S与P为真包含关系或交叉关系或全异关系时，A判断逻辑值均为假，而对应的E判断逻辑值则或为真或为假；当S与P为全同关系或真包含于关系、真包含关系、交叉关系时，E判断逻辑值均为假，而对应的A判断逻辑值则或为真或为假。由此可知，A与E不能同真，可以同假，即两者中只要有一个判断为真，则另一个判断必假；一个判断为假，则另一个判断真假不定。可见反对关系是成立的。依此类推，下反对关系、矛盾关系、差等关系也是成立的。

（三）同素材性质判断对当关系的作用

1. 提供直接推理的方法

同素材性质判断的对当关系为我们提供了一种直接推理的方法，即知道一种判断的真假，便可推知其他三种判断的真假。这就实现了由已知到未知，是扩大知识范围的一种途径。也就是说，根据A、E、I、O判断的对当关系，如果已知其中某一个判断的逻辑值，便可推出其余三种判断的逻辑值。例如：

① 已知"有的保健药品是不合格的"为假，求同素材的其他判断的逻辑值。

由于已知条件是I判断为假，据矛盾关系，由I假可推知E真，即"所有的保健药品不是不合格的"为真。据下反对关系，由 I 假可推知 O 真，即"有的保健药品不是不合格的"为真。据差等关系，由 I 假可推知 A 假，即"所有的保健药品是不合格的"为假。

② 甲说："所有的盒子里都装了礼物。"乙说："所有的盒子里都没有装礼物。"丙说："说'所有的盒子里都没装礼物'错了。"丁说："有些盒子里是装了礼物的。"

已知其中只有一人说了真话，问谁说的是真话。

这里，丙与丁所说的话都与乙说的话相矛盾，因此丙与丁的断定内容是相同的。已知只有一人说了真话，因此丙和丁所说的都是假话。丁的话属于 I 判断类型，甲的话属于素材相同的 A 判断类型。据差等关系，由 I 假可知 A 假，因此甲说的也是假话，结合已知条件，可知乙说的是真话。

2. 为证明和反驳提供工具

同素材性质判断的对当关系也为证明和反驳提供了一种方法，是证明和反驳的工具。

例如，抗日战争时期，国民党政府官员贪污成风。重庆有一家进步报社，以确凿的证据揭露某行政部门官员"有一半人贪污"。舆论大哗。该部门主管大为光火，当即兴师问罪，责令该报立即公开道歉，否则将严惩不贷。于是报社负责人答应登报"更正"。第二天，该报果然刊登了一则《重要更正》，内容是："某月某日本报所载'某部门有一半人贪污'乃系'有一半人没贪污'之误，特此更正。"

根据下反对关系，"有一半人没贪污"与"有一半人贪污"不能同假，可以同真。肯定前者并不能否定后者。因此，该报并未真正予以更正。事实上，报社负责人是运用下反对关系含蓄地反驳了对方的观点。

(四) 运用对当关系要注意的问题

1. 明确对当关系成立的前提

对当关系成立的前提是适用于素材相同的性质判断，且判断的主项不能是零概念（概念的类分子数为零，如"方的圆"）。如果主项是零概念，则对应关系中只有矛盾关系成立，其他均不能成立。如"所有的灵魂都是有翅的"这种判断的对象是虚构的。由于没有事实依据,因此相应的判断是无法断定为真的,自然也就谈不上对应的真假关系。

2. 认识单称判断的特殊性

单称肯定判断与单称否定判断之间具有不同真也不同假的矛盾关系,而全称肯定判断与全称否定判断之间则具有不同真可同假的反对关系,因此单称判断在逻辑方阵中不能作为全称判断来处理。如"曹雪芹是《红楼梦》后四十回的作者"与"曹雪芹不是《红楼梦》后四十回的作者"两者既不能同真也不能同假,属矛盾关系,而不是反对关系。

3. 把握对当关系的实质

对当关系是判断形式之间最普遍的形式关系,它虽是由大量具体判断之间的关系概括而来,但不能将二者混为一谈。例如,已知"地球的卫星都是人造的"为假,则"有些地球的卫星是人造的"真假不定(虽然我们明明知道后者内容事实上确是真的)。因为这种对应关系是 A 与 I 这两种判断形式间的逻辑联系。

四、性质判断主、谓项的周延性

(一) 什么是性质判断主、谓项的周延性

性质判断主、谓项的周延性是指在一个性质判断中对主项概念及谓项概念外延数量的形式断定情况。如果对主项(或谓项)的外延形式上全部予以断定,则称该主项(或谓项)在这一性质判断中是周延的;如果对主项(或谓项)的外延形式上只给予部分断定,那么就称这个主项(或谓项)在这一性质判断中是不周延的。例如:

① 杨树都是植物。
② 所有的白种人都不是中国人。
③ 有些大学生是球迷。
④ 有的电脑不是台式电脑。

上述四个判断中,就主项而言,从相关的量项可以看出:①②两个判断的主项概念的外延在该判断中被全部断定(或者也可以说被全部涉及),因此,"杨树"在判断①中是周延的,"白种人"在判断②中是周延的。同样,③④两个判断的主项概念的外延在该判断中没有被全部断定(或者也可以说没有被全部涉及),也就是说相关的判断只涉及它们的部分外延,因此,"大学生"在判断③中是不周延的,"电脑"在判断④中也是不周延的。

就谓项而言,例①是肯定性判断,它断定了主项概念"杨树"的全部外延都在"植物"这一谓项概念的外延范围之中,并没有断定"杨树"的全部外延就是"植物"这一概念外延的全部,因此,"植物"这一概念在判断①中是不周延的。同理,判断③中的谓项"球迷"也同样是不周延的。由此可见,从形式上看,肯定判断只断定了前者(主项)在后者(谓项)之中,并没有断定前者就是后者的全部。因此,无论是全称判断,还是特称判断,只要是肯定判断,它们的谓项在其判断中就是不周延的。例②是否定性判断。它断定了主项概念"白种人"的全部外延都不在谓项概念"中国人"的外延之中。即所有的"白种人"不是"中国人"这个类中的任何一个人。也就是说,在这个判断中,否定了(或者说涉及了)"中国人"这个谓项概念外延的全部,因此,"中国人"这个谓项概念在这个判断中是周延的。同理,"台式电脑"这个谓项概念在判断④中也是周延的。由此可见,从形式上看,否定判断断定了前者(主项)不是后者(谓项),这就意味着断定了前者不是后者的全部。因此,无论是全称判断,还是特称判断,只要是否定性判断,它们的谓项在其判断中就是周延的。

(二)性质判断主、谓项周延性的规律

性质判断有 A、E、I、O 四种类型。它们各自主、谓项的周延情况如下:

A 判断:主项周延,谓项不周延。

E 判断:主项周延,谓项周延。

I 判断:主项不周延,谓项不周延。

O 判断:主项不周延,谓项周延。

归纳起来,性质判断关于主、谓项周延性的规律是:全称判断(包括单称判断)主项周延;特称判断主项不周延;否定判断谓项周延;肯定判断谓项不周延。

(三)理解性质判断主、谓项周延性要注意的问题

1. 主谓项的周延性是相对于它们所在的判断而言,离开了判断,任何一个单个的概念无所谓周延不周延。

2. 主谓项的周延性是相对于判断的形式结构而言,不是对判断所断定的对象本身的实际情况而言。例如:

① 杜甫是唐代诗人。

② 杜甫是《春望》一诗的作者。

例①的形式结构是"某个 S 是 P",有这种形式结构的判断主项是周延的,谓项是不周延的。因此在例①这个判断中,主项"杜甫"周延,而谓项"唐代诗人"不周延。具有这种形式结构的判断还有许多,如例②就是其中之一。在这一判断中,"《春望》一诗的作者"同样是不周延的,尽管"《春望》一诗的作者"实际上仅只是杜甫一人。

五、使用性质判断常见的逻辑错误

性质判断是由量项、联项、主项、谓项几部分构成,那么,其中哪一部分使用不当都会造成相应的逻辑错误。

(一)量项使用不当

量项决定判断主项外延的数量。量项使用不当有两种情况:一是该限量而没有限量;二是限量不当,即限制词使用不当。例如:

① 今天是星期日,我们学校的同学去百花山登山了。

② 所有的错误都是不可避免的。

例①应予限量,例②则属限量不当,该用特称却使用了全称。另外,特称判断的量项可以使用多种语词表示。如果数量不定,可以用"有的、有些、有";数量较多的可用"许多、很多、大部分"等;数量较少的可用"少数、一小部分、极少数、个别"等。

(二) 联项使用不当

联项决定判断的质。联项使用不当常见的是否定词使用不当。因为肯定判断可用双重否定词表示，否定判断可用三重否定词表示。另外反诘问句句式本身也表示否定。这些若把握不好，常常会意此言彼，背离本意。例如：

① 你的这个办法很好，我想没有谁不会不同意的。
② 谁也不能否认孔子对后世没有影响。
③ 难道能否认我们的工作没有取得很大成绩吗？
④ 面对此情此景，能不无动于衷吗？

(三) 主、谓项不相应

当判断的主项涉及判断对象的正反两个方面时，谓项也必须相应提到两方面，当主项涉及对象某一个方面时，谓项也必须只是相应的一个方面，否则就会犯主、谓项不相应的错误。例如：

① 精简不精简机构是关系到实现四化的大问题。
② 有无坚定的共产主义信仰是共产党员党性的标志。
③ 开展批评与自我批评是能否保持党的战斗力的重要手段。
④ 我怀着恐惧的心情，担心灾难会不会落到她的头上。

第三节　关系判断

所有的陈述句都是表达判断的，如"鱼是用鳃呼吸的"这一语句表示对于鱼具有用腮呼吸的属性作出肯定性判断，这是性质判断。那么，什么是关系判断呢？明朝冯梦龙在《古今谭概》中讲过一则关于王元泽的故事：

王元泽还是几岁娃娃的时候，有一位客人用一只大木笼装着一只鹿和一只獐送给他的父亲王安石。小元泽好奇地看着动物。客人问小元泽："你可知道，笼子里哪一只是鹿，哪一只是獐？"元泽当时辨认不出来，但他想了一会儿，就回答说："鹿在獐旁，獐在鹿旁。"客人听了,非常惊奇。

小元泽的回答很巧妙,他既回答了客人的问题,又解除了自己的困境。他的回答就使用了两个关系判断。

一、什么是关系判断

断定事物与事物间关系的判断是关系判断。例如:

① 张某和李某是同学。
② 五大于三。
③ 月球与地球相距38.4万公里。
④ 小李认识张老师。

客观事物的存在并不是孤立的。它们除了自身具有多种性质之外,还要和其他的事物发生一定的关系。人们认识客观事物的本质,也就是要认识事物自身的性质以及与其他事物的关系这样两个方面。这种实践活动的结果反映到人们头脑中,就形成了性质判断与关系判断这样两种类型的判断形式。事实上,关系判断正是客观事物之间关系在人们思维活动中的反映。

关系判断与性质判断是有区别的。性质判断是就某一类对象事物而言,关系判断的对象则涉及两类或两类以上的事物;性质判断是断定该类事物具有或不具有某种性质,关系判断则是判定几类事物之间具有或不具有某种关系。这两种判断虽都属于简单判断,但却是完全不同的两种类型。

一个关系判断是由关系者项、关系项、量项三部分组成。关系者项在一个关系判断中至少有两个,是表示一定关系的承担者的概念,也就是关系判断的主项。在有两个关系者项的判断中,位置在前的称为关系者前项,位置在后的称为关系者后项,也可叫作第一、第二、第三……关系者项。关系项是表示关系者项之间所存在的关系的概念,也就是关系判断的谓项。量项是表示关系者项数量的概念,每一个关系者项都可以有量项。它可以是全称、特称或单称。例如:

一些外国运动员与中国女排的全体队员建立了友谊。

具有两个关系者项的关系判断可用 aRb 或 R(a,b)表示,这里 R 表示关系项,a 与 b 分别表示两个关系者项,量项被省略。

具有三个或三个以上关系者项的关系判断可用 R(a,b,c...)来表示。

二、关系的性质

(一)关系的对称性

在一定的论域中,如果对象 a 与 b 有 R 关系,那么 b 与 a 有没有 R 关系呢?由此出发,就可以将 a 与 b 的关系区分为具有对称性、非对称性以及反对称性的三种。

1. 在一定的论域中,对于任意对象 a 与 b,如果 aRb 成立并且 bRa 也成立,那么,关系 R 为对称性关系。例如:

1 公斤等于 1000 克,那么 1000 克也等于 1 公斤。

句中的"等于"就是对称性关系。其他如邻居、亲戚、配偶、同学、相同、相似、对立等都是对称性关系。

2. 在一定的论域中,对于任意对象 a 与 b,如果 aRb 成立并且 bRa 可能成立也可能不成立,那么,关系 R 为非对称性关系。例如:

尽管甲喜欢乙,但乙不一定喜欢甲。

句中的"喜欢"就是非对称性关系。其他如认识、信任、尊重等都是非对称性关系。

3. 在一定的论域中,对于任意对象 a 与 b,如果 aRb 成立并且 bRa 必然不成立,那么,关系 R 为反对称性关系。例如:

既然 3 大于 2,那么,2 肯定不大于 3。

句中的"大于"就是反对称性关系。其他如高于、小于、在……之上、战胜、欺压等都是反对称性关系。

(二) 关系的传递性

在一定的论域中,对于任意对象 a、b、c 而言,如果 a 与 b 有 R 关系,b 与 c 也有 R 关系,那么,a 与 c 有没有 R 关系呢?由此出发,就可以将 a、b、c 之间的关系区分为传递性、非传递性、反传递性三种。

1. 在一定的论域中,对于任意对象 a、b、c 而言,如果 aRb 成立,bRc 成立时,aRc 也成立,那么,关系 R 在该论域中为传递性关系。例如:

① 当"张某比李某大"成立,"李某比王某大"成立时,"张某比王某大"也成立。

② 当"博士生比硕士生学历高"成立,"硕士生比本科生学历高"成立时,"博士生比本科生学历高"也成立。

诸如"……比……大、……比……高、轻于、小于、过于、在……之前、包含、包含于"等都是传递性关系。

2. 在一定的论域中,对于任意对象 a、b、c 而言,如果 aRb 成立,bRc 成立时,aRc 不必然成立,那么关系 R 在该论域中为非传递性关系。例如:

① 当"甲队战胜乙队"成立,"乙队战胜丙队"成立时,"甲队战胜丙队"不必然成立。

② 当"甲佩服乙"成立,"乙佩服丙"成立时,"甲佩服丙"不必然成立。

诸如"战胜、佩服、认识、朋友"等都是非传递性关系。

3. 在一定的论域中,对于任意对象 a、b、c 而言,如果 aRb 成立,bRc 成立时,aRc 必然不成立,那么,关系 R 在该论域中为反传递性关系。例如:

① 当"张某比李某大三岁"成立,"李某比王某大三岁"成立时,"张某比王某大三岁"必然不成立。

② 当"甲厂产品的数量比乙厂的高一倍"成立,"乙厂产品的数量比丙厂的高一倍"成立时,"甲厂产品的数量比丙厂

的高一倍"必然不成立。

诸如"……比……大三岁、……比……高一倍、父母、叔叔、大几岁、多几尺、多几倍"等都是反传递性关系。

三、应用关系判断的实例

明确关系的性质,有助于在使用关系判断时作出正确的断定,在复杂的情况面前保持清醒的头脑,化解难题,变被动为主动。

例如,相传古时候有个聪明的老人。一天,他的一个打猎的朋友给他送来了一只兔子。老人很高兴,拿兔子做成菜,请打猎的朋友吃。过了两天,有五六个人来找老人,自称是"送你兔子的那位朋友的朋友",老人便端出兔子汤来招待他们。又过了两天,又来了八九个人,说:"我们是送你兔子的那位朋友的朋友的朋友。"于是老人端出一碗泥水。客人们很诧异,就问老人这是什么?老人说:"这就是我那位朋友送来的兔子的汤的汤。"

这是一个有趣的民间故事。根据关系判断的逻辑特性,可知"朋友"是对称关系,同时也是非传递关系。也就是说,甲是乙的朋友,乙是丙的朋友,那么甲不一定是丙的朋友。上例中,那位"朋友的朋友的朋友"不一定是那位朋友的朋友,因此,老人用泥水作为兔子的汤的汤,生动形象地暗示了"朋友"不是传递关系,婉转地告诉客人"你们不一定是我那位朋友的朋友"。最后,来人只得灰溜溜地走了。

四、使用关系判断常见的逻辑错误

在日常的思维活动中,要正确使用关系判断,首先要注意区分判断的不同类型,其次要注意分清不同对象间所存在的关系的逻辑性质,如果混淆了关系的不同性质,就会出现把非对称性关系当作对称性关系对待、把非传递性关系当作传递性关系对待等错误。例如:

① 小李和小王曾经是中学同学,多年来两人关系密切。小王是小李心目中的恋人,只是没有明说。但小王只是把小李当作要好的朋友。一天,小王告诉小李,他有女朋友了。小李听了,心中很痛苦。她这才明白:"爱"的情感不是对称性的,她爱小王,但小王未必一定爱她。

小王把非对称性关系"爱"当作对称性关系,因而造成了自身感情上的痛苦。

② 源江县目前小麦长势喜人。小麦单产普遍增加两至三成。

"增加"是一个表示关系的概念,使用时必须有相应的两个关系者项才可以。

③ 愿望与现实中间有个不可缺少的条件,那就是付出血和汗。

"……与……中间有"是关系项,表明上述判断是个关系判断。事实上,准确的表达应是"只有付出血汗,才能使愿望变为现实"。这里,由于关系者项不在同一范畴内,因此,使用关系判断不够恰当。

思 考 题

1. 什么是判断?它的基本特征是什么?
2. 简述判断和语句的关系。
3. 性质判断有哪几种形式?
4. 同素材性质判断的对当关系的内容是什么?
5. 什么是性质判断主、谓项的周延性?A、E、I、O判断主、谓项的周延性规律是什么?
6. 使用性质判断常见的逻辑错误有哪些?
7. 什么是关系判断?

练 习 题

一、下列语句是否表达判断？如果表达，表达的是哪一种类型的判断？如果表达性质判断，其主、谓项的周延情况如何？

1. 你到过黄河吗？
2. 请节省每一滴水吧。
3. 知识是力量的源泉。
4. 有些看法不容易改变。
5. 中国知识分子是社会的中坚。
6. 邓小平是中国改革开放的总设计师。
7. 有的技术革新能手是自学成才的。
8. 地球上的资源不是取之不尽的。
9. 韩国是中国的近邻。
10. 青岛比北京的空气质量好。

二、填空：

1. 判断是_____的思维形式。
2. 性质判断是由_____、_____、_____、_____四部分组成。
3. 当 S 和 P 处于_____、_____关系时，判断 SAP 为真。
4. 当 I 判断为真时，则 A 判断为_____，E 判断为_____，O 判断为_____。
5. 当 SEP 为假时，SAP 为_____，SIP 为_____，SOP 为_____。
6. 当"有的 S 不是 P"为假时，"所有的 S 都是 P"为_____，"所有的 S 都不是 P"为_____，"有的 S 是 P"为_____。
7. 一个判断的主项周延，谓项不周延，则这个判断的逻辑形式是_____。
8. 当 S 和 P 处于_____关系时，判断 SIP 为假。
9. 当 SOP 为真时，S 和 P 可以处于_____、_____、_____关系。

10. 当 S 和 P 处于_____、_____关系时，A 判断为假，I 判断为真。

11. 当 S 和 P 处于_____、_____关系时，E 判断为假，O 判断为假。

12. 当一个特称否定判断为真时，这个判断的主项 S 和谓项 P 之间可能是_____、_____、_____关系。

三、单项选择题：

1. "任何困难都不是不能克服的"这个判断的（   ）。
   A. 主谓项都周延   B. 主谓项都不周延
   C. 主项周延,谓项不周延   D. 主项不周延,谓项周延

2. 如果 aRb 成立且 bRa 不成立,那么 R 所表示的是（   ）。
   A. 对称关系   B. 反对称关系
   C. 传递关系   D. 反传递关系

3. 下列各组判断中,具有反对关系的是（   ）。
   A. "所有的 S 都是 P"与"S 都不是 P"
   B. "所有的 S 都是 P"与"这个 S 是 P"
   C. "所有的 S 都不是 P"与"S 不都是 P"
   D. "有的 S 是 P"与"S 不都是 P"

4. 当 SEP 为真时,其主项和谓项之间的关系是（   ）。
   A. 同一关系   B. 属种关系
   C. 交叉关系   D. 全异关系

5. 一个正确的性质判断,它的主项周延,谓项不周延,那么主、谓项间可具有（   ）关系。
   A. 真包含关系   B. 真包含于关系
   C. 交叉关系   D. 全异关系

6. "占世界人口总数四分之一的中国人民是勤劳勇敢的"这个判断是（   ）。
   A. 全称判断   B. 特称判断
   C. 单称判断   D. 否定判断

7. 可以驳倒"凡是植物都不是绿色的"这个假判断的判断是（   ）。

　　　　A. 植物不都是绿色的　　　B. 有的植物是绿色的
　　　　C. 有的植物不是绿色的　　D. 有的绿色的不是植物
　　8. 概念 A 与 B 具有真包含关系,则这一关系具有(　　)性。
　　　　A. 反对称　　B. 对称　　C. 非对称　　D. 非传递
　　9. 在概念外延关系中,不具有传递性质的是(　　)关系。
　　　　A. 同一　　B. 真包含　　C. 交叉　　D. 真包含于
　　10. 如 A 与 B 是两个相互矛盾的性质判断,则它们具有(　　)。
　　　　A. 相同的常项与变项　　　B. 相同的常项、不同的变项
　　　　C. 不同的常项与变项　　　D. 不同的常项、相同的变项

四、根据同素材性质判断的对当关系,指出下列各组判断在逻辑方阵中是什么关系？

　　1. "有的 S 是 P"与"凡 S 是 P"。
　　2. "棋手不都是聪明人"与"有棋手是聪明人"。
　　3. "考试成绩好的都有真才实学"与"有的考试成绩好的是有真才实学的"。
　　4. "有野性的是野生动物"与"有的有野性的不是野生动物"。

五、双项选择题：

　　1. 在"曹禺是《雷雨》的作者"这个判断中,主项与谓项之间具有(　　)、(　　)关系。
　　　　A. 同一　　　　　　　　　B. 真包含于
　　　　C. 相容　　　　　　　　　D. 不相容
　　2. 具有差等关系的一对判断(　　)、(　　)。
　　　　A. 可以同真　　　　　　　B. 不能同真
　　　　C. 可以同假　　　　　　　D. 不能同假
　　3. 当 SAP 为真时,S 和 P 处于(　　)、(　　)。
　　　　A. 同一关系　　　　　　　B. 真包含关系
　　　　C. 真包含于关系　　　　　D. 交叉关系
　　4. 判断的"交叉关系"属于(　　)、(　　)。
　　　　A. 对称关系　　　　　　　B. 反对称关系

C. 传递关系　　　　　　　D. 非传递关系
5. 性质判断中周延的项是(　　)、(　　)。
   A. 全称判断的主项　　　　B. 特称判断的主项
   C. 肯定判断的谓项　　　　D. 否定判断的谓项
6. 在同素材的性质判断中,已知 E 判断为真,可以推知(　　)、(　　)。
   A. 判断 A 为真　　　　　　B. 判断 A 为假
   C. 判断 I 为真　　　　　　D. 判断 I 为假
7. 在同素材的 A、E、I、O 之中,两个不能同假的判断之间具有(　　)或(　　)。
   A. 反对关系　　　　　　　B. 矛盾关系
   C. 差等关系　　　　　　　D. 下反对关系
8. "A 概念真包含于 B 概念"这个判断是一个(　　)、(　　)。
   A. 单称肯定判断　　　　　B. 全称肯定判断
   C. 关系判断　　　　　　　D. 简单判断
9. 下列关系中,既是对称的又是传递的是(　　)、(　　)。
   A. 概念间的全同关系　　　B. 概念间的交叉关系
   C. 概念间的全异关系　　　D. 判断间的等值关系
10. 若 SAP 与 SIP 恰有一假,则 S 与 P 在外延上具有(　　)关系或(　　)关系。
    A. 全同　　　　　　　　　B. 全异
    C. 交叉　　　　　　　　　D. 真包含
11. 若 SAP 与 SEP 恰有一假,则必有(　　)与(　　)。
    A. 判断 SIP 与 SOP 恰有一假
    B. 判断 SAP 与 SIP 恰有一真
    C. 判断 SEP 与 SOP 恰有一假
    D. 判断 SIP 与 SOP 恰有一真

六、多项选择题:

1. 判断和语句的关系是:(　　)。
   A. 所有语句都表达判断

B. 凡判断都要靠语句表达

C. 有的语句不表达判断

D. 同一个语句可以表达不同判断

E. 同一个判断可以用不同语句表达

2. 下列判断中,具有非对称关系的有( )。

A. 张三嫉妒李四　　　　B. 小刘与小梅是恋人

C. 甲方不信任乙方　　　D. 概念 A 真包含 B

E. 原告指责被告

3. 已知 SIP 为假,可以推知( )。

A. SAP 为真　　B. SAP 为假　　C. SEP 为真

D. SEP 为假　　E. SOP 为真

4. 下列关系中,属于非传递关系的有( )。

A. 友好　　　　B. 高于　　　　C. 不尊重

D. 交叉　　　　E. 矛盾

七、从对称性的角度,分析下列判断中画有横线的关系各属于何种关系?

1. 甲概念<u>真包含于</u>乙概念。

2. 甲概念<u>与</u>乙概念<u>全同</u>。

3. 甲概念与乙概念<u>相容</u>。

八、从传递性角度,分析下列判断中画有横线的关系各属于何种关系?

1. 天津<u>在</u>上海<u>以北</u>,上海在福州以北。

2. 小李<u>比</u>小王<u>高 1 厘米</u>,小王比小丁高 1 厘米。

3. 老张<u>了解</u>小王,小王了解小赵。

九、下列语句在表达判断方面有无逻辑错误,如果有,错误的性质是什么?

1. 我们青年突击队没有一个人不认为思想政治工作不重要。

2. 青蛙是庄稼的好朋友,七星瓢虫也是庄稼的好朋友,青蛙和七星瓢虫是好朋友。

3. 依靠还是不依靠群众是搞好工作的关键。

4. 在文明礼貌月中,北京高校的学生在文化宫设立服务站,开展美的咨询活动。

5. 报纸上有些又臭又长的文章是不该登的。

6. 这次建校劳动是同学们最愉快、最有意义的一天。

7. 学好语法是避免少出病句的基本途径。

8. 华山菜场的两个营业员是我们学校的学生。

9. 性质判断是断定对象事物有无某种属性的判断。

10. 在同素材性质判断的对当关系中,单称判断不能作全称判断处理。

第四章 判 断(二)

判断的基本类型包括简单判断和复合判断,关于简单判断,上一章已作了介绍。这一章讲解复合判断。所谓复合判断,就是由两个或两个以上的简单判断通过一定的逻辑联结词(项)结合而成的判断。组成复合判断的各个简单判断称作复合判断的支判断,它们是复合判断的逻辑变项。联结各个支判断的逻辑联结词是复合判断的逻辑常项。根据联结词的不同,可以把复合判断分为联言判断、选言判断、假言判断及负判断。另外,根据判断中是否含有模态词,可将全部判断区分为模态判断和非模态判断。本章只讲非模态判断中的复合判断。

第一节 联言判断

一、什么是联言判断

联言判断是断定若干事物情况同时存在的判断,又称合取判断。例如:

① 过去属于死神,未来属于你自己。
② 真理是时间的孩子,而不是权威的孩子。
③ 生活是美好的,也是艰辛的。

上述判断都分别断定两种事物情况同时存在,其中每一个支判断称作联言判断的一个联言支。一个联言判断的联言支至少有两个,也可以是多个。每一个联言判断都是由联言支和逻辑联结词这两部分所组成。一个二支的联言判断可以用"$p \land q$"表示。其中 p、q 分别表示联言判断的两个支判断;"∧"为逻辑联结词(这一符号是由现代逻辑移用来的),读作"合取",在自然语言中常用"并且"来表示。

二、联言判断的种类

(一)常规的联言判断

根据联言支关系的不同,可将联言判断分为并列关系联言判断、递进关系联言判断、转折关系联言判断。

并列关系联言判断是指联言支之间是并列共存关系的联言判断,它的特征是联言支没有固定的前后顺序,位置可以互换,其语言形式主要是并列关系联合复句。例如:

① 生活是美好的,同时也是艰辛的。
② 幸运所生的德性是节制,厄运所生的德性是坚忍。

并列关系联言判断常用的联结词有"并且"、"而且"、"既……又……"、"一方面……另一方面……"等。

递进关系联言判断是指联言支之间是递进共存关系的联言判断。递进关系也就是逐层深入的关系,也叫进层关系。它的特征是联言支有固定的前后顺序,位置不可以互换,其语言表达形式多是递进关系的联合复句。例如:

① 控制论不仅对生物和生命现象的研究有深刻的意义,而且对哲学和社会现象的研究也有重要意义。
② 城市绿化不仅能改造气候和美化环境,而且能净化空气和防治灾害,对人体健康起着重要作用。

递进关系联言判断常用的联结词有"不仅……而且……"、"越……越……"等。

转折关系联言判断是指联言支之间是转折共存关系的联言判断。它的特征是联言支在语意上不是顺承,而是转折,其语言表达形式多是转折关系的偏正复句。例如:

① 虽说黑夜使眼睛失去了它的作用,但却使耳朵的听觉更为灵敏。

② 尽管生活的道路上处处坎坷,但他以不屈的精神战胜了命运,迎来了生命的春天。

转折关系联言判断常用的联结词有"虽然……但是……"、"尽管……可是……"等。

(二)紧缩式联言判断

根据联言支形式的不同,可将联言判断分为联主联言判断、合谓联言判断、联主合谓联言判断。

联主联言判断即复合主项的联言判断,其结构形式为:(A_1、A_2……)是B。合谓联言判断即复合谓项联言判断,其结构形式是:A是(B_1、B_2……)。联主合谓联言判断即复合主谓项的联言判断,其结构形式是:(A_1、A_2……)是(B_1、B_2……)。例如:

① 广见闻、多阅读、勤实验是治学的基本原则。(联主联言判断)

② 愤怒以愚蠢开始,以后悔告终。(合谓联言判断)

③ 海外侨胞及国际友人都关注着中国的四化建设,祈盼中国能早日富强。(联主合谓联言判断)

三、联言判断的逻辑值

在传统逻辑中,任何判断都是或真或假的。这种或真或假的性质叫作判断的真值,或者叫作判断的逻辑值。

由于联言判断断定事物的几种情况同时存在,因此一个联言判断的真假就取决于其联言支的真假,若全部联言支都真,则联言判断为真;若联言支有一个或几个为假,则联言判断为假。联言判断的真假与构成它的支判断的真假的对应情况可列表如下:

p	q	p∧q
T	T	T
T	F	F
F	T	F
F	F	F

上述表格称作联言判断的真值表。其中 p、q 分别表示联言判断的联言支，T 表示某判断逻辑值为真，F 表示某判断逻辑值为假（T、F 的逻辑意义以下各节均同）。不同类型的复合判断各有自己的真值表，用以体现其各自的逻辑特性。复合判断的逻辑特性主要表现在它和支判断的真假对应关系上，这是多种复合判断推理的重要依据。

在数理逻辑中，p∧q 被称为合取式。一个合取式为真，仅仅要求其联言支全部为真；而在传统逻辑中，一个具体的联言判断为真，不仅要求其联言支全部为真，而且要求联言支彼此之间有某种意义上的联系，否则该判断是无意义的。

四、使用联言判断常见的逻辑错误

（一）联结词使用不当

不同种类联言判断的标志是联结词。如果联结词使用不恰当就会造成语意模糊、似是而非，让人不知两个联言支之间究竟是怎样的关系。例如：

① 优秀的文学作品不仅能陶冶人的情操，而是能净化人的心灵。

② 某单位后勤领导干部虽然都很能说，但是也很能干，工作搞得很好。

（二）联言支使用不当

具有不同联结词的联言判断，其联言支之间的关系是不同的，并因此而有不同的位置要求。如果顺序不当或内容欠妥，都会造成联言支使用不当的错误。例如：

① 我们应认真贯彻和学习这次党代会的精神。

② 改革中的一切做法都要在实践中总结出新的经验，并要接受实践的检验。

五、应用联言判断的实例

了解联言判断的逻辑特性，不但可以避免相关错误，也可以在遇到问题时化不利为有利，取得主动权。

例如，清代曾国藩在镇压太平天国起义军时，几遭挫折，连连失败。他在向皇上报告军情时，无法回避屡战屡败的事实。在草拟奏折时，他想到以前有一位战将曾因此而触怒龙颜，惨遭贬谪的事情。于是，他灵机一动，把"屡战屡败"改为"屡败屡战"。结果，他不但躲过了一劫，还因此而得到皇上的赏识。

又如，古罗马的著名军事家、演讲家德基穆斯·布鲁图斯刺杀恺撒后，在罗马广场上发表了演说。当时大多数人对此事态度不明朗，有的对恺撒的惨死还有一些同情。面对这种情况，布鲁图斯说："如果在场诸君中，有人说：'恺撒是我的亲友'，那么我必定要大声疾呼，我要告诉大家说，我布鲁图斯爱恺撒，比起诸君来，更要胜过百倍！如果有人要问我：'那么你为什么要刺杀你亲爱的恺撒呢？'我必定回答说：'因为我布鲁图斯之爱罗马，比我之爱恺撒，又胜过百倍、万倍！'"

这里，布鲁图斯巧妙地利用了递进关系的联言判断，取得了演讲的成功。

第二节 选言判断

一、什么是选言判断

选言判断是断定在几种事物情况中至少有一种存在或只能有

一种存在的判断,又称析取判断。例如:

①在领导工作中,不是实行正确的政策,就是实行错误的政策。

②这幅画或是明代的,或是清代的。

③该校的毕业生或是学过英语,或是学过法语,或是学过德语。

从上述判断中可以看到,每一个支判断都反映一种事物情况或曰一种可能性,因而每一个选言判断都给我们提供了一个范围,我们可以从中进行选择。构成选言判断的各个支判断被称为选言支。一个选言判断的选言支至少是两个,也可以是多个。一个二支的选言判断,可以用"p 或者 q"表示。其中 p、q 分别表示选言判断的支判断,"或者"为联结词,在现代逻辑中,"或者"用符号"∨"来表示,读作"析取",因此选言判断也可用"p∨q"来表示。

二、选言判断的种类

根据各个选言支之间能否相容并存,可将选言判断分为相容选言判断和不相容选言判断两大类。

(一)相容选言判断

相容选言判断即断定其选言支可以同真的选言判断。例如:

他学习成绩不好的原因或是由于基础差,或是由于方法不当,或是由于学习态度有问题。

这是一个三支的选言判断。他学习成绩不好的原因可能是三个原因中的某一个造成的,也可能是由其中某两个甚至是全部原因造成的。这个选言判断实际上是断定其中至少有一个原因存在,即至少有一个选言支为真。它的结构形式是:p∨q∨r,其中的联结词"∨"读作"相容析取",p、q、r 分别代表三个不同的选言支。一个二支的相容选言判断可用"p 或者 q"表示,也可用"p∨q"表示。在自然语言中还可以用"也许……也许……"、"或……或……"、"可能……可能……"等来表示。

一个相容选言判断的真假是由选言支的真假所决定的。一个相容选言判断为真,则它的各个选言支中至少有一个选言支所反映的事物情况是存在的。也就是说,这个选言判断支判断中至少有一个为真;只有当全部选言支所反映的事物情况都不存在,或者说全部选言支都为假时,这个选言判断才是假的。例如:

小李或是喜爱文艺,或是喜爱体育。

这个选言判断如果是真的,那么"小李喜爱文艺"与"小李喜爱体育"这两个支判断中至少应有一真;如果这两个支判断都是假的,那么"小李或是喜爱文艺或是喜爱体育"这个选言判断就一定是假的。

一个相容选言判断的真假与构成它的各个支判断的真假的对应情况可列表如下:

p	q	p∨q
T	T	T
T	F	T
F	T	T
F	F	F

上表是相容选言判断的真值表。

(二) 不相容选言判断

不相容选言判断是断定其选言支不能同真的选言判断,即含有不能相容并存的选言支的选言判断。例如:

一个人的血型要么是 A 型,要么是 B 型,要么是 O 型,要么是 AB 型。

这是一个四支的不相容选言判断。这个选言判断实际上是断定一个人的血型只能是这四种类型中的一种,不能同时是两种或几种。这个选言判断的结构形式是:p∨̇q∨̇r∨̇s,其中联结词"∨̇"读作"不相容析取",p、q、r、s 分别代表四个不同的选言支。一个二支的不相容选言判断,可用"要么 p,要么 q"表示,也可用

"p ∨̇ q"表示。"∨̇"在自然语言中通常用"不是……就是……"、"要么……要么……"来表示,也可以用"或者……或者……"、"也许……也许……"等表示。

一个不相容选言判断的真假是由它支判断的真假所决定的。一个不相容选言判断为真,则它的各个选言支所反映的事物情况中有一个且只有一个是存在的。也就是说,这个选言判断支判断中有一个且只有一个为真。如果这些支判断中有不止一个为真或者全部都是假的时,这个不相容选言判断就是假的。例如:

这件文物不是唐代的,就是宋代的。

这个选言判断如果是真的,那么,"这件文物是唐代的"与"这件文物是宋代的"这两个判断中便有一个且只能有一个事物情况是存在的。如果这两个支判断所反映的事物情况都存在或者都不存在的话,那么,"这件文物不是唐代的就是宋代的"这个选言判断就是假的。

一个不相容选言判断的真假与构成它的各个支判断的真假的对应情况可列表如下:

p	q	p ∨̇ q
T	T	F
T	F	T
F	T	T
F	F	F

上表是不相容选言判断的真值表。

三、使用选言判断常见的逻辑错误

(一) 遗漏选言支

选言判断所断定的是由几种事物情况所组成的某个范围中至少有一种或只能有一种事物情况存在。遗漏选言支即没能列举出可以列举的事物的全部可能情况。如此,则很可能被漏掉的一个刚好是那个真实的情况。例如：

> 一份统计表之所以有错误，或许是因为材料失实，或许是因为计算有误。

统计表有错误的原因除材料失实和计算有误外，还可能是抄写错误。上述判断遗漏了这种情况，犯了遗漏选言支的错误。

（二）从属选言支

选言判断的每一支判断同处于被选择状态，彼此间地位应是平等的，如果其中一个支判断所断定的事物情况中包含了另一支判断所断定的事物情况，那么两个选言支就不再是平等的被选择关系。这种错误叫作从属选言支。例如：

> 报考大学时考生或选择艺术类，或选择理工类，或选择文史类，或选择电子类。

这里，选择电子类这种情况包含在选择理工类这种情况之中。换言之，电子类从属于理工类，因而这两个选言支是从属关系，该判断犯了从属选言支的错误。

（三）联结词使用不当

联结词使用不当是指把相容选言判断误当作不相容选言判断，即对一个相容选言判断错误地使用了联结词"要么……要么……"或"不是……就是……"。例如：

> 农作物生长不良的原因要么是由于缺水，要么是由于缺肥，要么是由于其他原因。

农作物生长不良可能是由某一种原因造成的，如缺水，也可能是由多种原因造成的，如既缺水又缺肥等。因此，这一选言判断的选言支彼此间应是相容的，不应使用不相容选言判断特有的联结词"要么……要么……"，而应改作相容选言判断的联结词"或……或……"。

四、应用选言判断的实例

人生的每一步,几乎都面临着各种选择。如果因为对客观情况考虑不周而作出错误的决定,就可能带来极大的遗憾甚至重大的损失。正确使用选言判断,可以使思维更全面,从而避免发生相关错误。另外,在思想交流中,也可以利用选言判断展开论述,取得良好的语言表达效果。

例如,晋国的国君晋平公晚年时萌生了强烈的学习愿望,但又有些顾虑。有一次,他问自己的臣子师旷:"我已经七十岁了,很想学习,但是担心已经晚了。"师旷回答说:"晚了为什么不点着蜡烛照明呢?"晋平公说:"哪有作为臣子却戏弄自己的国君的呢?"师旷回答说:"我怎么敢戏弄国君呢?我曾听说,年少时好学,像初升的太阳;壮年时好学,像中午时的阳光;年老而喜欢学习,就像蜡烛点亮时的光芒。点着蜡烛走与在黑暗中行走,哪一个更好呢?"晋平公听了说道:"说得太好了!"

这里,师旷运用选言判断的形式,借助比喻巧妙地说明了学习对老年人的重要性,从而说服了晋平公。

第三节 假言判断

一、什么是假言判断

断定一事物情况是另一事物情况存在的条件的判断称假言判断。也可以说,假言判断是有条件地断定某事物情况的判断。例如:

① 只有刻苦学习才能成才。
② 只要天下雨,那么路就湿。
③ 如果三角形是等角的,则它是等边的;并且只有三角形是等角的,它才是等边的。

例①断定刻苦学习是成才的条件；例②断定天下雨是路湿的条件。

假言判断的逻辑特点在于：它不是对某事物情况本身作出无条件断定，而是断定一事物情况是另一事物情况存在的条件。构成假言判断的支判断叫作假言支。每一个假言判断包括两个假言支，表示某事物情况是另一事物情况存在的条件的假言支称作前件；表示依赖于某种条件而成立的假言支称作后件。每个假言判断都是由前件、后件以及假言判断的逻辑联结词所组成。如在例①中，"刻苦学习"被称为前件；"成才"被称为后件；"只有……才……"被称为假言判断的逻辑联结词。一个假言判断的逻辑联结词可以省略，如"皮之不存，毛将焉附？"就是一个省略了联结词"如果……那么……"的假言判断。

二、假言判断的种类

由于假言判断断定一事物情况是另一事物情况存在的条件，而事物情况存在的条件是不同的，不同的条件就构成了不同类型的假言判断。

（一）充分条件假言判断

充分条件假言判断是断定一事物情况是另一事物情况存在的充分条件的假言判断。可以用 p、q 分别代表前、后件所反映的事物情况。所谓充分条件，即如果有 p 必有 q，无 p 未必无 q（可以有 q，也可以没有 q），那么 p 就是 q 的充分条件。例②中"天下雨"就是"路湿"的充分条件。

如果 p、q 分别代表假言判断的前、后件，那么，一个充分条件假言判断可以表示为：如果 p，那么 q，也可以用"p→q"表示。符号"→"读作"蕴涵"。也就是说，如果 p 是真的，那么 q 必然是真的。

充分条件假言判断常用的联结词有"如果……则（那么、就）……"、"只要……就……"、"假若……就……"、"哪里……哪里就……"等。

由于假言判断所断定的是某事物情况的存在是另一事物情况

存在的条件,因此,就任何一个假言判断而言,如果它的前、后件所反映的两事物情况间的条件关系存在,则该判断就是真的,如果这种条件关系不存在,则该判断就是假的。对于充分条件假言判断而言,如果假言判断的前件所反映的事物情况确实是后件所反映的事物情况的充分条件,那么这个假言判断就是真的;反之,如果前件所反映的事物情况并不是后件所反映的事物情况的充分条件,那么这个假言判断就是假的。

如果一个充分条件假言判断为真(这种充分条件关系存在),那么当前件所反映的事物情况出现(存在)时,后件所反映的事物情况必然出现(存在);当前件所反映的事物情况没有出现(不存在)时,后件所反映的事物情况可能会出现(存在),也可能不会出现(不存在)。例如,"如果天下雨,那么路就湿",从判断形式上看,这是个充分条件假言判断。它的前、后件的关系是:当天下雨时,道路肯定会是湿的;当天没下雨时,道路有可能是湿的,也有可能不是湿的。因此,这个充分条件假言判断是真的。又如,"如果某商品的数量多,那么质量就会很好",从形式上看,这也是个充分条件假言判断。但当某商品的数量确实很多时,它的质量并非一定是好的,它的前、后件事实上是不具备充分条件关系的。因此这个充分条件假言判断就是假的。

一个充分条件假言判断与其前、后件之间在真假方面的对应情况可列表如下:

p	q	p→q
T	T	T
T	F	F
F	T	T
F	F	T

上表是充分条件假言判断的真值表。

(二) 必要条件假言判断

必要条件假言判断是断定一事物情况是另一事物情况存在的

必要条件的假言判断。所谓必要条件,即当 p、q 分别代表前、后件所反映的事物情况时,如果无 p 必无 q,有 p 未必有 q(可以有 q,也可以没有 q),那么 p 是 q 的必要条件。本节例①中"刻苦学习"就是"成才"的必要条件。同样,"认识错误"就是"改正错误"的必要条件。

如果 p、q 分别代表假言判断的前、后件,那么,一个必要条件假言判断可以表示为"只有 p,才 q",也可以用"p←q"表示,符号"←"读作"逆蕴涵"。也就是说,如果 p 是假的,那么 q 必然是假的。

必要条件假言判断常用的联结词有"只有……才……"、"除非……才……"、"不……不……"等。

对于一个必要条件假言判断而言,如果它的前件所反映的事物情况确实是后件所反映的事物情况的必要条件,那么这个假言判断是真的,反之则是假的。

一个必要条件假言判断为真,就意味着当该判断的前件所反映的事物情况不出现时,其后件所反映的事物情况也必不出现;当前件所反映的事物情况出现时,后件所反映的事物情况有可能出现,也有可能不出现。例如,"只有拥护党纲才能入党",从形式上看,这是个必要条件假言判断。就前、后件关系的实质而言,如果一个人不拥护党纲,则此人肯定是不能入党的;如果一个人拥护党纲,则此人有可能入党,也有可能没入党。因此这个必要条件假言判断是真的。又如,"只有爱打球,才能学习好",从形式上看,这也是个必要条件假言判断,但一个人不爱打球,并非学习就一定不好,因此这个必要条件假言判断是假的。

一个必要条件假言判断的真假与其前、后件之间在真假方面的对应情况可列表如下:

p	q	p←q
T	T	T
T	F	T
F	T	F
F	F	T

上表是必要条件假言判断的真值表。

（三）充要条件假言判断

充要条件假言判断是断定一事物情况是另一事物情况存在的充要条件的假言判断。所谓充要条件，是说当 p、q 分别代表前、后件所反映的事物情况时，如果有 p 必有 q，无 p 必无 q，那么 p 是 q 的充要条件，即充分必要条件。例如，"如果你抛弃了时间，那么时间就会抛弃你；你没有抛弃时间，时间就不会抛弃你"这一假言判断中，"你抛弃了时间"就是"时间抛弃你"的充要条件。又如本节例③中"三角形是等角的"就是"它是等边的"的充要条件。

如果 p、q 分别代表假言判断的前、后件，那么，一个充要条件假言判断可以表示为"当且仅当 p，则 q"，也可用"p↔g"表示。符号"↔"读作"等值"，意思是，如果 p 是真的，则 q 必真，p 是假的，则 q 必假；如果 q 是真的，则 p 必真，q 是假的，则 p 必假。"等值"即逻辑值相等的意思。

充要条件假言判断常用的联结词有"如果……那么……并且只有……才……"、"如果……那么……且如果不……那么不……"、"当且仅当……则……"等。

对于一个充要条件假言判断而言，如果它的前件所反映的事物情况确实是后件所反映的事物情况的充要条件，那么这个充要条件假言判断是真的，反之则是假的。一个充要条件假言判断为真，就意味着该判断的前件所反映的事物情况出现时，其后件所反映的事物情况也必然出现；前件不出现时，后件也必不出现。反之，当后件出现时，前件必然出现；后件不出现时，前件也必不出现。例如，"当且仅当三角形是等角的，则它是等边的"这一充要条件假言判断中，某三角形等角，则它必等边；三角形不等角，则它必不等边。反之,某三角形等边,则它必等角;三角形不等边,则它必不等角。这说明这个充要条件假言判断是真的。又如,"当且仅当有专业知识则有实践经验",从形式上看,这是一个充要条件假言判断。但一个人如果有专业知识,并不一定就有实践经验;如果没有专业知识,并不一定没有实践经验。这说明这个充要条件假言判断是假的。

一个充要条件假言判断的真假与其前、后件之间在真假方面的对应情况可列表如下:

p	q	p↔q
T	T	T
T	F	F
F	T	F
F	F	T

上表是充要条件假言判断的真值表。

三、不同类型假言判断的相互转换

由于假言判断前、后件是互为条件关系的,因而不同类型的假言判断是可以相互转换的。对于充分条件假言判断来说,前件是后件的充分条件,则后件必是前件的必要条件。例如,"要实现四化,就要团结奋斗",可以转换为"只有团结奋斗,才能实现四化"。对于必要条件假言判断来说,前件是后件的必要条件,则后件必是前件的充分条件。例如,"只有把住质量关,才能出好产品",可以转换为"要出好产品,就要把住质量关"。对于充要条件假言判断来说,前件是后件的充要条件,则后件也是前件的充要条件。例如,"当且仅当两概念的外延完全重合时,它们才具有同一关系",可转换为"当且仅当两概念具有同一关系时,它们的外延才完全重合"。

不同类型的假言判断可以相互转换,这意味着肯定 p 是 q 的充分条件与肯定 q 是 p 的必要条件其逻辑意义是等同的,也意味着肯定 p 是 q 的必要条件与肯定 q 是 p 的充分条件其逻辑意义是等同的,还意味着肯定 p 是 q 的充分必要条件与肯定 q 是 p 的必要充分条件其逻辑意义是等同的。掌握这一点,就可以根据具体语言环境选择变换不同的句式,以增强表达效果。

四、使用假言判断常见的逻辑错误

(一) 强加条件关系

假言判断有三种不同的条件关系,它们各有各的联结词。如果一个复合判断事实上并不具有其中任何一种条件关系,却错误地使用了某种条件关系常用的联结词,那么就犯了强加条件关系的错误。例如:

> 如果强调了思想解放,那么就会削弱思想政治工作。

"强调思想解放"与"削弱思想政治工作"两者不具有任何条件关系,该判断却使用"如果……那么……"这一充分条件的联结词将它们联系起来,因而犯了强加充分条件关系的错误。

(二) 混淆条件关系

假言判断的三种类型是由前、后件三种不同的条件关系所决定的。如果前件 p 是后件 q 的充分条件,却错误地使用了"只有……才……"等必要条件假言判断的联结词,那么就犯了混淆条件关系的错误,错在把充分条件误当作必要条件来对待。反之,如果前件 p 对后件 q 本来具有必要条件关系,却错误地使用了充分条件假言判断的联结词,那么也同样犯了混淆条件关系的错误,错在把必要条件假言判断误当作充分条件假言判断来对待。例如:

> 只要刻苦学习,就能成才。

"刻苦学习"本应是"成才"的必要条件,这里却使用了联结词"只要……就……",误把必要条件当作充分条件,犯了混淆条件关系的错误。

五、应用假言判断的实例

通过设置一定的条件,运用假言判断可以回答用性质判断不便回答的问题。

例如,有一次,皇帝问阿凡提:"御河里有多少桶水?"阿凡提回答:"如果桶的容量与御河一样大,那么就只有一桶水;如果桶的容量有御河的一半大,那么就有两桶水;如果……"

又如,一对青年男女在舞场上边舞边谈,男的说:"除了我自己,我最爱的就是你。我真想天天和你一起跳舞。告诉我,你可以嫁给我吗?"女的回答:"可以,如果我只有18岁。"

显然,在上述两例中,对相关问题的妙答,正是由于答话人使用了假言判断。

第四节 负判断

一、什么是负判断

由否定某一个判断而构成的判断称负判断。例如:

① 并非考试成绩差的同学都不努力学习。
② 并非考上大学的同学就有前途,没考上大学的同学就没有前途。

例①是由否定词"并非"否定了"考试成绩差的同学都不努力学习"这样一个简单判断而构成的判断。例②是由"并非"否定了"考上大学的同学就有前途,没考上大学的同学就没有前途"这样一个复合判断而构成的判断。可以看出,负判断是一种特殊形式的复合判断,它是由否定联结词和被否定的判断两部分构成。如果用 P 表示被否定的判断,一个负判断可用"并非 P"表示。也可用符号表示为"$\neg P$",其中 P 可以是简单判断,也可以是复合判断。否定词在自然语言中可以是"并非"、"没有"、"不"等。

二、负判断的种类

根据负判断的支判断是简单判断还是复合判断,可将全部负判断分为负简单判断和负复合判断两类。由否定一个简单判断所构成的复合判断就是负简单判断;由否定一个复合判断所构成的复合判断就是负复合判断。

以性质判断为支判断的负判断都属于负简单判断。它们的逻辑形式是:

并非所有的 S 都是 P　　　　　$\overline{SAP}$

并非所有的 S 都不是 P　　　　$\overline{SEP}$

并非有的 S 是 P　　　　　　　$\overline{SIP}$

并非有的 S 不是 P　　　　　　$\overline{SOP}$

并非某个 S 是 P

并非某个 S 不是 P

以复合判断为支判断的负判断都属于负复合判断。它们的逻辑形式是:

并非(p 且 q)　　　　　　　$\neg(p \wedge q)$

并非(p 或 q)　　　　　　　$\neg(p \vee q)$

并非(要么 p,要么 q)　　　　$\neg(p \veebar q)$

并非(如果 p,则 q)　　　　　$\neg(p \rightarrow q)$

并非(只有 p,才 q)　　　　　$\neg(p \leftarrow q)$

并非(当且仅当 p,则 q)　　　$\neg(p \leftrightarrow q)$

并非非 p　　　　　　　　　$\neg \neg p$

三、负判断的逻辑值

一个负判断的真假是由构成它的支判断的真假所决定的。当构成它的支判断为假时,这个负判断的逻辑值为真;当构成它的支判断为真时,这个负判断的逻辑值为假。例如:

国营企业都不景气	并非国营企业都不景气
真	假
假	真

一个负判断与构成它的支判断在真假方面的对应情况可列表如下：

P	¬P
T	F
F	T

上表是负判断的真值表。其中 P 可以代表简单判断，也可以代表复合判断。

四、负判断的等值判断及其等值式

与某个负判断逻辑值相等的判断称为这一负判断的等值判断。

（一）负简单判断的等值判断及其等值式

1. 负全称肯定判断的等值判断及其等值式

"并非所有的 S 都是 P"的等值判断是"有的 S 不是 P"，该等值式可表示为：$\overline{SAP} \leftrightarrow SOP$。根据同素材性质判断的对当关系中的矛盾关系及负判断的真值表可知：

SAP	$\overline{SAP}$	SOP
T	F	F
F	T	T

其中$\overline{SAP}$与 SOP 两判断的逻辑值是同真同假的，所以是等值判断。例如：

"并非所有的中学毕业生都能考上大学"等值于"有些中学毕业生不能考上大学"。

2. 负全称否定判断的等值判断及其等值式

"并非所有的 S 都不是 P"的等值判断是"有的 S 是 P",该等值式可表示为:$\overline{SEP}$↔SIP。根据同素材性质判断的对当关系及负判断的真值表可知它们是等值的:

SEP	$\overline{SEP}$	SIP
T	F	F
F	T	T

例如:

"并非所有的困难都不能克服"等值于"有些困难是能克服的"。

3. 负特称肯定判断的等值判断及其等值式

"并非有的 S 是 P"的等值判断是"所有的 S 都不是 P",该等值式可表示为:$\overline{SIP}$↔SEP。根据同素材性质判断的对当关系及负判断的真值表可知它们是等值的:

SIP	$\overline{SIP}$	SEP
T	F	F
F	T	T

例如:

"并非有些课程是选修课"等值于"所有的课程都不是选修课"。

4. 负特称否定判断的等值判断及其等值式

"并非有的 S 不是 P"的等值判断是"所有的 S 都是 P",该等值式可表示为:$\overline{SOP}$↔SAP。根据同素材性质判断的对当关系及负判断的真值表可知它们是等值的:

SOP	$\overline{SOP}$	SAP
T	F	F
F	T	T

例如：

"并非有的光盘不是盗版的"等值于"所有的光盘都是盗版的"。

5. 负单称肯定判断的等值判断

"并非某个 S 是 P"的等值判断是"某个 S 不是 P"。例如：

"并非曹雪芹是明代人"等值于"曹雪芹不是明代人"。

6. 负单称否定判断的等值判断

"并非某个 S 不是 P"的等值判断是"某个 S 是 P"。例如：

"并非《高老头》不是巴尔扎克写的"等值于"《高老头》是巴尔扎克写的"。

（二）负复合判断的等值判断及其等值式

1. 负联言判断的等值判断及其等值式

"并非（p 且 q）"的等值判断是"非 p 或非 q"，该等值式可表示为：¬（p∧q）↔（¬p∨¬q）。

对于一个联言判断来说，无论其中哪一个联言支是假的，这个联言判断都是假的。那么，否定一个联言判断，就意味着否定这个联言判断中的至少一个支判断，也就意味着断定这个联言判断的联言支中至少有一个是假的。因此，负联言判断的等值判断是"非 p 或非 q"。例如：

"并非王某既爱唱歌又爱跳舞"等值于"王某或不爱唱歌或不爱跳舞"。

2. 负相容选言判断的等值判断及其等值式

"并非（p 或 q）"的等值判断是"非 p 且非 q"，该等值式可表示为：¬（p∨q）↔（¬p∧¬q）。

对于一个相容选言判断来说，只有当它的全部支判断都是假的时，这个选言判断才是假的。那么，否定一个相容选言判断，也就意味着断定这个选言判断的选言支全部都是假的，因此，一个相容选言判断的负判断应等值于"非 p 且非 q"这样一个联言判断。

例如：

"并非张某或爱读小说或爱听音乐"等值于"张某既不爱读小说又不爱听音乐"。

3. 负不相容选言判断的等值判断及其等值式

"并非（要么 p,要么 q）"的等值判断是"（p 且 q）或（非 p 且非 q）"，该等值式可表示为：$\neg(p \veebar q) \leftrightarrow ((p \wedge q) \vee (\neg p \wedge \neg q))$。

对于一个不相容选言判断来说，只有当它的支判断是如下两种情况之一时，它才是假的：一是它的支判断有不止一个是真的；一是它的支判断全部都是假的。因此，一个不相容选言判断的负判断应等值于"p 且 q 或非 p 且非 q"。例如：

"并非这些罪犯要么是贪污犯，要么是盗窃犯"等值于"这些罪犯或者既是贪污犯又是盗窃犯，或者既不是贪污犯又不是盗窃犯"。

4. 负充分条件假言判断的等值判断及其等值式

"并非（如果 p,那么 q）"的等值判断是"p 且非 q"，该等值式可表示为：$\neg(p \rightarrow q) \leftrightarrow (p \wedge \neg q)$。

对于一个充分条件假言判断来说，只有当前件真同时后件假时它才是假的。那么，一个充分条件假言判断被否定，也就意味着这个假言判断的前件真同时后件假。因此，充分条件假言判断的负判断就等值于"p 且非 q"。例如：

"并非如果当教师就没前途"等值于"当教师并且有前途"。

5. 负必要条件假言判断的等值判断及其等值式

"并非（只有 p,才 q）"的等值判断是"非 p 且 q"，该等值式可表示为：$\neg(p \leftarrow q) \leftrightarrow (\neg p \wedge q)$。

对于一个必要条件假言判断来说，只有当前件假同时后件真时它才是假的。那么，一个必要条件假言判断被否定，也就意味着这个假言判断的前件假同时后件真。因此，必要条件假言判断的负判断就等值于"非 p 且 q"。例如：

"并非只有犯罪才违法"等值于"没有犯罪,但是违法了"。

6. 负充要条件假言判断的等值判断及其等值式

"并非(p 等值于 q)"的等值判断是"(p 且非 q)或(非 p 且 q)",该等值式可表示为:$\neg(p\leftrightarrow q)\leftrightarrow((p\wedge\neg q)\vee(\neg p\wedge q))$。

当一个充要条件假言判断的支判断前件真且后件假,或者是前件假且后件真时,这个充要条件假言判断都是假的。因此,一个充要条件假言判断的负判断,就等值于上述这样一个选言判断。例如:

"并非当且仅当大熊猫才可爱"等值于"是熊猫却不可爱或者不是熊猫却可爱"。

7. 负负判断的等值判断及其等值式

"并非并非 p"的等值判断是"p",该等值式可表示为:$\neg\neg p\leftrightarrow p$。

负判断"非 p"本身属于复合判断,它的支判断是 p。对"非 p"再行否定,也就是双重否定。由真值表可知,"非非 p"的等值判断正是 p。例如:

"并非并非某个教室里没有人"等值于"某个教室里没有人"。

五、应用负判断的实例

负判断是一种特殊形式的复合判断,它的否定联结词所否定的是支判断所断定的事物情况。从表现形式上看,它所否定的是支判断,即原来的整个判断。负判断与性质判断中的否定性判断不同。否定性判断的否定联项所否定的是某类(或某些、某个)事物所具有的性质,从形式上看,它所否定的是这个判断的谓项,该判断属于简单判断。例如:

① 并非所有的矛盾都解决了。
② 有些矛盾并非已经解决了。

例①是负判断,"并非"所否定的是"所有矛盾都解决了"这个简单判断。例②是性质判断，"并非"所否定的是"已经解决了"这种状况，即这个简单判断的谓项。

负判断中的否定联结词在自然语言中有多种形式。凡具有否定意义的语词如"并非"、"没有"、"不是"等都可成为负判断的联结词。从句式结构来看，这一否定联结词的位置也是灵活的，多在句首出现，但也可在句中或句末出现。例如：

① 不是所有的青年都没有理想。
② 闪光的并非都是金子。
③ 认为天鹅都是白的是不对的。

上述三例中的否定联结词在句中的位置各有不同，但同样都是对原判断的全部否定。这里需要注意的是例②，否定词"并非"虽在句中，但却是在量项"都"和联项"是"的前边，因而它所否定的仍是整个判断，它的形式是 $\overline{SAP}$，它的等值判断是"有些闪光的不是金子"。如果句式为"闪光的并非是金子"，那么这就是一个全称否定判断，它属于简单判断，而不是复合判断，当然也就不是负判断。

第五节　真值表的判定作用和真值表方法

在前四节中，我们在介绍各种类型复合判断的同时，介绍了相关的真值表。每一个真值表都反映了该类型的复合判断与其支判断在真假方面相互对应的关系。根据真值表这一基本性质，就可以运用真值表法来判定各种复合判断的逻辑值以及它们在真假方面的关系情况，还可以对各种类型推理的有效性进行鉴别。下面我们对真值表的判定作用及使用方法分别加以介绍。

一、真值表的判定作用

（一）判定任意复合判断的逻辑值

任意一个复合判断的逻辑值（真值）都和构成这个判断的全部

支判断的真值组合有对应的关系,因此,我们可以根据支判断的真值组合情况来判定相应复合判断的逻辑值。例如:

① 判定 (p ∨̇ q)→(p ∧ q) 的逻辑值:

p	q	p ∨̇ q	p ∧ q	(p ∨̇ q)→(p ∧ q)
T	T	F	T	T
T	F	T	F	F
F	T	T	F	F
F	F	F	F	T

由上表可知:当变项 p、q 同时为真(第一行)或同时为假(第四行)时,(p ∨̇ q)→(p ∧ q) 的值为真;当变项 p、q 恰为一真一假时,(p ∨̇ q)→(p ∧ q) 的值为假。

② 判定 (p ∧ q)→p 的逻辑值:

p	q	p ∧ q	(p ∧ q)→p
T	T	T	T
T	F	F	T
F	T	F	T
F	F	F	T

由上表可知:无论变项 p、q 各自怎样取值,(p ∧ q)→p 的逻辑值始终为真。

③ 妈妈对女儿说:"要想出国读研究生就不要谈朋友。"
　　请问:如果女儿不听妈妈的话,她会怎样做?
设 p:女儿出国读研究生
　q:女儿谈朋友
则该判断的形式为:p→¬q
列表如下:

p	q	¬q	p→¬q
T	T	F	F
T	F	T	T
F	T	F	T
F	F	T	T

由上表可知：当 p→¬q 为假时，p、q 分别为真。再根据题意，由该判断为假便可得知：如果女儿不听妈妈的话，她会选择既出国读研究生，又谈朋友。

④ 父亲对儿子说："我不是说你拿到奖金就不给你钱，没拿到奖金就给你钱。"

请问：如果父亲的话为真，在什么情况下父亲会给儿子钱？在什么情况下父亲不会给儿子钱？

设 p：你拿到奖金
  q：我给你钱
则该判断的形式为：¬((p→¬q)∧(¬p→q))

列表如下：

p	q	¬p	¬q	p→¬q	¬p→q	(p→¬q)∧(¬p→q)	¬((p→¬q)∧(¬p→q))
T	T	F	F	F	T	F	T
T	F	F	T	T	T	T	F
F	T	T	F	T	T	T	F
F	F	T	T	T	F	F	T

由上表可知：如果父亲的话为真亦即该判断为真时，"你拿到奖金"和"我给你钱"两个变项都为真或都为假。因此，如果父亲的话为真，那么，只有当儿子拿到奖金时，父亲才会给儿子钱；当儿子拿不到奖金时，父亲不会给儿子钱。

(二) 判定任意两个复合判断间的关系

根据真值表可以确定任意复合判断的逻辑值，由此便可以进

一步对任意两个复合判断的逻辑值进行比较,从而判定它们之间的关系。例如:

①判定"并非他又考法律又考管理"与"他或者不考法律,或者不考管理"这两个判断间的关系。

设 p:他考法律
  q:他考管理

则这两个判断的逻辑形式分别为:

$\neg(p \wedge q)$

$\neg p \vee \neg q$

列表如下:

p	q	$\neg$p	$\neg$q	p∧q	$\neg$(p∧q)	$\neg$p∨$\neg$q
T	T	F	F	T	F	F
T	F	F	T	F	T	T
F	T	T	F	F	T	T
F	F	T	T	F	T	T

由上表可知:这两个判断的逻辑值是完全相等的,所以它们是等值关系判断。

②判定 p→q 与 p∧$\neg$q 的关系。

列表如下:

p	q	$\neg$q	p→q	p∧$\neg$q
T	T	F	T	F
T	F	T	F	T
F	T	F	T	F
F	F	T	T	F

由上表可知:这两个判断的逻辑值是真假完全相反的,因

此可知它们是矛盾关系。

③ 判定"并非小李是北京人而且是独生子"与"小李如果是北京人,那么他是独生子"这两个判断间的关系。

设 p:小李是北京人

q:小李是独生子

则这两个判断的形式分别为:

¬(p∧q)

p→q

列表如下:

p	q	p→q	p∧q	¬(p∧q)
T	T	T	T	F
T	F	F	F	T
F	T	T	F	T
F	F	T	F	T

由上表可知:这两个判断的逻辑值不能同假,但可以同真,因此它们是下反对关系。

(三) 判定推理的有效性

这一部分内容见第五章第一节第五部分:"演绎推理有效性的判定方法"。

二、真值表方法

在了解真值表的判定作用的同时,我们也了解了运用真值表解题的方法。简单地说,就是利用各种类型复合判断基本的真值表,由简单到复杂,逐级计算出相关判断形式的真值,从而达到最终解决问题的目的。这种方法被称为真值表方法。运用真值表方法的解题步骤是:

1. 找出给定的判断形式中的所有变项,列出它们的全部真值组合。

2. 根据给定的判断形式,由简到繁地列出每个判断形式的各个组成部分,直至给定的每个判断形式。

3. 根据各种类型复合判断基本的真值表,计算出每一栏中各组成部分的真值,最后得出相关判断形式的真值。

4. 根据题目要求和计算出的真值,进行相关的判定。

思 考 题

1. 什么是联言判断?
2. 什么是选言判断?相容选言判断与不相容选言判断有什么区别?
3. 假言判断有哪几种?它们有什么区别?
4. 什么是负判断?各种负判断的等值判断是什么?
5. 什么是充分条件?什么是必要条件?什么是充要条件?请各举出三个实例加以说明。

练 习 题

一、下列判断属于哪种类型的复合判断?

1. 贻误农时,就会影响收成。
2. 并非聪明的人都有成就。
3. 只有深入生活,才能写出好作品。
4. 矛盾的两方面既是对立的,又是统一的。
5. 这家医院的医生或是医德不高,或是医术太差。
6. 这场争斗,要么鱼死,要么网破。
7. 书山有路勤为径,学海无涯苦作舟。
8. 青春是美好的,但也充满了艰辛。
9. 这次围棋比赛,不是小林光一就是马晓春取得胜利。
10. 如果不发展外向型经济,就不能打入国际市场。

二、写出下列判断的逻辑形式：

1. 一人吸烟,大家受害。
2. 只要你去我就去,而且只有你去我才去。
3. 李白和杜甫都是世界文坛上伟大的诗人。
4. 只有掌握了英语和电脑,才称得上是现代人。
5. 如果方老师没来上课,那么一定是有病或有急事。
6. 甲、乙、丙三人中至少有一人读过《史记》。
7. 若要人不知,除非己莫为。

三、下列陈述中,哪些为真？哪些为假？

1. 若 A 是 B 的充分条件,则 B 是 A 的必要条件。
2. 若 A 是 B 的必要条件,则 B 是 A 的充分条件。
3. 若 A 是 B 的充分条件,则 B 是 A 的充分条件。
4. 若 A 是 B 的必要条件,则 B 是 A 的必要条件。
5. 若 A 是 B 的充要条件,则 B 是 A 的充要条件。
6. 若非 A 是非 B 的充分条件,则 B 是 A 的必要条件。
7. 若非 A 是非 B 的必要条件,则 B 是 A 的充分条件。
8. 若非 A 是非 B 的充分条件,则 A 是 B 的必要条件。
9. 若非 A 是非 B 的必要条件,则 A 是 B 的充分条件。
10. 若非 A 是非 B 的充要条件,则 A 是 B 的充要条件。

四、写出下列负判断的等值判断：

1. 并非独生子女都是娇生惯养的。
2. 并非所有的人都去过香港。
3. 并非只有贪污才犯错误。
4. 并非当且仅当风调雨顺,这一年才丰收。
5. 孩子并非吃巧克力才长得好。
6. 并非如果学好外语就能出国。
7. 这封信并非要么寄往广州,要么寄往上海。

五、单项选择题：

1. "甲和乙是战友"和"甲和乙是工人"这两个判断(　　)。

　　A. 都是关系判断

　　B. 都是性质判断

C. 前者是关系判断,后者是性质判断

D. 前者是性质判断,后者是关系判断

2. 在同一论域中,如果甲判断和乙判断是矛盾关系,乙判断和丙判断是矛盾关系,那么甲判断和丙判断是（　　）。

A. 矛盾关系　　　　B. 反对关系

C. 差等关系　　　　D. 等值关系

3. 如果 p 是非 q 的充分条件,那么非 q 就是 p 的（　　）。

A. 充分条件　　　　B. 必要条件

C. 充要条件

4. "当且仅当 p,则 q"的负判断的等值判断是（　　）。

A. 或者 p 或者 q

B. 或者非 p 或者非 q

C. 并非(如果 p,则 q)并且并非(只有 p,才 q)

D. 或者(p 且非 q),或者(非 p 且 q)

5. "只有非 p,才非 q"的等值判断是下列判断中的（　　）。

A. 如果 p,那么 q　　　　B. 如果非 p,那么非 q

C. p 且非 q　　　　D. 非 p 或者非 q

6. "如果下午有文学讲座,那么小王来"这个判断的负判断的等值判断是（　　）。

A. 如果下午没有文学讲座,那么小王没来

B. 下午有文学讲座,但小王没来

C. 或下午没有文学讲座,或小王没来

D. 或下午没有文学讲座,或小王来

六、多项选择题:

1. 与"如果非 p,那么 q"等值的判断有（　　）。

A. 如果非 q,那么 p

B. 并非(非 p 且非 q)

C. 只有 p,才非 q

D. 只有 q,才非 p

E. 非 p 且非 q

2. 已知"如果某人是外语系毕业的,那么某人就精通两门外

语"为假,在下列判断中,可以确定为真的判断是(　　)。
  A. 某人是外语系毕业的并且精通两门外语
  B. 某人是外语系毕业的,但没有精通两门外语
  C. 并非某人是外语系毕业的,但没有精通两门外语
  D. 并非只有某人精通两门外语,才是外语系毕业的
  E. 并非或者某人精通两门外语,或者某人一定不是外语系毕业的

3. 下列各组判断中,具有矛盾关系的是(　　)。
  A. p∧q 与 ¬p∨¬q
  B. p→¬q 与 p∧q
  C. p∨q 与 ¬p∨¬q
  D. p←q 与 ¬p∧¬q
  E. (¬p∧q)→(¬r∧¬s) 与 (¬p∧¬q)∧(r∨s)

4. 下列各组判断中,不具有反对关系的是(　　)。
  A. SAP 与 SEP
  B. p∧q 与 ¬p∧¬q
  C. p→q 与 p←q
  D. p∨q 与 ¬p∨¬q
  E. p→q 与 ¬q→¬p

5. 下列各组判断中,具有等值关系的是(　　)。
  A. "如果非 p,那么 q" 与 "只有 p,才非 q"
  B. "并非有的 S 不是 P" 与 "所有的 S 都是 P"
  C. "没有 S 是 P" 与 "并非有的 S 是 P"
  D. "p 且 q" 与 "并非(只有非 p,才 q)"
  E. "p 且非 q" 与 "非 p 或 q"

6. 若 p∨q 为假,那么下列判断中其值为真的是(　　)。
  A. p→¬q　　　　B. p→q　　　C. ¬p→q
  D. ¬p∨¬q　　　　E. ¬p∨q

七、将下列假言判断形式转换成与之等值的另一种形式的假言判断,并写出其逻辑形式:

  1. 只有优生,才能优育。

2. 如果想占领市场,就必须先了解市场。

3. 如果非 p,则 q

4. 只有 p,才非 q

5. 当且仅当他不参加,我才不参加。

6. 只有小明、小红同去,小云才会去。

八、表解题：

1. 列出 A、B 两判断的真值表,并回答 A 与 B 是否为一对反对关系判断。

A. 并非或者你不正确,或者我不正确。

B. 并非如果你不正确,则我就正确。

2. 列出 A、B 两判断的真值表,并回答当 A、B 恰有一个为假时,某公司是否录用了小黄？是否录用了小林？

A. 如果某公司录用了小黄,那么就不录用小林。

B. 某公司没有录用小黄。

3. 已知下列 A、B、C 三个判断中,恰有两个为真,试问,甲是否懂英语？乙是否懂英语？

A. 如果甲懂英语,那么乙不懂英语。

B. 甲懂英语或乙不懂英语。

C. 甲懂英语,但乙不懂英语。

4. 用真值表方法解答,是否有一方案可以同时满足甲、乙、丙三位领导的要求？

甲、乙、丙三位领导对是否选派小丁与小马去疗养发表了如下意见：

甲:如果小丁去,那么小马也去。

乙:只有小丁去,小马才去。

丙:或者小丁去,或者小马去。

第五章　演绎推理(一)

第一节　推理概述

普通逻辑学的主要内容是研究思维的逻辑形式,而思维的基本形式就是概念、判断、推理。其中概念、判断是组成推理必不可少的要素。事实上人们要认识世界、交流思想,主要依靠的还是推理这种思维形式。掌握概念、判断的基本知识也正是为了更好地进行推理。因此,推理在整个逻辑学中是主要研究对象,我们有必要全面了解推理的本质、特点、种类等方面的知识,以便正确理解和掌握各种具体的推理形式。

一、什么是推理

推理是由一个或几个已知判断引出新判断的思维形式。例如:

① 小张是小李的邻居,所以,小李是小张的邻居。
② 地球上的资源是有限的,水是地球上的资源,因此,水是有限的。
③ 在常温下,铜是固体,铁是固体,金是固体,铝是固体,铜、铁、金、铝都是金属,因此,一切金属在常温下都是固体。
④ 中亚的乌兹别克地区和我国的塔里木地区都具有日照长、霜期短、气温高、雨量适度等条件,中亚的乌兹别克地区能种植长绒棉,中国的塔里木地区也能种植长绒棉。

上述四例都表达推理。可以看出，推理是由以概念为基本元素的判断有机组合而成的。它和概念、判断一样，是思维形式，而且是主要的思维形式，是思维过程的主要体现者。它反映的是人们对客观事物情况之间关系的认识，这种认识并不是头脑中固有的，而是在长期实践活动中逐步形成的。

从结构上看，任何一个推理都是由前提和结论两部分构成的，而前提和结论本身都是判断，但它们不是任意的判断，而是彼此具有逻辑联系的判断，其中前提是已知判断，结论是根据已知判断推导出的新判断。推理的特点就在于前提判断与结论判断之间具有内在的逻辑联系。正因此，作为结论的新判断才能由已有的前提推导出来。

一个具体的推理有内容和形式两个方面，推理的形式也就是推理的结构形式，或曰逻辑形式。上述四例推理的结构形式分别是：

① $\dfrac{aRb}{\therefore bRa}$

② MAP
　　SAM
　　―――
　　∴SAP

③ S_1 具有 P
　　S_2 具有 P
　　S_3 具有 P
　　S_4 具有 P
　　S_1—S_4 是 S 类的部分对象
　　―――――――――――――
　　∴S 类全部都具有 P

④ A 有 a、b、c、d、e
　　B 有 a、b、c、d
　　―――――――
　　∴B 有 e

二、推理和复句、句群的关系

推理和复句、句群的关系同概念和语词、判断和语句一样,是思维和语言关系的具体体现。一定的推理要靠一定的复句或句群表达;一定的复句、句群可以表达一定的推理。但是,并非所有的复句、句群都表达推理,只有那些具有推断关系的复句、句群才表达推理。例如:

① 宽阔的马路两旁是林立的高楼,一座小小的饭馆就坐落在两栋红色楼房之间。

② 凡是搞阴谋诡计的都没有好下场,这些贪污犯是搞阴谋诡计的,他们当然没有好下场。

例①不表达推理;例②则表达推理。

三、推理的种类

(一) 直接推理与间接推理

根据前提数量的不同进行划分,可将全部推理分为直接推理与间接推理两种。直接推理是根据一个前提条件引出结论的推理;间接推理是根据两个或两个以上前提条件引出结论的推理。例如:

① 因为谋职时第一位要考虑的不是待遇,所以,待遇不是谋职时第一位要考虑的。

② 金属都是导电体,铜是金属,所以,铜是导电体。

例①是直接推理;例②是间接推理。
(二) 演绎推理、归纳推理、类比推理

根据推理方向的不同进行划分,可将全部推理分为演绎推理、归纳推理、类比推理三种。演绎推理是以一般性知识为前提引出个别性知识作结论的推理;归纳推理是以个别性知识为前提引出一般性知识作结论的推理;类比推理是以个别性知识为前提,引出

个别性知识作结论或者是以一般性知识为前提,引出一般性知识作结论的推理。这里,"一般性"是指对某一类事物情况作出断定;"个别性"是指对真包含于"一般性"所指示的类之中的小类或类分子的情况作出断定。例如:

③ 大学生是有一定文化知识的,小张没文化,因此,小张不是大学生。

④ 水稻能进行光合作用,大豆能进行光合作用,松树能进行光合作用,水稻、大豆、松树都是绿色植物,因此,一切绿色植物都能进行光合作用。

⑤ 火星和地球都是太阳系大行星,都有大气层,都有水,表面温度都适中,地球上有生物,所以,火星上也有生物。

例③是演绎推理;例④是归纳推理;例⑤是类比推理。

(三) 必然性推理与或然性推理

根据推理中前提与结论关系的不同进行划分,又可将全部推理分为必然性推理与或然性推理两种。必然性推理是指前提与结论有蕴涵关系的推理,即由真前提出发必然不会引出假结论的推理;或然性推理是指前提与结论不具有蕴涵关系的推理,即由真前提出发不必然引出真结论的推理。

上述推理中,例①、例②、例③都是必然性推理;例④、例⑤都是或然性推理。

四、正确推理的基本条件

推理的特点是前提与结论之间具有内在的逻辑联系(或曰推断关系),这种内在的逻辑联系,既包括前提和结论在内容、意义上的联系,又包括它们在结构形式上的联系。就结构形式的联系而言,并不涉及具体推理的前提判断真实与否。逻辑学研究推理,关注的是这种结构形式上的联系,并不关注某个具体的推理的前提、结论是否真实。但在自然语言中,人们具体使用推理这种思维形式时,更重视的则是经推导所得出的结论是否真实可靠。而要想保证推理的结论既是真实的又是可靠的,换句话说,要想保证一个推理是正确的,就演绎推理而言,必须要求该推理具备以下两个基本条件:

1. 前提真实;
2. 推理形式有效。

第一个条件要求一个有具体内容的推理其全部前提判断的内容都必须是真实的。因为在自然语言中,如果前提不真实,那么推出的结论就毫无意义,就没有必然成立的理由。第二个条件则是对推理形式而言,这一条是推理合乎逻辑的保证。对于任何一个推理形式来说,假设它的前提内容真实时结论内容必然不是虚假的,那么这个推理形式就是有效的。一个推理形式之所以有效,是因为这个形式注定了结论知识断定的范围没有超出前提给定的知识范围,亦即结论知识已经被包含在前提给定的知识之中。因此,结论是由前提必然地引申出来的。那么,假设前提真实时,结论必然真实。就一个具体的演绎推理而言,由于它的推理方向是从一般性知识推出个别性知识,也就是由一个大的类向小的类进行推演,因此,如果它所运用的推理形式是有效式,那么这个推理就是有效的推理,它的结论就是可靠的。形式有效的推理就是合乎逻辑的推理。例如:

① 动物都不是植物,所以,植物都不是动物。
② 等边三角形都是等角三角形,所以,等角三角形都是等边三角形。
③ 研究生是大学毕业生,所以,大学毕业生是研究生。
④ 大学三年级学生不是大学生,所以,大学生不是大学三年级学生。
⑤ 所有的手机都是智能手机,所以,所有智能手机都是手机。

每一个推理都有自己的推理形式,以上五个推理的推理形式分别为:

① SEP→PES
② SAP→PAS
③ SAP→PAS

④ SEP→PES
⑤ SAP→PAS

根据正确推理的基本条件可知：

例①是正确的推理。因为例①的前提是真实的，并且它所应用的推理形式，不管换成什么别的具体内容，当前提为真时，结论都必然是真的。也就是说，推理形式是有效的，该推理的结论是既真实又可靠的。

例②是错误的推理。因为例②的前提和结论虽然都是真实的，但是它所运用的推理形式，如果换成别的具体内容，当前提为真时，结论不必然真。也就是说，推理形式是无效的。该推理的结论虽然真实，但不是必然推出的，即是不可靠的。

例③是错误的推理。因为例③的推理形式和例②是一样的。也就是说，运用了无效的推理形式，所以尽管前提是真实的，但结论却是虚假的。该推理的结论既不真实又不可靠。

例④是错误的推理。因为例④的前提是不真实的。但是例④的推理形式是有效的，所以这是一个有效的推理，但是并不正确。该推理的结论虽是可靠的，但是不真实的。

例⑤是错误的推理。因为例⑤的前提是不真实的，推理形式也是无效的。该推理的结论虽真实，但却是不可靠的。

就归纳和类比推理而言，除完全归纳推理之外，其余都是或然性推理。也就是说，推理的前提真时，结论不一定是真的。此时，前提和结论之间的逻辑联系就体现在前提可以给结论提供一定程度的支持。这种支持的程度越高，结论就越可靠。逻辑学研究归纳推理和类比推理，就是解决如何提高结论的可靠性程度这个问题，以便在这方面明确相应的逻辑要求。关于归纳推理和类比推理的可靠性问题，本章不予讨论。

五、演绎推理有效性的判定方法

由于推理是由已知前提引申出结论的，因此，就演绎推理而言，每一个推理形式都可以表述为一个蕴涵式。蕴涵的左边是前提的形式,右边是结论的形式。如果这一蕴涵式中变项的逻辑值无论是真还是假,该蕴涵式的逻辑值总是为真的话,那么,这一蕴涵式就是一个永真式(也称重言式),这一推理形式就是一个有效式,反之则是无效式。

根据各种复合判断的真值表,可以写出任意一个演绎推理的蕴涵式并判定其是否有效。例如:

① 或王某或李某作案,有证据表明王某没有作案,因此是李某作案。

设p:王某作案
　q:李某作案
则该推理形式为:$((p \lor q) \land \neg p) \to q$

列表如下:

p	q	¬p	p∨q	(p∨q)∧¬p	((p∨q)∧¬p)→q
T	T	F	T	F	T
T	F	F	T	F	T
F	T	T	T	T	T
F	F	T	F	F	T

由上表可知:该推理形式为重言式,是有效式。上述推理运用了有效的推理形式,故该推理有效。

② 如果购买的是经济适用房,那么价格相对比较便宜。李某购买的房子价格比较便宜,可见他买的是经济适用房。

设p:购买的是经济适用房
　q:价格比较便宜
则该推理形式为:$((p \to q) \land q) \to p$

列表如下:

p	q	p→q	(p→q)∧q	((p→q)∧q)→p
T	T	T	T	T
T	F	F	F	T
F	T	T	T	F
F	F	T	F	T

由上表可知：该推理形式当 p 为假并且 q 为真时，其值为假，这说明它不是有效式，故该推理无效。

此外，为了区分有效式与无效式，逻辑学对各种不同的推理类型给出了相应的规则，凡是符合规则的推理就是有效的，凡是不符合规则的推理就是无效的。因此，也可以根据是否符合相应规则来判定一个推理是否有效。

六、推理的作用

由于推理是由已知判断引出新判断的思维形式，因此，推理可以帮助人们认识客观事物，为人们获取新知提供途径。人类的全部科学发展史都证明了这一点。如居里夫人在发现放射性元素镭的过程中便运用了归纳推理；瓦特在发明蒸汽机时便运用了类比推理。不仅科学家需要运用推理由已知推得新知，在日常生活中，也同样需要通过推理来获得新知。

例如，老师对学生甲、乙二人说："我有三块糖，其中有两块是软糖，一块是硬糖。请你们闭上眼睛，我要给你们每个人一块糖。"当二人分别得到一块糖之后，他们睁开了眼睛。当然，此时，他们都只知道自己手里是什么糖，但对方拿的是什么糖他们并不清楚。这时，老师又对他们说："请你们猜猜看，你的同学（乙或甲）手里拿的是什么糖？"二人听了老师的话，不禁都愣住了。然后，其中一个同学很快作出了正确的回答。

显然，该同学正是通过推理才找到了答案。

又如，在伦敦警察厅的办公室里，上校蒙哥马利拿起了电话："是雷利先生吗？我是伦敦警察厅的蒙哥马利上校。今天我给你带来了坏消息——你的姐夫被杀了。"

"啊,上帝!"电话的另一端传来了悲戚的声音,"昨天我还见过麦克,真不敢相信这是真的!你肯定被杀害的是他吗?"

"经过鉴定,证明的确是他,雷利先生。我想立刻到你家去同你研究一下,究竟谁有杀害麦克的动机。"

大约一小时以后,蒙哥马利上校走进了雷利的客厅。

"谁都知道,麦克有敌人。"雷利急切地开口说,"他的股东史密斯指控他挪用生意上的款子,他们为此发生过激烈争吵。此外,还有我二姐夫琼斯,他怀疑麦克同二姐有过暧昧关系,曾经提出过指责。另外,可能杀害麦克的是我三姐夫比尔。比尔仇恨麦克,这一点我早有耳闻。我可以把他的地址告诉你,但你得答应不向他透露是我向你提供的情况。"

"不必了,雷利先生。根据你刚才提供的线索,我可以肯定地说,有谋杀麦克嫌疑的不是别人,正是你!"

显然,蒙哥马利上校也是依靠推理得出这一结论的。

推理还可以作为论证方法来论证论题。论证是人们经常使用的思维过程。确立某一观点或反驳别人的观点,都离不开论证,也就离不开推理。

例如,秦灭亡后,刘邦、项羽争夺天下。项羽在鸿门设宴,意欲加害于刘邦。危急之时,刘邦手下的武士樊哙闯进帐来,义正词严地对项王陈辞利害,论证了诛杀刘邦乃不义之举,必为天下人所不齿这一论点。樊哙说:"臣死且不避,卮酒安足辞!夫秦王有虎狼之心,杀人如不能举,刑人如恐不胜,天下皆叛之。怀王与诸将约曰:'先破秦入咸阳者王之。'今沛公先破秦入咸阳,毫毛不敢有所近,封闭宫室,还军霸上,以待大王来。故遣将守关者,备他盗出入与非常也。劳苦而功高如此,未有封侯之赏,而听细说,欲诛有功之人。此亡秦之续耳,窃为大王不取也。"

樊哙在论证的过程中,运用了一系列事实和推理,很有说服力,从而动摇了项王杀刘之念,使刘邦脱离了险境。

可见,推理是体现人的思维活动过程的最主要的思维形式,因此,系统地了解并掌握推理的有关知识是十分必要的。

第二节 直接推理

根据一个前提判断直接得出结论的推理称直接推理。它的前提和结论都是简单判断中的性质判断。直接推理包括判断变形推理和对当关系推理两种类型。

判断变形推理是通过改变前提判断的形式从而引出一个新判断的直接推理，主要有换质法、换位法、换质位法推理三种类型。

对当关系推理是根据同素材性质判断的对当关系所进行的直接推理，主要有上反对关系、下反对关系、差等关系、矛盾关系推理四种类型。

同素材性质判断的对当关系是在真假方面相互对应、相互制约的关系，因此可在其间进行真假值的推导。对当关系中有些是真假不定的情况，这对推理来说是无意义的，因此不包括在内。依据具有确定值的对当关系，可构成相应的对当关系推理。

一、判断变形推理

（一）换质法

通过改变前提判断联项的性质（肯定变否定，否定变肯定）推出结论的推理称换质法。

运用换质法直接推理时应遵守的规则是：

1. 结论的联项是前提判断联项的矛盾概念。
2. 结论的谓项是前提判断谓项的矛盾概念。
3. 结论的主项与前提判断的主项相同。

以 A、E、I、O 判断分别为前提，运用换质法可进行直接推理。例如：

① 职业高中的学生是有一技之长的，所以，职业高中的学生不是没有一技之长的。

② 国营企业不是私营企业，所以，国营企业是非私营企业。

③ 有些矛盾是非对抗性矛盾，所以，有些矛盾不是对抗

性矛盾。

④ 有的企业家不是党员,所以,有的企业家是非党员。

如果用 $\overline{P}$ 表示 P 的矛盾概念,以上四个推理的推理形式是:

$$SAP \leftrightarrow SE\overline{P}$$
$$SEP \leftrightarrow SA\overline{P}$$
$$SIP \leftrightarrow SO\overline{P}$$
$$SOP \leftrightarrow SI\overline{P}$$

上述推理都符合推理规则,因而是有效的。下面的换质法推理是否有效呢?

高校绝大多数贫困生是优等生,所以,高校绝大多数贫困生不是差等生。

根据规则,可以判定这个换质法推理无效,因为"优等生"与"差等生"并非矛盾概念,而是对立概念。

换质法推理的理论根据是双重否定律,即在原判断中加两个否定词,一在联项前,一在谓项前,那么,否定之否定意义不变。因此较之其他类型的直接推理,换质法的特殊性在于前提和结论是等值的。

(二) 换位法

通过改变前提判断主项与谓项的位置而推出结论的推理称换位法。

运用换位法直接推理时应遵守的规则是:

1. 结论的主项与谓项分别是前提的谓项和主项。
2. 结论与前提的质相同(即联项相同)。
3. 前提中不周延的项在结论中不得周延。

以 A、E、I 判断分别为前提,运用换位法可进行直接推理。例如:

① 小说都是有故事情节的,所以,有些有故事情节的是小说。

② 真正的共产党员不是金钱所能收买的,所以,金钱所

能收买的不是真正的共产党员。

③ 有些运动员是文艺爱好者,所以,有些文艺爱好者是运动员。

以上三个推理的推理形式是:

SAP→PIS
SEP→PES
SIP→PIS

上述推理都符合规则,因而都是有效的。下面的换位法推理是否有效呢?

有的电视机不是国产的,所以,有的国产的不是电视机。

这个推理是无效的,因为不符合第三条规则。也就是说,任何一个以O判断为前提的换位推理都是无效的。因为O判断的主项是不周延的,谓项是周延的。如果进行换位,由于结论的质与前提的质相同,因而结论同样是否定判断。而前提中的主项经换位后在结论中充当否定判断的谓项,它便由原来是不周延的(特称判断主项不周延)变成了周延的(否定判断的谓项周延),这就违反了第三条规则,因此推理无效。可见O判断是不能换位的。

(三) 换质位法

换质位法是通过先换质后换位推出结论的推理,也就是换质法与换位法的连续使用。同理,先换位再换质从而推出结论的推理便叫作换位质法。一般情况下,换质位法更为常见。

由于换质位法推理是换质法与换位法的连续使用,因此它只需在相应的推理步骤中遵守换质法和换位法的规则。

以 A、E、O 判断分别为前提,运用换质位法可进行直接推理。例如:

① 生活的道路是曲折的,所以,生活的道路不是不曲折的,所以,不曲折的(道路)不是生活的道路。

② 攀登科学高峰的路不是平坦的路,所以,攀登科学高峰的路是不平坦的路,所以,有的不平坦的路是攀登科学高峰

的路。

③ 有些外国人不是白种人,所以,有些外国人是非白种人,所以,有些非白种人是外国人。

以上三个推理的推理形式是:

SAP→SE$\overline{P}$→$\overline{P}$ES
SEP→SA$\overline{P}$→$\overline{P}$IS
SOP→SI$\overline{P}$→$\overline{P}$IS

上述推理都符合规则,因而都是有效的。下面的换质位法推理是否有效呢?

有些行为是非法的,所以,有些行为不是合法的,所以,合法的(行为)不是行为。

显然,这个推理是无效的,因为第二步置换不符合换位法第三条规则。由此可知,前提为 I 判断形式的任何一个换质位推理都是无效的。

换质法、换位法、换质位法推理都属判断变形推理。如果要判定由已知前提能否运用判断变形推理推出一个给定的结论,那么就可以从这个已知前提出发,进行连续换质位和换位质推理的尝试。如果在此过程中的某一步骤推出了给定的结论,那么就可以判定答案是肯定的;如果在此过程中无论先换质或先换位都无法推出给定的结论,那么就可以判定答案是否定的。例如:

运用判断变形推理判定下面的推理是否成立?
① SEP→$\overline{P}$OS

运用换质位法:SEP→SA$\overline{P}$→$\overline{P}$IS→$\overline{P}$OS,可以推出给定的结论,所以,该推理成立。

② 酒后驾车是不理智的行为,所以,有些不理智的行为不是酒后驾车。

该推理形式为:SA$\overline{P}$→$\overline{P}$OS。先用连续换质位推理:SAP→SEP→PES→PA$\overline{S}$→$\overline{S}$IP→$\overline{S}$OP,不能推出结论,再用换位质推理:SA$\overline{P}$→$\overline{P}$IS→$\overline{P}$OS,也不能推出结论。这说明该推理不

成立。

如果先换位再换质,所运用的就是换位质法。如果连续进行换质、换位、换质等,就是连续换质位法。只要每一推理步骤都符合相关规则,那么该推理就是一个有效的直接推理。

二、对当关系推理

(一) 反对关系推理

1. SAP→$\overline{SEP}$

例如:

由"所有的共青团员都是青年人"推出"并非所有的共青团员都不是青年人"。

2. SEP→$\overline{SAP}$

例如:

由"电视机不是稀有家电"推出"并非电视机是稀有家电"。

(二) 下反对关系推理

1. $\overline{SIP}$→SOP

例如:

由"并非有些歌手是大学毕业生"推出"有些歌手不是大学毕业生"。

2. $\overline{SOP}$→SIP

例如:

由"并非有些三好生不是团员"推出"有些三好生是团员"。

(三) 差等关系推理

1. SAP→SIP

例如:

由"所有的金表都是国产的"推出"有些金表是国产的"。

2. $\overline{SIP} \rightarrow \overline{SAP}$

例如：

由"并非有的学生是北京人"推出"并非所有的学生都是北京人"。

3. SEP→SOP

例如：

由"所有的歌厅都不对儿童开放"推出"有的歌厅不对儿童开放"。

4. $\overline{SOP} \rightarrow \overline{SEP}$

例如：

由"并非有的手机不需要充电"推出"并非所有手机都不需要充电"。

(四) 矛盾关系推理

1. SAP→$\overline{SOP}$

例如：

由"所有的知识都是有用的"推出"并非有的知识没有用"。

2. SOP→$\overline{SAP}$

例如：

由"有的邮件不是寄往上海的"推出"并非所有的邮件都是寄往上海的"。

3. $\overline{SAP}$→SOP

例如：

由"并非恐怖分子都是黑人"推出"有的恐怖分子不是黑人"。

4. $\overline{SOP} \rightarrow SAP$

例如：

　　由"并非有的网民没有上过网"推出"所有的网民都上过网"。

5. $SEP \rightarrow \overline{SIP}$

例如：

　　由"所有的台式电脑都不是笔记本电脑"推出"并非有的笔记本电脑是台式电脑"。

6. $SIP \rightarrow \overline{SEP}$

例如：

　　由"有的大学生是学经济的"推出"并非所有的大学生都不是学经济的"。

7. $\overline{SEP} \rightarrow SIP$

例如：

　　由"并非吸毒者都不是罪犯"推出"有的吸毒者是罪犯"。

8. $\overline{SIP} \rightarrow SEP$

例如：

　　由"并非有的药品是食品"推出"所有的药品都不是食品"。

对当关系直接推理有且只有以上 16 个有效式，其余推理形式全部是无效的。

在具体的推理活动中，对当关系推理和判断变形推理可以交替进行。例如：

　　由"并非有些受群众欢迎的是庸俗读物"能否推出"有些庸俗读物是不受群众欢迎的"？

　　推理形式：$\overline{SIP} \rightarrow PI\overline{S}$

　　推导过程：$\overline{SIP} \rightarrow SEP \rightarrow PES \rightarrow PA\overline{S} \rightarrow PI\overline{S}$

结论：可以推出结论。即：该推理有效。

三、应用直接推理的实例

直接推理的应用范围很广。在生活中，我们常常需要说服别人接受我们的观点，这时就可以用直接推理作为论证的工具。

例如，一个足球教练这样教导他的队员："足球比赛从来是以结果论英雄。在比赛中，你不是赢家就是输家。在球迷眼里，你要么是勇敢者，要么是懦弱者。由于所有的赢家都是勇敢者，于是在球迷看来，球场上勇敢者必胜。所以，每个输家在球迷眼里都是懦弱者。"

你知道这里包含了怎样的直接推理吗？

第三节 三段论

一、三段论及其结构

由两个包含着一个共同项（概念）的性质判断而推出一个新的性质判断的演绎推理叫作直言三段论推理，简称三段论。例如：

① 文学是人学，
　　古典文学是文学，
　　─────────────
　　∴古典文学是人学。

② 音乐不是雕塑艺术，
　　交响乐是音乐，
　　─────────────
　　∴交响乐不是雕塑艺术。

例①中两个作为前提的性质判断都含有"文学"这个概念，整个推理正是通过这一概念的联系作用，使前提中另外两个概念间建立起某种逻辑联系，从而推出结论的。在这里，"文学"这一概念被称为共同项，也就是共有的词项（概念）。例②中的共同项是

"音乐"。

一个三段论是由三个性质判断构成的,其中两个是前提,一个是结论。前提和结论的主项和谓项统称为项。一个三段论的六个项中有且只有三个是具有不同内容的,它们各出现两次,而且各自有确定的名称和符号。结论中的主项称作小项,用 S 表示;结论中的谓项称作大项,用 P 表示;只在前提中出现而在结论中不出现的项称作中项,用 M 表示。三段论的两个前提也各有名称:包含大项的前提称大前提;包含小项的前提称小前提。标准的排列顺序是大前提在上,小前提在下。因此,三段论的推理形式可以用字母表示。例如上述两个推理的推理形式是:

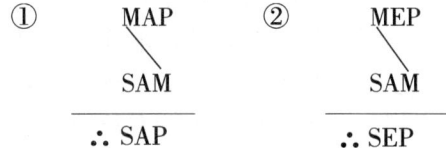

二、三段论的公理

公理是人们在长期实践中确定下来的,被认为是不证自明的。在演绎推理系统中,公理是初始的依据,是推理的基本前提。三段论推理的公理是:一类对象的全部是什么或不是什么,那么,这类对象中的一些就是什么或不是什么。也就是说,如果对一类事物的全部有所断定,那么对其中的一些就可作出相应的断定。可见,三段论推理实际上是通过概念外延间的关系来推出结论的。三段论的公理可用图 5-1 和图 5-2 来表示。

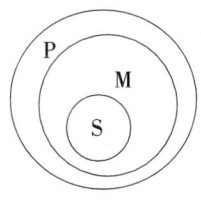

图 5-1

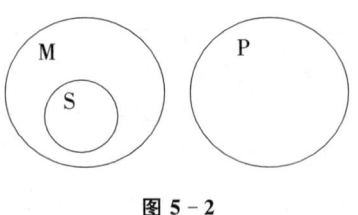

图 5-2

三、三段论的一般规则

三段论的一般规则共七条，它们是保证三段论推理形式有效的充分必要条件。三段论的这七条规则中，前五条是基本规则，具有公理的意义，不需证明；后两条是导出规则，是可用基本规则加以证明的。只要遵守这七条规则，三段论形式就是有效的，而且只有同时遵守这七条规则的三段论形式才是有效的。这七条规则是：

1. 中项在前提中至少周延一次

如果中项在前提中至少周延一次，那么就能保证中项外延中至少有一部分与大项和小项同时都有联系，这样中项才能起到联结和制约大小项关系的媒介作用，结论才是必然的。反之，如果中项在前提中一次都不周延，这就意味着不能保证中项至少有一部分外延同时与大项、小项的外延都发生联系。在这种情况下，大项和小项就有可能分别与中项的不同部分发生联系，这样中项就不能起到媒介作用，小项与大项的关系就无从确定。违反这一规则的错误称作"中项两次不周延"。例如：

文学是艺术，
舞蹈是艺术，
∴ 舞蹈是文学。

中项"艺术"两次出现都是不周延的，因此该推理无效。

2. 前提中不周延的项在结论中不得周延

这是指大项及小项外延在前提中没有被断定的部分在结论中

也同样不能被断定。也就是说,结论不能超出前提给定的范围。因为由全部断定可推出部分断定,而由部分断定推不出全部断定。违反这条规则的错误称作"小项(或大项)扩张"。例如:

小说是文学作品,
诗歌不是小说,
─────────────
∴诗歌不是文学作品。

大项"文学作品"违反了这条规则,犯了"大项扩张"的错误。又如:

《战争与和平》是长篇小说,
《战争与和平》是世界名著,
─────────────
∴世界名著是长篇小说。

小项"世界名著"违反了这条规则,犯了"小项扩张"的错误。

3. 两个否定前提推不出结论

两个前提都是否定性判断,表明大项与中项是互相排斥的,小项与中项也是互相排斥的。在这种情况下,中项不能起到媒介作用,大小项之间的关系存在五种可能性,因此不能得出确定的结论。

4. 两个前提中如果有一个是否定的,结论必然是否定的

如果前提中有一个是否定判断,根据第三条规则,要使推理有效,则另一个前提必然是肯定判断,这就意味着大、小项中有一项与中项相排斥,另一项与中项相结合。而大小项的关系是通过它们与中项的联系来确定的。既然有一项与中项是相排斥的,那么大小项通过中项建立起来的关系必定是互相排斥的关系,因此由小项与大项构成的结论必然是否定的。例如:

① 　　所有的领袖都不是神,
　　　毛泽东同志是领袖,
　　─────────────
　　∴毛泽东同志不是神。

② 史学是社会科学，
　　物理学不是社会科学，
　　∴ 物理学不是史学。

5. 如果结论是否定的，则必有一个前提是否定的

如果结论是否定的，则说明小项与大项是相排斥的，而这种关系的建立正是由于大小项中的一项与中项相结合，另一项与中项相排斥这一原因造成的。自然，大小项中与中项相结合的那个前提是肯定的，与中项相排斥的那个前提是否定的。因此，结论如果是否定的，前提中必有一个是否定的。这一规则也可以表述为：两个肯定前提不能得出否定的结论。

以上五条规则是三段论的基本规则。其中第一、第二条是关于词项的规则，第三、第四、第五条是关于前提的规则。由以上规则还可以推出下面两条导出规则：

6. 两个特称前提不能推出结论

两个前提如果都是特称的，则两个前提的组合不外乎三种情况：(1)两个前提都是否定的(OO)；(2)两个前提都是肯定的(II)；(3)一个前提是肯定的，而另一个前提是否定的(OI 或 IO)。如果这三种情况都不能推出结论，那么这条规则就是成立的。证明如下：

根据第三条规则，在第一种情况下即两个前提都是否定时是推不出结论的；在第二种情况下即两个前提都是 I 判断时，两前提中没有一项是周延的，这样，不论中项处在哪一位置，都会是不周延。根据第一条规则，也推不出结论；在第三种情况下即两个前提一个是特称肯定，一个是特称否定时，前提中只有一个位置即特称否定判断的谓项是周延的。如果中项处在这一位置上，则大项在前提中就是不周延的。但根据第四条规则，此时结论是否定判断，结论中的谓项即大项是周延的，而大项在前提中不周延，这就违反了第二条规则，犯了"大项扩张"的错误。如果使大项处在前提中否定判断谓项的位置上，那么中项处在其余无论哪一个位置上都是不周延的，这样就会违反第一条规则，犯了"中项没有周延

一次"的错误。因此无论如何在第三种情况下都推不出结论。以上说明由两个特称前提出发确实推不出结论。

7. 有一个前提是特称,则结论必是特称

根据第六条规则可知:若要推理有效,当前提中有一个是特称时,另一个前提便应是全称。这样,两个前提的组合情况可能有三种:(1)两个前提都是肯定的(AI 或 IA);(2)两个前提都是否定的(EO 或 OE);(3)一个是肯定一个是否定的(AO 或 OA、EI 或 IE)。

在第一种情况下(AI 或 IA),前提中只有全称判断的主项是周延的,其余三项都不周延。如果是小项处在这个周延的位置上,那么中项在前提中不周延,因此不能推出结论;如果是中项处在这个位置上,那么小项在前提中必然是不周延的。根据第二条规则,小项在结论中也不得周延,而小项在结论中是结论判断的主项,因此结论是特称的。

在第二种情况下(EO 或 OE),根据第三条规则,两个否定前提不能推出结论。

在第三种情况下(AO 或 OA、EI 或 IE),前提中全称判断的主项及否定判断的谓项是周延的。为了符合第一条规则,中项必须占据其中一个位置。另一位置如果被小项占据,那么大项在前提中便是不周延的。但根据第四条规则,这时推出的结论必然是否定的,因而结论中的大项是周延的,这就违反了第二条规则,犯了"大项扩张"的错误。另一周延的位置如果被大项占据,那么前提中仅有的两个周延的位置分别被大项与中项占据,小项在前提中只能是不周延的。根据第二条规则,小项在结论中也不得周延,而小项在结论中是主项,所以结论是特称的。以上说明第七条规则是成立的。

四、三段论的格与式

(一)三段论的格

由中项在两个前提中的位置所决定的三段论的推理形式叫作

三段论的格。

由于中项在大前提和小前提中分别可以作主项或谓项,因此推理形式可以有四种不同的组合,也就是说,三段论有四种格。

第一格:中项分别是大前提的主项和小前提的谓项。其结构是:

$$\frac{\begin{array}{c} M\text{——}P \\ S\text{——}M \end{array}}{\therefore S\text{——}P}$$

例如:

获奖影片是优秀影片,
《大决战》是获奖影片,
──────────────
∴《大决战》是优秀影片。

第一格是直接根据公理推演的,它可以推出 A、E、I、O 四种结论来,是实际应用最广泛的,特别是在司法工作中有更重要的作用。一般称它为"典型格",因为它最明显地表现了演绎推理的逻辑性质。

第一格有两条特殊规则:

1. 大前提必须是全称的;
2. 小前提必须是肯定的。

三段论格的特殊规则可用三段论一般规则证明。为证明简便,先证第二条规则:小前提必须是肯定的。

如果小前提是否定的,则根据一般规则第三条,大前提不能是否定的,那么大前提是肯定的,于是大前提中的谓项便是不周延的,而大项正处于这个位置,因此大项在前提中是不周延的。根据第二条一般规则,大项在结论中也不得周延。但根据第四条一般规则,此时结论是否定的,这就意味着结论中的谓项即大项是周延的,因此这一推理违反了第二条一般规则,犯了"大项扩张"的错误,是无效的。而这一错误正是由于小前提是否定的造成的,所以,小前提必须是肯定的。

下面再来证明第一条规则:大前提必须是全称的。

由于小前提是肯定的(已证),则小前提中的谓项不周延。因此处于这一位置上的中项是不周延的。根据第一条一般规则,中项在大前提中必须是周延的,而中项在大前提中处于主项的位置,因此大前提必是全称的。

第二格:中项分别是大前提和小前提的谓项。其结构是:

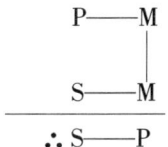

例如:

> 知识分子是有专业知识的,
> 中学生没有专业知识,
> ─────────────────────
> ∴ 中学生不是知识分子。

第二格只能推出否定性结论,因此可以将某类事物与另一类事物区别开来。第二格被称为"区别格",常常用来反驳肯定判断。

第二格的两条特殊规则是:

1. 大前提必须是全称的;
2. 前提中必须有一个是否定的。

先证明第二条规则:前提中必须有一个是否定的。

如果两前提都是否定的,则违反第三条一般规则,推理无效。如果两前提都是肯定的,则大小前提的谓项都不周延。在第二格中,中项分别为大小前提的谓项,所以中项在前提中两次不周延,违反第一条一般规则,因此前提中必须有一个是否定的。

再证明第一条规则:大前提必须是全称的。

根据第二条特殊规则和第四条一般规则,可知结论必是否定的,因此大项在结论中是周延的。据第二条一般规则,此时大项在前提中也必须是周延的,而在第二格中,大项处在大前提主项的位置,因此大前提必须是全称的。

第三格:中项分别是大前提和小前提的主项。其结构是:

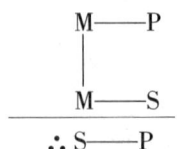

例如：

鱼是能游动的，
鱼是冷血动物，
∴有些冷血动物能游动。

由于第三格能推出特称结论，因此常被用来反驳一个全称判断，证明某种特殊情况。一般称第三格为"反驳格"。

第三格的两条特殊规则是：

1. 小前提必须是肯定的；
2. 结论必须是特称的。

先证明第一条规则：小前提必须是肯定的。

如果小前提是否定的，根据第三条一般规则，可知大前提必须是肯定的，那么大前提中的谓项即大项此时是不周延的。根据第四条一般规则，可知结论是否定的，此时结论中的谓项即大项是周延的。但根据第二条一般规则，大项在前提中不周延却在结论中周延，这就犯了"大项扩张"的错误，推理无效。为使推理有效，因此小前提必须是肯定的。

再证明第二条规则：结论必须是特称的。

根据第一条特殊规则，可知第三格小前提中的谓项即小项是不周延的。根据第二条一般规则，小项在结论中也不得周延。而小项在结论中是主项，因此结论必须是特称的。

第四格：中项在大前提中作谓项，在小前提中作主项。其结构是：

```
  P————M
    M————S
  ∴ S————P
```

例如：

> 我们的事业是正义的，
> 正义的事业是不可战胜的，
> ∴ 有些不可战胜的是我们的事业。

第四格的推理形式与第一格恰恰相反，它没有什么特殊作用，因此不常使用。一般称第四格为"引申格"。

第四格的特殊规则是：

1. 如果大前提是肯定的，则小前提必须是全称。
2. 如果小前提是肯定的，则结论必须是特称。
3. 若前提中有一个是否定的，则大前提必须是全称。
4. 任何一个前提都不能是特称否定。
5. 结论不能是全称肯定判断。

特殊规则的证明不在这里介绍，读者可自证。

需要说明的是：三段论各格的特殊规则是依据三段论的基本规则结合各个格的具体形式推导出来的，它们只是各格三段论推理有效的必要条件。也就是说，违反相关格的特殊规则中的任何一条，这个三段论都是无效的，但不能说遵守这些格的特殊规则的三段论就都是有效的。而三段论的全部一般规则则是构造正确三段论的充分必要条件。也就是说，遵守全部一般规则的三段论是有效式；反之，违反任何一条一般规则的三段论都是推理的无效式。在判定一个三段论有效或无效时，必须注意到一般规则和各格的具体规则的不同作用。

（二）三段论的式

三段论的式，就是 A、E、I、O 四种判断在两个前提和结论中的各种不同组合所构成的三段论形式。例如：

① 中子是不带电的， (A)
中子是一种基本粒子， (A)
∴ 有些基本粒子是不带电的。 (I)

② 恶性传染病是人类的大敌， (A)
非典型性肺炎是恶性传染病， (A)
∴ 非典型性肺炎是人类的大敌。 (A)

例①是 AAI 式；例②是 AAA 式。

在三段论的每一种格中，A、E、I、O 四种判断都可以作为大前提、小前提和结论，其组合数目是 $4\times4\times4=64$，共有 64 个式。而三段论有四个格，因此，三段论全部可能的推理形式共有 $64\times4=256$ 个。当然，这 256 个式中绝大部分是无效的，例如 EEE、AAO 等就是违反一般规则的无效式。通过运用一般规则和格的特殊规则对 256 个式进行判定、筛选，可知三段论共有 24 个有效式，那就是：

第一格：
AAA、EAE、AII、EIO、(AAI)、(EAO)
第二格：
AEE、EAE、AOO、EIO、(AEO)、(EAO)
第三格：
AAI、EAO、AII、EIO、IAI、OAO
第四格：
AAI、EAO、AEE、EIO、IAI、(AEO)

这 24 式中有 5 个式（带括号的）为弱式。所谓弱式即本来可以得出全称结论，却只得出了特称的结论。如果不算弱式，三段论共有 19 个有效式。

五、三段论的省略式

(一) 种类

一个完整的三段论包括大前提、小前提、结论三部分。从逻辑上讲这三部分缺一不可,但事实上在日常语言表达中,人们却往往省略掉其中的某个部分,以使表达更为简洁明快。凡省略三段论推理中某一部分的形式均称作三段论的省略式。

三段论的省略式有三种形式:

1. 省略大前提。例如:

① 我们无所畏惧,因为我们是青年人。

② 因为马克思主义者是唯物主义者,所以,马克思主义者是讲实事求是的。

例①省略了大前提"青年人无所畏惧";例②省略了大前提"唯物主义者是讲实事求是的"。

2. 省略小前提。例如:

① 既然真理是不可战胜的,那么科学是不可战胜的。

② 因为无私是伟大的,所以,母爱是伟大的。

例①省略了小前提"科学是真理";例②省略了小前提"母爱是无私的"。

3. 省略结论。例如:

我们的事业是正义的,正义的事业是不可战胜的。

这里,省略了结论"我们的事业是不可战胜的"或"有些不可战胜的是我们的事业"。

(二) 恢复及检验方法

有些前提虚假或推理错误的三段论以省略形式出现时不容易辨别出错误,因此,要检验一个省略式正确与否,必须恢复成完全式。把一个省略式恢复成完全式的步骤是:

1. 根据关联词语或语意,辨别前提与结论

凡在"所以、因此"之后的判断应为结论;凡在"因为、由于"之后的判断应为前提。例如:"我们无所畏惧,因为我们是青年人"这句的前提是"我们是青年人",结论是"我们无所畏惧"。

2. 根据结论确定小项与大项及相关前提

一般的省略式都是省略前提,因此,在恢复成完全式时,可以

从出现的结论入手来进行恢复。因为结论的主项是小项,谓项是大项,含有大项的前提为大前提,含有小项的前提为小前提。如"我们无所畏惧"这一结论中,小项是"我们",大项是"无所畏惧",那么,出现的前提"我们是青年人"为小前提。

3. 根据出现的前提找出中项,确定被省略的前提

因为前提是中项与大项或与小项结合而成,因此可以根据已有的前提确认中项,从而找出被省略的前提。例如,小前提"我们是青年人"中的中项是"青年人",那么被省略的是大前提。可能出现的两种形式是:"青年人无所畏惧"和"无所畏惧的是青年人"。

4. 恢复成完全式

根据可能出现的两种前提形式,可分别构成两个完全式推理:

青年人无所畏惧,　　　　　　　无所畏惧的是青年人,
我们是青年人,　　　　　　　　我们是青年人,
─────────　　　　　　　　─────────
∴我们无所畏惧。　　　　　　　∴我们无所畏惧。

5. 对完全式进行检验,确定推理是否正确

正确的推理应是前提真实且推理形式有效的(即符合推理规则的)推理。以这两条标准分别检验上述两个完全式,可以确定前一个推理是正确的,而后一个推理违反了第一条规则,推理形式无效,因而是不正确的。由于"我们无所畏惧,因为我们是青年人"这一省略式三段论推理中包含有一个正确的完全式推理,因此,该省略式是正确的。

六、应用三段论推理的实例

三段论推理在文章写作中屡见不鲜。如某篇文章中有这样一段话,其中就含有一个三段论推理:

喜马拉雅山脉是否从来就是"世界屋脊"?不。在27亿年前,这里原来是茫茫一片的汪洋大海。

人们又如何知道这里原来是茫茫一片的汪洋大海?原因

是找到了化石。地质学一再证明：凡是有水生生物化石的地层，都是地质史上的古海洋地区。喜马拉雅山脉的地层遍布了珊瑚、苔藓、海藻、鱼龙、海百合等化石。可见，喜马拉雅山脉在过去的地质年代里，曾经被海洋淹没过。

这段话中包含了一个三段论："凡是有水生生物化石的地层……曾经被海洋淹没过。"

三段论推理与直接推理也可以交替进行。例如：

> 有一次，俄国作家赫尔岑应邀去参加一个家庭音乐会，却不料这个音乐会演奏的乐曲都是品位很低的靡靡之音。赫尔岑感到十分无聊，便起身要离去。主人见状忙说："这些乐曲都是流行的。"赫尔岑反问道："流行的就一定是高尚的吗？"主人惊讶地回答："不高尚的怎么能流行呢？"赫尔岑讥讽道："流行性感冒也是高尚的吗？"

在这段对话中，双方是怎样运用推理来驳斥对方的呢？

主人说："这些乐曲都是流行的。"赫尔岑反问："流行的就都是高尚的吗？"意即："有些流行的不是高尚的。"主人不同意赫尔岑的观点，也就是说，主人的看法与之相矛盾。他认为："所有流行的都是高尚的。"因此，主人回答时用了反问句："不高尚的怎么能流行呢？"这一反问的隐含前提是"流行的都是高尚的"。其实这里包含了一个连续的判断变形推理。这一连续推理是：流行的都是高尚的→流行的都不是不高尚的→不高尚的不是流行的→不高尚的是不流行的（不高尚的怎么能流行呢）。面对主人的质疑，赫尔岑以主人的看法"流行的都是高尚的"为前提，设计了一个三段论推理：流行的都是高尚的，流行性感冒是流行的，所以，流行性感冒是高尚的。这个推理使用了三段论第一格，是有效的，但是结论却是虚假的。这说明大前提不真实，也就是说，主人的看法是错误的。

第四节　关系推理

关系推理就是前提中至少有一个是关系判断的推理，它是根据前提中关系的逻辑性质进行推演的。关系推理可分为纯关系推理和混合关系推理。

一、纯关系推理

纯关系推理是前提和结论都是关系判断的推理。常见的纯关系推理有四种。

(一) 对称性关系推理

对称性关系推理是根据关系的对称性进行推演的关系推理，可用公式表示为：aRb→bRa(R 代表对称性关系)。例如：

> 动物和人类是朋友，所以，人类和动物是朋友。

(二) 反对称性关系推理

反对称性关系推理是根据关系的反对称性进行推演的关系推理，可用公式表示为：aRb→b$\overline{R}$a(R 代表反对称性关系)。例如：

> a 概念真包含于 b 概念，所以，b 概念不真包含于 a 概念。

(三) 传递性关系推理

传递性关系推理是根据关系的传递性进行推演的关系推理，可用公式表示为：aRb∧bRc→aRc(R 代表传递性关系)。例如：

> 孔子早于孟子，孟子早于荀子，所以，孔子早于荀子。

(四) 反传递性关系推理

反传递性关系推理是根据关系的反传递性进行推演的关系推理，可用公式表示为：aRb∧bRc→a$\overline{R}$c(R 代表反传递性关系)。例如：

> 甲班比乙班多 5 人，乙班比丙班多 5 人，所以，甲班不比丙班多 5 人。

二、混合关系推理

混合关系推理是第一个前提为关系判断,第二个前提为性质判断,结论为关系判断的推理。推理形式是:

所有的 a 与 b 有 R 关系
c 是 a
─────────────────
∴c 与 b 有 R 关系

例如:

中国人都拥护改革开放,
李先生是中国人,
─────────────────
∴李先生拥护改革开放。

混合关系推理与三段论十分相似,它也包括两个前提和一个结论,推理也只有三个不同的概念,分别充当性质判断的主、谓项及关系判断的关系者项。其中有一个概念在前提中出现两次,一般称作媒概念。因此,混合关系推理又称关系三段论。

混合关系推理有以下几条规则:

1. 媒概念在前提中至少要周延一次。
2. 在前提中不周延的项在结论中不得周延。
3. 前提中的性质判断必须是肯定的。
4. 如果前提中的关系判断是肯定的,则结论中的关系判断也应是肯定的;如果前提中的关系判断是否定的,则结论中的关系判断也应是否定的。
5. 如果关系不是对称的,则在前提中作为关系者前项(或后项)的那个概念在结论中也应作为关系者前项(或后项)。

正确的混合关系推理必须遵守以上规则,违反其中任何一条规则都会导致推理错误。例如:

① 中国女排的全体队员与一部分外国运动员建立了友谊,

马拉多纳是外国运动员,

∴中国女排的全体队员与马拉多纳建立了友谊。

② 我们反对给孩子请家教,

给孩子请家教是增加孩子课业负担的行为,

∴我们反对一切增加孩子课业负担的行为。

③ 我们提倡勤俭节约,

助人为乐不是勤俭节约,

∴我们不提倡助人为乐。

以上推理都是无效的推理,因为例①违反了第一条规则,例②违反了第二条规则,例③违反了第三条规则。

三、应用关系推理的实例

传说北宋时杭州城外曾发生过这样一桩人命案:

郑某与李氏夫妻二人婚后恩爱和谐,生活幸福。却不料一次郑某出海经商,一去十多年全无音讯,李氏仍苦苦等待。有一天,郑某忽然回来了,李氏惊喜异常,忙将家中一只喂养了近十年的老母鸡杀掉煨好,给丈夫下酒。郑某素来爱吃鸡头,于是边喝酒边啃鸡头,吃得个酒足饭饱。不想酒席未撤,郑某忽然大叫腹痛,疼得满地乱滚,不一会儿就一命归西了。郑家得知后,立即把李氏告到了官府,说她是为了奸情而毒死了丈夫。经官府调查,李氏为人作风正派,并无奸情。案子无法了断,于是官府就把李氏收押,一拖数年,不作判决。

后来,苏东坡任杭州知府后,查阅案卷,重审李氏,仍无头绪,便微服出巡。一次,他在一家药店门前与一老郎中下棋,出一奇招赢了老者。老郎中赞叹道:"先生的棋招真如十年鸡头。"东坡听了忙问此话怎讲。老郎中说:"药书上有句话,叫'十年鸡头胜砒霜',

意为毒得很。"东坡听了,心中豁然开朗。他回府后便命人杀了一只十年老鸡,用狗实验。狗吃了十年老鸡头狂吠而亡。于是东坡断定郑某是因误食老鸡头而亡。经查李氏不懂老鸡头有剧毒,又无作案动机,故将李氏无罪释放。东坡也因智断疑案而声名大振。

东坡破案的关键在于他使用了一个关系三段论:

十年鸡头毒胜砒霜,
　　郑某吃的是十年鸡头,
　　―――――――――――――
∴郑某吃的(鸡头)毒胜砒霜。

思 考 题

1. 什么是推理?
2. 正确的演绎推理的基本条件是什么?
3. 什么是判断变形推理?它包括哪几种方法?各自的规则是什么?
4. 对当关系推理有哪些有效式?
5. 什么是三段论?指出它的结构中各部分的名称。
6. 三段论的一般规则有哪些?
7. 三段论有几种格?各格的规则是什么?
8. 如何把一个省略式三段论恢复成完全式?
9. 什么是关系推理?

练 习 题

一、填空:

1. 推理是_____的思维形式。
2. 根据从前提到结论的推理方向的不同,可将推理分为____推理、____推理、____推理。
3. 直接推理有_____推理、_____推理两种类型。
4. _____的推理叫三段论推理。
5. 已知 SAP 真,则 SEP _____;已知 SIP 假,则SAP _____。

6. 已知 SIP 真,则_____假;已知 SOP 假,则_____假。

7. 已知 SEP 真,则_____真;已知 SAP 真,则_____真。

8. 已知"一切判断都是用语句表达的"为真,则可以推出_____为真。

9. (POM ∧ MAS) → SIP 违反了三段论推理的一般规则:_____。

10. 一个正确的三段论,其小前提为 SEM,结论为 SEP,它的大前提应为_____。

11. 从 aRb 推出 bRa,这是一个_____推理。

12. 由"判断变形推理是直接推理"推出"有的直接推理是判断变形推理",这是运用了_____法的_____推理。

二、对下列判断进行换质,写出结论及该推理的逻辑形式:

1. 有些错误不是不可以避免的。

2. 语言是没有阶级性的。

3. 不信仰共产主义的不是马克思主义者。

4. 有些战争是非正义的。

三、对下列判断进行换位,写出结论及该推理的逻辑形式(不能换位的结合原理给予说明):

1. 生活的目的不是安逸和享乐。

2. 优秀的文艺作品都是艺术性比较强的作品。

3. 夜空中有些发亮的不是星星。

4. 有些书法家是画家。

四、下列推理是否有效?为什么?

1. 因为 SIP 真,所以,并非 SEP 一定真。

2. 因为 SOP 真,所以,SIP 一定假。

3. 因为 SAP 真,所以,PAS 一定真。

4. 因为 SOP 真,所以,POS 一定真。

5. 有些文艺作品是受群众欢迎的,所以,有些文艺作品不受群众欢迎。

6. 我们班上的同学都不学日语,所以,不学日语的都是我们班的同学。

7. 有些样品是不出售的,所以,有些样品是出售的。

8. 并非所有的样品都出售,所以,有的样品不出售。

9. 所有的样品都出售,所以,并非所有的样品都不出售。

五、下列直接推理能否成立？如能成立,请写出其推理形式：

1. 由"有的哺乳动物是有尾巴的"推出"没有尾巴的不是哺乳动物"。

2. 由"三段论推理是演绎推理"推出"非演绎推理不是三段论推理"。

3. 由"流行歌曲不都是中国歌曲"推出"有的中国歌曲是流行歌曲"。

六、分析下列三段论的结构(指出大前提、小前提、结论并说明是第几格)：

1. 学术论文不是文学作品,因为文学作品需要塑造艺术形象,而学术论文不需要塑造艺术形象。

2. 鲁迅是文学家,鲁迅是学过医的,所以,有些学过医的是文学家。

七、下列三段论是否正确？如不正确,违反了哪条一般规则和格的特殊规则？

1. 总工程师是高级知识分子,老刘不是总工程师,所以,老刘不是高级知识分子。

2. 优秀律师都要精通法律,李律师精通法律,所以,李律师是优秀律师。

3. 团员都是青年,工人不都是团员,所以,有的工人不是青年。

4. 我们遇到的困难是前进中的困难,所以,是能够克服的。

5. 甲班多数同学是共青团员,甲班有些同学是三好学生,所以,甲班有些三好学生是共青团员。

6. 并非所有的唯物主义者都不是马克思主义者,而没有一个共产主义者不是马克思主义者,所以,所有的共产主义者都是唯物主义者。

7. 全称判断的主项没有不周延的,这个项周延,所以,这个项是全称判断的主项。

8. 他一点儿也不发烧,所以,他没有病。

9. 并非所有的共青团员都不是留学生,而没有一个留学生不是大学毕业生,因此,所有的大学毕业生都是共青团员。

10. 某班没有一个学员不会用电脑,某班没有一个学员不是学历史的,所以,有的学历史的是会用电脑的。

11. 并非所有的大学毕业生都要谋职,摄影爱好者不是不要谋职,所以,摄影爱好者不是大学毕业生。

12. 优秀演员不是不受群众欢迎,歌手不都受群众欢迎,所以,有的歌手不是优秀演员。

八、在下列括号内填入适当的符号,构成一个有效的三段论:

1.   M（ ）P   2.   P（ ）M   3.   P E M
    S（ ）M   S（ ）M   M（ ）S
    ∴SAP   ∴SEP   ∴S（ ）P

九、证明下列各题:

1. 结论是全称判断的正确三段论,中项不能周延两次。

2. 正确三段论的三个项,不能分别周延两次。

十、下列关系推理是否正确?

1. 复合判断包括假言判断,假言判断包括充分条件假言判断,所以,复合判断包括充分条件假言判断。

2. 已知 A 概念与 B 概念交叉,B 概念与 C 概念交叉,所以,A 概念与 C 概念交叉。

3. 因为 p→q 等值于 q←p,并且 q←p 等值于 ¬p∨q,所以,p→q 等值于 ¬p∨q。

4. 甲了解乙,乙了解丙,所以,甲一定了解丙。

十一、下列推理形式中,有效的是哪些?

1. A. $\overline{SEP} \to \overline{SAP}$ B. (MAS∧MEP)→SOP
    C. (MIP∧SAM)→SIP

2. A. $\overline{SOP} \to \overline{POS}$ B. (MEP∧SAM)→SEP
    C. (SOM∧MAP)→SOP

3. 有的电脑是国产的,所以,国产的有些不是电脑。

4. 这个罪犯不是走私犯,因为这个罪犯不是惯犯,而凡是走私犯都是惯犯。

5. 有些电子产品是不合格的,而不合格的产品不能出厂,因此,有些电子产品不能出厂。

6. 动物是人类的朋友,植物是人类的朋友,所以,动物和植物是朋友。

十二、多项选择题:

1. 由 SEP 可以推出( )。
   A. $\overline{SIP}$　　B. SOP　　C. $\overline{PIS}$
   D. $\overline{SIP}$　　E. $\overline{SAP}$

2. 由 $\overline{SOP}$ 可以推出( )。
   A. SAP　　B. $\overline{SAP}$　　C. SEP
   D. $\overline{SEP}$　　E. SIP

3. 下列各式中作为三段论第一格的有效式有( )。
   A. AAA　　B. AEE　　C. EAA
   D. AII　　E. EIO

4. 三段论 AAI 式是( )。
   A. 第一格的有效式　　B. 第二格的有效式
   C. 第三格的有效式　　D. 第四格的有效式
   E. 第一格的无效式

5. "有的厂长是天津人,有的厂长不是高级工程师,所以,有的高级工程师不是天津人。"这个三段论违反的规则是( )。
   A. 中项至少要周延一次
   B. 前提中不周延的项,在结论中不得周延
   C. 两个特称前提不能推出结论
   D. 小前提必须是肯定的
   E. 结论必须是特称的

十三、问答题:

1. 以 SEP 为前提进行换质位法直接推理,推出 $\overline{PAS}$ 作为结论为什么是错误的?

2. 以全称肯定判断为前提进行换位法直接推理,其结论为什么是特称肯定判断?

3. 怎样区分一个三段论的大、中、小项和大、小前提?

4. 一个三段论,其大前提是 I 判断,结论能是否定判断吗?

十四、分析下列省略三段论,指出省略了哪一部分,然后恢复成完全式,并分析是否正确:

1. 我们必须坚持真理,而坚持真理必须旗帜鲜明。

2. 《生死抉择》是受观众热烈欢迎的影片,因此,它是优秀影片。

3. 这里的书没有价值,因为没有价值的书很少有人借。

第六章 演绎推理(二)

第一节 联言推理

一、什么是联言推理

联言推理是前提或结论为联言判断,并且根据联言判断的逻辑特性进行推演的推理。例如:

鲁迅的杂文是短小的,
鲁迅的杂文是犀利的,
∴鲁迅的杂文既短小又犀利。

这是一个联言推理,它的结论是一个联言判断。又如:

生活的道路既是艰难的,又是充满情趣的,
∴生活的道路是充满情趣的。

这也是一个联言推理,它的前提是一个联言判断。

上述两个推理都是依据联言判断与其支判断间的真假对应关系推导出结论的,都是必然性推理。

二、联言推理的种类

(一) 组合式

结论是联言判断的推理是组合式联言推理。根据联言判断的真值表,当全部联言支为真时,该联言判断为真。组合式正是由已知全部联言支为真,推出联言判断为真的联言推理。例如：

郭沫若是文学家,
郭沫若是史学家,
∴郭沫若既是文学家又是史学家。

组合式联言推理的推理形式是：

p
q
∴p∧q

当需要综合事物的各个方面形成较完善全面的知识时,常常要用到组合式联言推理。这种推理形式有效,是因为根据联言判断的逻辑性质,当联言支全部为真时,这个联言判断才是真的。这种类型推理的前提正是分别判定各个联言支为真,所以结论就能判定由这些联言支所组成的联言判断是真的。

(二) 分解式

前提为联言判断的联言推理是分解式联言推理。根据联言判断的真值表,当一个联言判断为真时,它的各个支判断必然都是真的。分解式正是由前提中联言判断为真,推出它的支判断中任意一个为真的联言推理。例如：

侵略战争是非正义的且不得人心的,
∴侵略战争是不得人心的。

分解式联言推理的推理形式是：

p∧q
∴p(或 q)

当需要突出事物某一方面的特性时,常常要用到分解式联言推理。这种推理形式有效,是因为一个联言判断为真时,就意味着它的各个联言支都是真的,因此当前提断定一个联言判断为真时,结论必能断定其中某一个联言支为真。

三、应用联言推理的实例

应用联言判断和联言推理的知识,可以由已知导出新知。

例如,愚人节那天,A先生来到一个美丽的岛国旅游。他想步行去该国的首都观光,走到一个三岔路口时,他向一位老大爷问路,老人回答:"这左右两条路,一条通往首都;一条通往海边小镇。今天是愚人节,我就不明确告诉你了。后面来了两个小伙子,你去问他们吧。他俩一个说真话,一个说假话。究竟走哪条路,这就要靠你自己来决断了。"A先生听后迅速思考了一下,就指着身边的一棵树问道:"请问,这是一棵树吗?"老人回答:"是的。"

老人走后,两个小伙子走来了。A先生向两人提了一个同样的问题:"左边的路通向首都,并且二加三等于四,对吗?"A先生根据他们的回答,找到了前进的方向。

你知道这是为什么吗?

提示:A先生运用了联言判断和联言推理的知识。他根据两人的回答是否一致找到了前进的方向。

第二节 选言推理

一、什么是选言推理

前提中有一个选言判断,并且根据选言支之间关系而推出结论的推理叫作选言推理。例如:

> 波维森湖或是火山爆发形成的,或是陨星坠落到地面爆炸形成的,或是人工挖成的,
> 波维森湖不是人工挖成的,也不是火山爆发形成的,

∴波维森湖是陨星坠落到地面爆炸形成的。

这一推理的第一个前提是个选言判断,包括三个支判断,第二个、第三个前提分别否定了其中两个支判断,结论肯定了剩余的那

个支判断。整个推理是根据这个选言判断的支判断之间的关系推出结论的,是个必然性推理。

二、选言推理的种类

(一) 不相容选言推理

前提中有一个不相容选言判断的推理是不相容选言推理。它的有效形式有两种:

1. 肯定否定式

肯定否定式是指:前提中肯定选言判断中一个选言支,结论否定其余选言支。其推理形式为:

要么 p,要么 q
p
―――――――
∴非 q

用符号化的横式可表示为:$((p \veebar q) \wedge p) \rightarrow \neg q$

例如:

要么知难而进,要么知难而退,
我们要知难而进,
―――――――
∴我们不要知难而退。

2. 否定肯定式

否定肯定式是指:前提中否定选言判断中除一个选言支以外的其余的选言支,结论中肯定那个没被否定的选言支。其推理形式为:

要么 p,要么 q
非 p
―――――――
∴q

用符号化的横式可表示为:$((p \veebar q) \wedge \neg p) \rightarrow q$

例如:

一个人的爱好要么是单方面的,要么是多方面的,
他的爱好不是单方面的,
∴他的爱好是多方面的。

不相容选言推理有两条推理规则:
1. 肯定一个选言支,就要否定其余的选言支;
2. 否定一个选言支以外的选言支,就要肯定余下的那个选言支。

上述两条推理规则是由不相容选言判断的逻辑性质所决定的。因为当一个不相容选言判断为真时,它的全部选言支中必定有一个且只有一个为真,而其余选言支则是假的。所以,当选言推理中的另一个前提肯定这个唯一为真的选言支时,必然会引出其余选言支为假的结论;反之,当另一个前提否定其余选言支的真实性时,则必然会引出这个选言支为真的结论。

(二) 相容选言推理

相容选言推理是前提中有一个相容选言判断的选言推理。它只有一种有效的推理形式,即否定肯定式。这里的否定肯定式是指:前提中否定一部分选言支,结论就要肯定另一部分选言支。其推理形式为:

或 p,或 q
非 p
∴q

用符号化的横式可表示为:$((p \vee q) \wedge \neg p) \rightarrow q$

例如:

句子有错误也许是语法错误,也许是逻辑错误,也许是内容错误,
这个句子不是语法错误,也不是内容错误,
∴是逻辑错误。

相容选言推理有两条推理规则:

1. 否定一部分选言支,就要肯定另一部分选言支;
2. 肯定一部分选言支,不能否定另一部分选言支。

上述两条推理规则是由相容选言判断的逻辑性质所决定的。因为当一个相容选言判断为真时,它的选言支可以是一个或几个同时为真,所以,当选言推理的另一个前提否定其中的一部分选言支(即断定其为假)时,结论便可肯定其余选言支。反之,当推理的另一个前提肯定其中的一个或几个选言支时,结论却不能否定其余的选言支。也就是说,相容选言推理只有否定肯定式是符合推理规则的,是有效的。

三、运用选言推理常见的逻辑错误

(一) 遗漏选言支

选言推理是根据选言判断选言支间的真假关系进行推演的。如果作为前提之一的选言判断遗漏了某个选言支时,那么很可能被遗漏的选言支恰恰是至关重要的。例如:

这家用人单位或要名牌大学的本科毕业生,或要非名牌大学的硕士毕业生,
这家用人单位不要名牌大学的本科毕业生,
∴ 这家用人单位要非名牌大学的硕士毕业生。

该选言推理中作为前提的选言判断遗漏了两个选言支:"要非名牌大学的本科毕业生"和"要名牌大学的硕士毕业生",而后者恰恰是最重要的选言支,因此这一推理犯了遗漏选言支的错误。

(二) 相容选言推理误用了肯定否定式

相容选言推理只有否定肯定式这样一个有效式。如果使用肯定否定式形式,则会违反规则,得出不可靠的结论。例如:

学习成绩不好的原因或是基础差,或是方法不对,或是态度不端正,或是其他原因,

学生王某的学习基础差,

∴学生王某学习成绩不好的原因不是方法不对头,不是态度不端正,不是其他原因。

事实上,学生王某成绩不好的原因可能是多方面的,不能因为已经知道该生基础差就轻易否定其他原因的存在。因为这是一个相容选言推理,作为前提的选言判断的各个选言支是可以同真的,因此不能使用肯定否定式。

四、应用选言推理的实例

运用选言推理,可以解决一些难题。

例如,有一次,刑警队长带着队员去A市追击逃犯。追到一个十字路口,看到面前的三条路口各有一块路牌。第一块牌子上写着:"此路通往A市。"第二块牌子上写着:"此路不通往A市。"第三块牌子上写着:"另外的两块路牌上面写的话,有一块是真的,另一块是假的。我们保证这一点。每一个想去A市的人一定要注意,必须认真想一想,才能找到去A市的路。"面对这种情况,刑警队员们犯难了。但是,刑警队长想了想,果断地作出了选择。后来的事实证明,刑警队长的选择是正确的。

请问,刑警队长选择的是哪一条路呢?他是怎样运用选言推理的知识找到答案的呢?

第三节 假言推理

一、什么是假言推理

前提中含有一个假言判断,并且根据假言判断前、后件之间的关系而推出结论的推理叫作假言推理。也就是说,假言推理是以

一个假言判断和一个性质判断为前提,以另一个性质判断为结论,且这两个性质判断的内容分别与假言判断的前、后件有直接关系。例如:

只有认识错误,才能改正错误,
他没有认识错误,
∴ 他不能改正错误。

这一推理的第一个前提是个必要条件假言判断,第二个前提是个性质判断,它否定了这个假言判断的前件。根据必要条件假言判断前件和后件之间的关系,这个推理推出了一个性质判断作结论,该结论否定了这个假言判断的后件。这是一个必然性推理。

二、假言推理的种类

根据假言推理前提中假言判断的类型,可以把假言推理分为三种类型,即充分条件假言推理、必要条件假言推理、充分必要条件假言推理。

(一) 充分条件假言推理

充分条件假言推理是一个前提为充分条件假言判断,另一个前提为性质判断的假言推理。例如:

要想跟上时代的脚步,就必须掌握电脑知识,
我们要跟上时代的脚步,
∴ 我们必须掌握电脑知识。

充分条件假言推理有两条规则:
1. 肯定前件就要肯定后件,否定后件就要否定前件。
根据充分条件假言判断的性质,有前件就有后件,因此,在该类推理中,前提肯定了假言判断的前件,结论就要肯定其后件;又由于有了前件就一定有后件,所以没有后件一定是由于没有前件,因此,在该类推理中,前提否定了假言判断的后件,结论就要否定其前件。

2. 否定前件不能否定后件，肯定后件不能肯定前件。

根据充分条件假言判断的性质，没有前件不一定没有后件，因此，在该类推理中，前提否定了假言判断的前件，结论不能必然否定其后件；又由于没有前件不一定没有后件，所以有了后件不等于就一定有前件，后件的出现可能是其他条件所造成的，因此，在该类推理中，前提肯定了假言判断的后件，结论不能必然肯定其前件。

根据上述规则，充分条件假言推理有两个有效式：

1. 肯定前件式

肯定前件式是指：前提中肯定充分条件假言判断的前件，结论肯定它的后件。其推理形式是：

如果 p，则 q

p
─────────
∴ q

用符号化的横式可表示为：$((p \to q) \land p) \to q$

例如：

大学生如果要出国留学，就必须通过相关的英语考试，某大学生要出国留学，
─────────
∴ 他要通过相关的英语考试。

2. 否定后件式

否定后件式是指：前提中否定假言判断的后件，结论否定它的前件。其推理形式是：

如果 p，则 q

非 q
─────────
∴ 非 p

用符号化的横式可表示为：$((p \to q) \land \neg q) \to \neg p$

例如：

> 如果缺乏工作责任心，则工作就做不好，
> 他工作做得很好，
> ∴ 他不缺乏工作责任心。

（二）必要条件假言推理

必要条件假言推理是一个前提为必要条件假言判断，另一前提为性质判断的假言推理。例如：

> 只有保护好森林，才能保证生态平衡，
> 该地区没有保护好森林，
> ∴ 该地区生态不平衡。

必要条件假言推理有两条规则：

1. 否定前件就要否定后件，肯定后件就要肯定前件。

根据必要条件假言判断的性质，没有前件就没有后件，因此，在该类推理中，前提否定了假言判断的前件，结论就要否定其后件；又由于没有前件就一定没有后件，所以有了后件一定是由于有前件，因此，在该类推理中，前提肯定了假言判断的后件，结论就要肯定其前件。

2. 肯定前件不能肯定后件，否定后件不能否定前件。

根据必要条件假言判断的性质，有了前件不一定就有后件，因此，在该类推理中，前提肯定了假言判断的前件，结论不能必然就肯定其后件；又由于有了前件不一定就有后件，所以，没有后件不等于就一定没有前件，因此，在该类推理中，前提否定了假言判断的后件，结论不能必然否定其前件。

根据上述规则，必要条件假言推理有两个有效式：

1. 否定前件式

否定前件式是指：前提中否定假言判断的前件，结论否定它的后件。其推理形式是：

> 只有 p，才 q
> 非 p
> ─────────
> ∴非 q

用符号化的横式可表示为：$((p \leftarrow q) \land \neg p) \rightarrow \neg q$
例如：

> 只有具备入党条件，才能入党，
> 他不具备入党条件，
> ─────────────────
> ∴他不能入党。

2. 肯定后件式

肯定后件式是指：前提中肯定假言判断的后件，结论肯定它的前件。其推理形式是：

> 只有 p，才 q
> q
> ─────────
> ∴p

用符号化的横式可表示为：$((p \leftarrow q) \land q) \rightarrow p$
例如：

> 只有深入生活，才能创作出好作品，
> 他创造出了好的作品，
> ─────────────────
> ∴他深入了生活。

(三) 充要条件假言推理

充要条件假言推理是一个前提为充要条件假言判断，另一前提和结论为性质判断的假言推理。例如：

> 当且仅当三角形是等角的，则它是等边的，
> 三角形是等角的，
> ─────────────────
> ∴三角形是等边的。

充要条件假言推理有两条规则：
1. 肯定前件就要肯定后件，否定前件就要否定后件；

2. 肯定后件就要肯定前件,否定后件就要否定前件。

根据充要条件假言判断的性质,有前件就有后件,没有前件就没有后件;有后件就有前件,没有后件就没有前件。因此,前提中肯定一个支判断,结论就要肯定另一个,前提中否定一个支判断,结论就要否定另一个。由此得出充要条件假言推理有四个有效式:

1. 肯定前件式

肯定前件式是指:前提中肯定充要条件假言判断的前件,结论肯定它的后件。其推理形式是:

当且仅当 p,则 q
p
————————
∴ q

用符号化的横式可表示为:$((p \leftrightarrow q) \land p) \rightarrow q$

例如:

当且仅当两概念外延完全重合,则二者具有同一关系,
这两个概念外延完全重合,
————————————————
∴ 这两个概念具有同一关系。

2. 肯定后件式

肯定后件式是指:前提中肯定充要条件假言判断的后件,结论肯定它的前件。其推理形式是:

当且仅当 p,则 q
q
————————
∴ p

用符号化的横式可表示为:$((p \leftrightarrow q) \land q) \rightarrow p$

例如：

当且仅当两概念外延完全不重合，则二者具有全异关系，

甲、乙两概念具有全异关系，
_____

∴甲、乙两概念外延完全不重合。

3. 否定前件式

否定前件式是指：前提中否定充要条件假言判断的前件，结论否定它的后件。其推理形式是：

当且仅当 p，则 q

非 p
_____

∴非 q

用符号化的横式可表示为：$((p \leftrightarrow q) \wedge \neg p) \rightarrow \neg q$

当且仅当平行四边形的四条边完全相等时，则这个图形是菱形，

这一平行四边形的四条边不完全相等，
_____

∴这一图形不是菱形。

4. 否定后件式

否定后件式是指：前提中否定充要条件假言判断的后件，结论否定它的前件。其推理形式是：

当且仅当 p，则 q

非 q
_____

∴非 p

用符号化的横式可表示为：$((p \leftrightarrow q) \wedge \neg q) \rightarrow \neg p$

例如：

当且仅当有人侵犯我，则我侵犯人，

我没有侵犯人，
_____

∴没有人侵犯我。

三、三段论推理与假言推理的比较

三段论推理与假言推理同属于演绎推理,但各自又有自己的特点。

首先,两种推理的根据是各不相同的。也就是说,三段论推理是依据三段论公理,它的核心是三个概念外延之间的相互关系。假言推理则是依据假言判断的逻辑特性,它的核心是作为前提的假言判断前、后件之间的真假关系。

其次,各自的规则对推理的要求不同。一个有效的三段论必须同时遵守三段论的全部一般规则。也就是说,三段论推理的全部一般规则是一个三段论推理形式有效的充要条件。而假言推理的各条推理规则刻画了不同的推理形式,规定了有效式的结构,因此一个假言推理的有效式只是符合规则中陈述的某一种情况,不需要也不可能同时遵守全部规则。

最后,从语言现象的复杂性来看,具有同样内容的省略式推理,也可以看作具有不同的推理形式。例如:以"得了阑尾炎会感到腹痛"作为已知条件,可设计两种推理形式:一是三段论推理"凡是得了阑尾炎的都会感到腹痛,某人得了阑尾炎,所以,某人感到腹痛";二是假言推理:"只要得了阑尾炎就会感到腹痛,某人得了阑尾炎,所以,某人感到腹痛"。

四、应用假言推理的实例

假言推理可以作为破案的工具。

例如,在一个客运码头上,刚下船的旅客们正在匆匆地走出码头。这时,一个刚刚丢失了旅行包的旅客,意外地发现前面有个穿花衬衫的小伙子正提着他的旅行包往外走。他立即赶上前去,挡住他的去路,责问道:"你为什么拿我的旅行包?"这个小伙子一怔,立即道歉说:"怎么,这个是你的?对不起,我拿错了。"他随即把旅行包还给了这位旅客,然后头也不回地继续向外走去。这一切都被一位巡逻的民警看到了,他立即上前抓住了这个小伙子。经查问,果然这个小伙子是个小偷。

民警是怎样运用假言推理断定那个小伙子一定是小偷的呢?

假言推理还可以与选言推理同时应用于同一个思维过程,解决社会生活或经济活动中的一些纠纷。

例如,有一次,日本新日铁公司给我国宝山钢铁公司寄来一箱技术资料。清单上写明资料有六份,但是开箱清点后发现只有五份。于是宝钢方面便向日方交涉。日方认为他们在装箱前要经过几次检查,不可能漏装。我方表明开箱时有多人在场,且经过多次清点,是在确认材料不全的情况下才提出交涉的。双方各执一词,交涉毫无结果。

事后,宝钢方面分析这次交涉的过程,认为我方提出的理由不够充分,不能合乎逻辑地证明日方漏装。于是,他们理顺思路,再次向日方交涉。首先,他们指出造成资料缺少的可能性只有三种:"或是日方漏装;或是运输途中散失;或是我方开箱后丢失。"日方同意这种说法。接着中方指出:"如果资料是运输途中散失的,那么,木箱肯定有破损。现在木箱完好无损,说明不可能是途中散失的。"然后又指出:"如果资料是我方开箱后丢失的,那么木箱上所印的净重应大于现有的五份资料的净重,而现在木箱上所印的净重正好和现有五份资料的净重是相等的,所以,资料不可能是我方开箱后丢失的。"最后,中方作出推断:既然只有三种可能性,而后两种都已被否定,那么就只有一种可能——日方漏装。由于中方的推理完全合乎逻辑,日方无可辩驳,于是同意再次查询是否漏装。结果证明:确系日方漏装造成,问题得到了圆满的解决。

你知道中方在与日方交涉过程中使用了哪些推理吗?

第四节　二难推理

一、什么是二难推理

以假言判断和选言判断为前提所构成的推理叫作假言选言推理。二难推理是假言选言推理中的一种。它是以两个假言判断和一个二支的选言判断为前提的假言选言推理。

我们之所以称它为二难推理,是因为它常常被用于辩论中。辩论的一方如果从对立观点出发提出两种可能性,并且由此引申出两种不利于对方观点的结果时,就会造成对方无论怎样选择都会使自己处于进退维谷、左右为难的境地。例如:

如果故意散布谣言,那就是别有用心,
如果无意中散布谣言,那就是愚昧无知,
或是故意散布谣言,或是无意中散布谣言,

∴(这样的人)或者别有用心,或者愚昧无知。

二、二难推理的形式

(一)以充分条件假言判断为前提的二难推理

1. 简单构成式

这种形式的特点是:两个假言前提的前件不同而后件相同;选言前提的选言支分别与两个假言前提的前件内容相同;结论肯定了两个假言前提那个共同的后件。其推理形式是:

如果 p,则 r
如果 q,则 r
或 p 或 q

∴ r

用符号化的横式可表示为:

$$(((p \to r) \land (q \to r)) \land (p \lor q)) \to r$$

例如：

> 如果对物体加压,则它的体积变小,
> 如果对物体降温,则它的体积变小,
> 对物体或加压或降温,
> ———————————————
> ∴ 物体的体积变小。

由于这种推理形式是以充分条件假言推理的肯定前件式为基础,且它的结论是个简单判断,因此叫作简单构成式。

2. 简单破坏式

这种形式的特点是:两个假言前提的前件相同而后件不同;选言前提的选言支分别是对两个假言前提后件的否定;结论否定了两个假言前提那个共同的前件。其推理形式是:

> 如果 p,则 q
> 如果 p,则 r
> 或非 q 或非 r
> ——————
> ∴ 非 p

用符号化的横式可表示为：

$$(((p \to q) \land (p \to r)) \land (\neg q \lor \neg r)) \to \neg p$$

例如：

> 如果月球上有生物,则一定有空气,
> 如果月球上有生物,则一定有水分,
> 月球上或没有空气,或没有水分,
> ————————————————
> ∴ 月球上没有生物。

由于这种推理形式是以充分条件假言推理的否定后件式为基础,且它的结论是个简单判断,因此叫作简单破坏式。

3. 复杂构成式

这种形式的特点是:两个假言前提有不同的前件和不同的后件;选言前提的选言支分别与两个假言前提的前件内容相同;结论是二支的选言判断,且它的两个选言支分别与两个假言前提的后件内容相同。其推理形式是：

　　　　如果 p，则 q
　　　　如果 r，则 s
　　　　或 p 或 r
　　　　─────────
　　　　∴ 或 q 或 s

用符号化的横式可表示为：

$(((p \rightarrow q) \land (r \rightarrow s)) \land (p \lor r)) \rightarrow (q \lor s)$

例如：

　　　　如果是酸性溶液，则试纸呈红色，
　　　　如果是碱性溶液，则试纸呈蓝色，
　　　　或是酸性溶液，或是碱性溶液，
　　　　─────────────────
　　　　∴ 试纸或呈红色，或呈蓝色。

由于这种推理形式是以充分条件假言推理的肯定前件式为基础，且它的结论是个复合判断，因此叫作复杂构成式。

4. 复杂破坏式

这种形式的特点是：两个假言前提有不同的前件和不同的后件；选言前提的选言支分别是对两个假言前提后件的否定；结论是二支的选言判断，且它的两个选言支分别是对两个假言前提前件的否定。其推理形式是：

　　　　如果 p，则 q
　　　　如果 r，则 s
　　　　非 q 或非 s
　　　　─────────
　　　　∴ 非 p 或非 r

用符号化的横式可表示为：

$(((p \rightarrow q) \land (r \rightarrow s)) \land (\neg q \lor \neg s)) \rightarrow (\neg p \lor \neg r)$

例如：

> 如果他学习成绩好，那么他就有能力帮助我，
> 如果他以助人为乐，那么他就愿意帮助我，
> 他没能力帮助我，或者他不愿帮助我，
> ∴他学习成绩不好，或者他不以助人为乐。

由于这种推理形式是以充分条件假言推理的否定后件式为基础，且它的结论是个复合判断，因此叫作复杂破坏式。

（二）以必要条件假言判断为前提的二难推理

1. 简单构成式

其推理形式是：

> 只有 p，才 q
> 只有 p，才 r
> 或 q 或 r
> ∴p

用符号化的横式可表示为：

$(((p \leftarrow q) \wedge (p \leftarrow r)) \wedge (q \vee r)) \rightarrow p$

例如：

> 只有把事实搞清楚，才能有效地进行辩护，
> 只有把事实搞清楚，才能正确地作出判决，
> 要有效地进行辩护，或者要正确地作出判决，
> ∴总之，要把事实搞清楚。

2. 简单破坏式

其推理形式是：

> 只有 p，才 r
> 只有 q，才 r
> 或非 p 或非 q
> ∴非 r

用符号化的横式可表示为：

$(((p \leftarrow r) \land (q \leftarrow r)) \land (\neg p \lor \neg q)) \rightarrow \neg r$

例如：

　　　　只有坚持改革开放,才能实现四化,
　　　　只有团结一致,才能实现四化,
　　　　不坚持改革开放,或者不团结一致,
　　　　―――――――――――――――――
　　∴总之,都不能实现四化。

3. 复杂构成式

其推理形式是：

　　　　只有 p,才 r
　　　　只有 q,才 s
　　　　或 r 或 s
　　　　―――――――
　　∴或 p 或 q

用符号化的横式可表示为：

$(((p \leftarrow r) \land (q \leftarrow s)) \land (r \lor s)) \rightarrow (p \lor q)$

例如：

　　　　只有别有用心的人,才会故意散布谣言,
　　　　只有愚昧无知的人,才会不自觉地散布谣言,
　　　　或者故意散布谣言,或者不自觉地散布谣言,
　　　　―――――――――――――――――――――
　　∴总之,(这样的人)或者别有用心,或者愚昧无知。

4. 复杂破坏式

其推理形式是：

　　　　只有 p,才 r,
　　　　只有 q,才 s,
　　　　或非 p 或非 q
　　　　―――――――――
　　∴或非 r 或非 s。

用符号化的横式可表示为：

$(((p \leftarrow r) \land (q \leftarrow s)) \land (\neg p \lor \neg q)) \rightarrow (\neg r \lor \neg s)$

例如：

> 只有有魄力，才敢于做大事，
> 只有有毅力，才能做成大事，
> 或者没魄力，或者没毅力，
> ∴（这样的人）或者不敢做大事，或者做不成大事。

上述以必要条件假言判断为前提的二难推理，也可以转换成以充分条件假言判断为前提的二难推理，这可以通过假言判断的相互转换及二难推理的相应形式来实现。至于以充要条件假言判断为前提或以不同类型假言判断为前提所构成的假言选言推理，由于没有实际意义，因此，这里不予介绍。

二难推理是根据假言判断和选言判断的逻辑特性综合进行推演的演绎推理，因此，无须为它单独制定推理规则。要判定一个二难推理是否有效，只要看它的推理形式是否为有效式就可以确定。

三、驳斥错误的二难推理的方法

一个正确的推理需要两个基本条件：一是前提必须真实，二是推理形式必须有效。对于一个正确的二难推理来说，所谓前提真实，就是指两个假言前提的前件与后件之间确实存在着相应的条件关系，且选言前提应是穷尽全部选言支的；所谓推理形式有效，就是其推理形式必须是有效式。那么，驳斥一个错误的二难推理的方法相应的就有两种：一是指出该推理的前提是虚假的，二是指出它是无效式。例如：

> 如果你是聪明人，就不需要学习逻辑，
> 如果你是愚蠢的人，就学不好逻辑，
> 你或是聪明人，或是愚蠢的人，
> ∴你不需要学逻辑，或是学不好逻辑。

这一推理的推理形式有效，但它的两个假言前提是虚假的，前件与后件之间并不具备充分条件关系，因此这一推理是错误的。

又如：

> 如果医生医术高明,那他就有能力治疗我的病,
> 如果医生工作负责,那他就会认真治疗我的病,
> (我的病没好)或是医生没能力治疗,或是医生不认真治疗,
> ∴ 医生或是医术不高,或是工作不负责。

这一推理的推理形式有效,但其中作为前提的选言支并没有穷尽导致治疗无效的全部原因(例如,病人合作与否),因此选言前提是不真实的,自然,这一推理也是错误的。再如：

> 如果他在经济上犯罪,他就要受到法律制裁,
> 如果他在政治上犯罪,他就要受到法律制裁,
> 他或在经济上未犯罪,或在政治上未犯罪,
> ∴ 他不会受到法律制裁。

这一推理前提虽是真实的,但推理形式是无效的,因此同样是错误的推理。

除了以上两种驳斥方法之外,还有一种特殊的破解错误的二难推理的方法,叫作"以二难破二难",即构造一个与被驳斥的二难推理相反的二难推理,并以此为据达到目的。例如：

> 如果参加讨论会,则耽误时间(不利于工作),
> 如果不参加讨论会,则思路不开阔(不利于工作),
> 或参加讨论会,或不参加讨论会,
> ∴ 或耽误时间,或思路不开阔(总之不利于工作)。

驳斥方法：

> 若参加讨论会,则思路开阔(有益于工作),
> 若不参加讨论会,则节省时间(有益于工作),
> 或参加讨论会或不参加讨论会,
> ∴ 或思路开阔,或节省时间(总之有利于工作)。

四、应用二难推理的实例

运用二难推理,可以破解一些生活中的难题。例如,在逻辑发展史上,有一个著名的"半费之讼"的故事:

在古希腊,有个名叫欧提勒士的年轻人拜普罗泰哥拉为师,向他学习辩术。普罗泰哥拉提出:先预付一半学费,另一半学费在结业后欧提勒士第一次出庭辩护并且胜诉后再付给老师。欧提勒士表示同意,二人签订了合同。但是,学习结束后,欧提勒士却总是不出庭。于是,普罗泰哥拉把欧提勒士告上了法庭。因为他想:如果欧提勒士这一次打赢了官司,按照合同,那么他应该付给我那一半学费;如果欧提勒士这一次官司打输了,按照法庭判决,那么他也得付给我那另一半学费;这次官司他或赢或输,总之他会付给我另一半学费。

欧提勒士得知此事后提出了反诉,因为他想:如果我这次官司打赢了,按照法院判决,那么我不应该付给普罗泰哥拉另一半学费;如果我这次官司打输了,按照合同,那么我也不应该付给他另一半学费;我或赢或输,总之我都不会付给他另一半学费。

法官分析了二人的上诉与反诉之后,巧妙地作出了判决。他决定请原告撤消第一次上诉,但准许他提出第二次起诉,然后,再宣布原告胜诉。

你知道法官断此案的诀窍在哪里吗?

提示:先分析原告和被告各自推理中的错误,然后再找出法官所使用的正确的二难推理形式。

思 考 题

1. 什么是联言推理?
2. 什么是选言推理?相容选言推理只有一种有效式的原因是什么?
3. 充分条件假言推理有几种有效式?为什么?

4. 必要条件假言推理有几种有效式？为什么？

5. 充要条件假言推理有几种有效式？为什么？

6. 二难推理有几种有效式？驳斥二难推理的方法有哪些？

练 习 题

一、填空：

1. 选言推理包括_____和_____两种类型。

2. 相容选言推理有效式的名称是_____。

3. 充分条件假言推理的规则是_____；_____。

4. 必要条件假言推理的有效形式是_____、_____。

5. 前提中含有充分条件假言判断的二难推理的有效式名称是_____、_____、_____、_____。

6. 若 p←q 的值为假，则 p∧q 的值为_____, p∨q 的值为_____, q→p 的值为_____。

7. 若 p∨¬q 的值为假，则 p→¬q 的值为_____, ¬p→q 的值为_____, ¬p∨¬q 的值为_____, p∨q 的值为_____。

8. 在"(¬p_____q)→q"的横线上，填入常项符号_____，可构成有效的推理形式。

9. 以 p←(q∧r) 及 ¬p∧q 为前提，可得出结论_____。

二、下列推理各属于演绎推理的哪一种类型？写出相应的推理形式。

1. 我们既要加强物质文明建设，又要加强精神文明建设，所以，我们要加强精神文明建设。

2. 没有调查研究就没有发言权，他没有调查研究，所以，他没有发言权。

3. 一个人犯错误的原因或是主观因素或是客观因素，他犯错误不是由于客观因素，所以，是主观因素造成的。

4. 当且仅当按经济规律办事，经济建设则能顺利进展；过去我们没有按经济规律办事,所以,过去我们的经济建设不能顺利进展。

5. 只有改革价格体系,企业才能有活力,过去没有改革价格体系,所以,过去企业缺乏活力。

三、下列推理是否有效? 如无效,违反什么推理的什么规则?

1. 只有符合三段论格的规则,才能符合三段论的一般规则;这个三段论不符合三段论的一般规则,因此,它不符合三段论格的规则。

2. 性质判断的对当关系告诉我们:或者 SAP 假,或者 SEP 假;已知 SAP 假,所以,SEP 真。

3. 只要是全称判断的主项,它就是周延的;这个词项在某判断中是周延的,所以,它在这个判断中是全称判断的主项。

四、下列推理式中哪些是有效的?

1. (p∨q)∧p→q
2. (p∨q)∧¬q→p
3. (p→q)∧q→p
4. 如果 p,那么 q;p,所以,q。
5. 如果 p∧q,那么 r;r,所以,p∧q。
6. 如果 p∧q,那么 r∨¬s;¬r∧s,所以,¬p∨¬q。
7. 只有 p∧¬q,才 r∨s;¬p∨q,所以,r∧¬s。
8. 或者 p,或者¬q∧r;q∨¬r,所以,¬p。

五、下列推理是否有效? 如无效,请指出违反了哪条推理规则?

1. 只有无知之辈,才会鄙视知识;他尊重知识,可见他是有学问的。

2. 只要出现四个概念,那么该三段论就是错误的;这个三段论没出现四个概念,所以,这个三段论是正确的。

3. 作家只有深入生活,才能写出优秀的作品;马峰长期生活在山西农村,所以,他写出了优秀的小说。

4. 人们的表现不是先进的,就是落后的;既然小张不在先进的行列中,可见他是落后的。

5. 我家里人来信说,今年我们家乡不是丰收,我想那一定是歉收了。

6. 李明这次没有通过逻辑考试,因为他出差缺了课;而只有不缺课,才能通过逻辑考试。

7. 如果我们受到批评,那就表明我们有缺点;如果我们受到表扬,那就表明我们有优点;我们或者受到批评或者受到表扬,所以,我们或者有缺点或者有优点。

8. 如果写书,就会很劳累;如果不写书,就会很无聊;或写书或不写书,则或劳累或无聊。

六、多项选择题:

1. 以"只有合理调整物价,才能繁荣市场"为假言推理的一个前提,那么,它的另一个前提是( ),该推理才是有效的。

　　A. 合理调整了物价　　　　B. 没能繁荣市场
　　C. 繁荣了市场　　　　　　D. 没有合理调整物价

2. 以 r←(p∨q)为一前提,若再增加( )为另一前提,可有效地推得 r。

　　A. p　　B. q　　C. ¬p　　D. ¬q　　E. p∨q

七、图解题:

1. 已知下列三个条件,请推出 A、B、C、D、E 五个概念的外延关系,并将它们表示在一个欧拉图中。

A. 如果 A 不真包含 B,则 C 与 E 不全同。

B. 如果 B 不真包含 C,则 D 与 E 不全同。

C. C、D、E 三概念全同。

2. 一个主项与谓项均不周延的性质判断为真,请用欧拉图表示其主项(S)与谓项(P)可能具有的各种外延关系。

3. 有 A、B、C 三个概念,已知 C 真包含 A,A 真包含于 B,有的 C 不是 B,请用欧拉图将 A、B、C 三个概念在外延上可能有的关系表示出来。

八、表解题:

1. 试用真值表方法判定下列推理是否有效。

A. 要么小刘当选为团支部书记,要么小王当选为团支部书记;小王当选为团支部书记,所以,小刘没有当选。

B. 如果一个概念是否定判断的谓项,那么这个概念就是周延的;这个概念是否定判断的谓项,所以,这个概念是周延的。

C. 只有符合了三段论格的规则,才能符合三段论的一般规则;这个三段论符合格的规则,所以,它一定符合三段论的一般规则。

D. 了解情况,才能避免主观性;此人不了解情况,可见此人不能避免主观性。

2. 列出 A、B、C 三个判断的真值表,并回答 A、B、C 中是否有等值判断。

A. 并非小张学习好且身体好。

B. 小张学习不好且身体不好。

C. 小张学习不好或身体不好。

3. 列出 A、B 两判断的真值表,并回答 A 与 B 是否为反对关系判断。

A. 并非或者你不正确,或者我不正确。

B. 并非如果你不正确,则我就正确。

九、证明题:

1. 已知:(1)只有 MOS 假,MOP 才真;(2)MIP 假。

求证:SOP 真

2. 已知:(1)如果 P 不真包含于 M,则 S 与 P 全异;(2)如果 S 不与 M 交叉,则 S 与 P 交叉;(3)S 不与 P 全异,也不与 P 交叉。

求证:S 真包含 P。

十、综合题:

下面 A、B、C 三式两真一假,试推出 ¬r∨¬s 的值是什么?

A. r→p   B. s→q   C. p∧q

第七章 模态判断及其推理

第一节 模态判断

一、什么是模态判断

从广义上讲,模态判断是包含模态词的判断。模态词有广义和狭义之分。广义的模态词包括真值模态词"必然"、"可能"和规范模态词"禁止"、"允许"、"必须"等;狭义的模态词仅指真值模态词"必然"、"可能"。按照通常的做法,本章仅涉及狭义模态词。在这个意义上,"模态"一词是指判断对象与它所具有的属性之间联系的确实程度;模态判断是断定事物可能性或必然性的判断。例如:

① 金属受热必然膨胀。
② 地球人有可能登上火星。

金属受热与膨胀的联系具有必然性,而地球人登上火星则只是一种可能性。句中的"必然"、"可能"都可称作模态词。它们在句中的位置是没有限制的,可以在句首,也可在句末,或在句中,构成谓项的组成部分。

二、模态判断的种类

(一)可能判断

可能判断即断定事物情况的可能性的判断。可能判断又可分为可能肯定判断和可能否定判断。

1. 可能肯定判断是断定对象情况可能存在的判断。例如，"今年大学毕业生就业可能比较困难"，断定今年大学毕业生就业出现困难的可能性是存在的。

可能肯定判断可表示为："S 可能是 P"或"S 是 P 是可能的"，还可简化为"可能 p"或"◇p"（其中 p 表示判断，◇为可能模态词的符号）。

2. 可能否定判断是断定对象情况可能不存在的判断。例如，"明天可能不下雨"，断定明天下雨的情况可能不存在。

可能否定判断可表示为："S 可能不是 P"或"S 不是 P 是可能的"，还可简化为"可能┐p"或"◇┐p"。

（二）必然判断

必然判断即断定事物情况必然性的判断。必然判断又可分为必然肯定判断和必然否定判断。

1. 必然肯定判断是断定事物情况必然存在的判断。例如，"生物的新陈代谢是必然的"，断定生物的新陈代谢的必然性是存在的。

必然肯定判断可表示为："S 必然是 P"或"S 是 P 是必然的"，还可简化为"必然 p"或"□p"（p 表示判断，"□"为必然模态词的符号）。

2. 必然否定判断是断定事物情况必然不存在的判断。例如，"谎言必然不能长久骗人"，断定谎言长久骗人的必然性是不存在的。

必然否定判断可表示为："S 必然不是 P"或"S 不是 P 是必然的"，还可简化为"必然非 p"或"□┐p"。

三、模态判断之间的关系

当素材相同时，不同类型的模态判断之间也同性质判断一样存在着真假方面的对当关系，因此也可以用模态逻辑方阵图来表示。

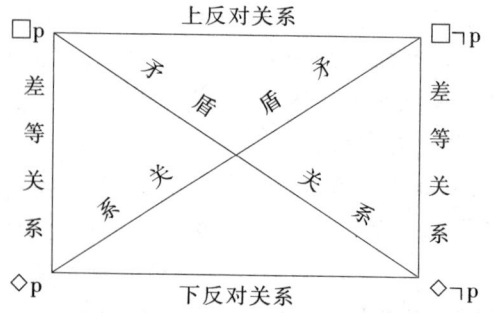

1. 反对关系

反对关系是必然肯定判断与必然否定判断之间的关系。例如：

　　除地球外的其他天体上必然有生命存在($\Box p$)；除地球外的其他天体上必然没有生命存在($\Box \neg p$)。

二者关系是：

$\Box p$ 真，则 $\Box \neg p$ 假；$\Box p$ 假，则 $\Box \neg p$ 不定。

$\Box \neg p$ 真，则 $\Box p$ 假；$\Box \neg p$ 假，则 $\Box p$ 不定。

即可同假不可同真，为反对关系。

前者($\Box p$)假是由下列情况引起的：①由于其他天体确实没有生命存在，则在此情况下后者($\Box \neg p$)为真；②由于其他天体"可能"（而不是必然）有生命存在，则在此情况下后者为假。因此前者假时后者真假不定。至于后者假时前者真假不定，其道理是一致的，这里不再赘述。

2. 下反对关系

下反对关系是可能肯定判断与可能否定判断之间的关系。例如：

　　其他天体上可能有生命存在($\Diamond p$)；其他天体上可能没有生命存在($\Diamond \neg p$)。

二者关系是：

$\Diamond p$ 假，则 $\Diamond \neg p$ 必真；$\Diamond p$ 真，则 $\Diamond \neg p$ 不定。

$\Diamond \neg p$ 假，则 $\Diamond p$ 必真；$\Diamond \neg p$ 真，则 $\Diamond p$ 不定。

即可同真不可同假,为下反对关系。

前者真(◇p 真)是由下列情况之一引起的:① 由于其他天体"必然"有生命存在,则在此情况下后者为假;②由于其他天体确实只是"可能"有生命存在,则在此情况下后者为真。因此前者真时后者真假不定。至于后者真时前者真假不定,其道理是一致的,这里不再赘述。

3. 矛盾关系

矛盾关系是必然肯定判断与可能否定判断、必然否定判断与可能肯定判断之间的关系。两组判断的逻辑关系相同,以前组为例,如:

其他天体必然有生命存在(□p);其他天体可能没有生命存在(◇¬p)。

二者关系是:

□p 真,则◇¬p必假;□p 假,则◇¬p必真。

◇¬p真,则□p必假;◇¬p假,则□p必真。

后一组"必然否定判断与可能肯定判断"之间的关系是:

□¬p真,则◇p必假;□¬p假,则◇p必真。

◇p 真,则□¬p必假;◇p 假,则□¬p必真。

即不同真也不同假,为矛盾关系。

4. 差等关系

差等关系是必然肯定判断与可能肯定判断、必然否定判断与可能否定判断之间的关系。两组判断的逻辑关系相同,以后一组为例,如:

其他天体必然没有生命存在(□¬p);其他天体可能没有生命存在(◇¬p)。

二者关系是:

□¬p真,则◇¬p必真;□¬p假,则◇¬p不定。

◇¬p假,则□¬p必假;◇¬p真,则□¬p不定。

前一组"必然肯定判断与可能肯定判断"之间的关系是:

□p 真,则◇p 必真;□p 假,则◇p 不定。

◇p 真,则□p 不定;◇p 假,则□p 必假。
即可同真同假,为差等关系。

四、如何正确运用模态判断

只有准确把握和区分各种模态判断的逻辑特性,才能按照客观事物的规律正确构造并运用模态判断。

一般来说,使用模态判断有以下两种情况:一是用模态判断来如实反映事物本身客观存在的必然性与可能性,如"生物的新陈代谢是必然的"就是反映生物本身实际存在的必然性,这是涉及事物自身的模态判断;二是当人们对某种客观事物性质还不能完全确定或对情况还不清楚时使用模态判断,如"明天可能会下雨"是涉及主体认识的模态判断。只有首先正确区分这两种模态判断,然后尽量按事物自身应有的形态、规律来构造和运用模态判断,这样才能使模态判断如实、准确、恰当地反映客观事物本身的实际情况,避免逻辑错误。例如:

① 这幅画画得这样好,肯定是名家画的。
② 这个学生数学成绩这样差,英语肯定也好不了。
③ 今晚月亮周围有风圈,明天一定会刮风。
④ 一个企业要搞好,可能要有一个好的带头人。

在例①、例②中,主体的认识有可能没有如实反映事物的形态;在例③、例④中,主体则没有把握住事物自身的规律,构造了不恰当的模态判断。

第二节 模态推理

模态推理是以模态判断为前提或结论的推理。模态推理有多种类型,现介绍两种简单的类型。

(一)根据模态逻辑方阵进行推演的模态推理

模态逻辑方阵中同素材的四种类型模态判断之间存在对当关

系。根据这种对当关系所进行推演的模态推理主要的类型有：

1. $$\frac{必然 p}{\therefore 可能 p}$$

用符号可表示为：$\Box p \to \Diamond p$

例如：

$$\frac{骄傲自满必然会落后，}{\therefore 骄傲自满可能落后。}$$

2. $$\frac{必然非 p}{\therefore 可能非 p}$$

用符号可表示为：$\Box \neg p \to \Diamond \neg p$

例如：

$$\frac{搞阴谋必然不会有好结果，}{\therefore 搞阴谋可能不会有好结果。}$$

3. $$\frac{必然 p}{\therefore 不可能非 p}$$

用符号可表示为：$\Box p \to \neg \Diamond \neg p$

例如：

$$\frac{这件事必然会发生，}{\therefore 这件事不可能不发生。}$$

4. $$\frac{可能非 p}{\therefore 并非必然 p}$$

用符号可表示为：$\Diamond \neg p \to \neg \Box p$

例如：

$$\frac{病人可能没有危险，}{\therefore 并非病人必然有危险。}$$

5. 必然非 p
    ─────────────
    ∴ 不可能 p

用符号可表示为：□¬p→¬◇p

例如：

　　　这次见面必然不愉快，
　　─────────────────
　　∴ 这次见面不可能愉快。

6. 可能 p
    ─────────────
    ∴ 并非必然非 p

用符号可表示为：◇p→¬□¬p

例如：

　　　壶里可能有开水，
　　─────────────────
　　∴ 并非壶里必然没开水。

7. 必然 p
    ─────────────
    ∴ 不必然非 p

用符号可表示为：□p→¬□¬p

例如：

　　　新生事物必然战胜腐朽事物，
　　─────────────────────────
　　∴ 新生事物并非必然不能战胜腐朽事物。

8. 必然非 p
    ─────────────
    ∴ 不必然 p

用符号可表示为：□¬p→¬□p

例如：

　　　好书必然不会闲置，
　　─────────────────
　　∴ 好书并非必然会闲置。

(二) 根据"实然"和"必然"、"可能"的关系进行推演的模态推理

"实然"即现实对象确实的情况,"实然判断"就是断定现实对象确实情况的判断,也称非模态判断。实然判断一般不用"实然"一词表示,而用"p"和"非p"分别表示实然肯定判断和实然否定判断。根据"实然"和"必然"、"可能"的关系进行推演的模态推理主要的类型有:

1.   必然 p
  ─────────
    ∴p

用符号可表示为:□p→p
例如:

  好学生必然有好的学习习惯,
  ──────────────
   ∴好学生有好的学习习惯。

2.   p
  ─────────
   ∴可能 p

用符号可表示为:p→◇p
例如:

  好学生有好的学习习惯,
  ────────────
  ∴好学生可能有好的学习习惯。

3.   必然非 p
  ─────────
   ∴非 p

用符号可表示为:□¬p→¬p
例如:

  今天必然不下雨,
  ──────────
   ∴今天不下雨。

4.   非 p
  ─────────
   ∴可能非 p

用符号可表示为：¬p→◇¬p

例如：

今天不下雨，
∴ 今天可能不下雨。

思 考 题

1. 什么是模态判断？
2. 狭义的模态判断有哪几种类型？
3. 模态逻辑方阵的内容是什么？
4. 什么是模态推理？
5. 简单的模态推理有哪几种类型？

练 习 题

一、填入适当的模态词：

1. 随着社会实践和科学技术的发展，客观事物迟早_____为我们所认识。

2. 李老师从来都是按时上课的，可是他今天却没来上课。我想他_____生病了。

3. 教与学脱节，_____造成教学质量下降。

4. 长时间的心情抑郁_____会导致肉体上的各种疾病。

二、根据模态方阵填空：

1. 已知□p真，可知□¬p _____，◇p _____，◇¬p _____。
2. 已知□¬p假，可知□p _____，◇p _____，◇¬p _____。
3. 已知◇p假，可知□¬p _____，□p _____，◇¬p _____。
4. 已知◇¬p真，可知□p _____，□¬p _____，◇p _____。

三、下列各组模态判断是否等值？

1. "并非所有的人都必然喜欢体育"与"必然所有的人都不喜欢体育"。

2."有的人可能生活很不幸"与"并非所有的人必然生活都幸福"。

3."明天小王可能不来参加讨论会"与"明天小王可能来参加讨论会"。

4."月球运行于太阳与地球之间必然发生日食"与"月球运行于太阳与地球之间可能不发生日食"。

四、指出下列模态推理的形式,并说明它是否有效?

1. 今年的物价不必然会涨,所以,今年的物价必然不会涨。

2. 小王不可能住在他家,所以,小王必然不住在他家。

3. 患感冒的人必然不会住院,所以,患感冒的人不可能住院。

4. 李军可能住在三楼,所以,李军不可能住在五楼。

第八章　普通逻辑的基本规律

普通逻辑的基本规律是关于思维的逻辑形式的规律。它包括同一律、矛盾律和排中律。这三条规律对于各种思维形式具有规范性和强制性。遵守普通逻辑的基本规律，是正确思维的基本条件。

思维的各种逻辑形式都有各自的特点，人们在使用这些逻辑形式时，必须注意它们的特点，遵守相应的规则。例如，给一个概念下定义或进行划分，必须遵守定义或划分的规则；对一个判断进行换质或换位，必须遵守换质推理或换位推理的规则。这些具体规则实际上都体现了相关逻辑形式的内在规律。这些规律适用于局部，是特殊规律。而同一律、矛盾律、排中律这三条规律则是普遍适用于任何一种思维的逻辑形式的，它们体现了思维特有的内在的联系，是运用任何逻辑形式都必须遵循的总的原则。

同一律、矛盾律、排中律作为普通逻辑的基本规律，最充分地体现了逻辑思维的本质。逻辑思维的基础是思想的确定性，它具体表现为思想的同一性、无矛盾性、明确性，而同一律、矛盾律、排中律正是分别概括了逻辑思维这三方面的特性，集中体现了思想的确定性，因此这三条规律也就成为进行正确思维活动所必须遵循的基本前提。违反了这三条规律，思维活动就不能正常地进行，就会出现思想前后不一致、自相矛盾、模棱两可等问题，就不能认识真理和准确地表达思想。

普通逻辑的基本规律是思维方面的规律，是人们在长期实践的基础上对思维活动规律性的概括和总结。它来自客观，是对客观事物本身所具有的相对固定性的反映，但它又不是客观事物本身的规律。因此，它既不是人们头脑中所固有的，又不等同于客观事物,而是人类思维活动中应遵循的普遍规律。

第一节 同一律

一、同一律的内容及其公式

同一律的基本内容是:在同一思维过程中,每一思想自身都具有同一性。

同一律的公式是:A 是 A。这里的 A 为任一思想,即任一概念或任一判断。用符号表示为:A→A。其含义是:在同一思维过程中,每一概念、判断的内容都是确定的;同时,每一判断的逻辑值也是确定的。即如果 A 是真的,那么它就是真的;如果 A 是假的,那么它就是假的。

由于 A→A 这一蕴涵式的前、后件是相同的,所以又可表达为 A↔A,即 A 自身是自身的充分必要条件。这就是思想具有同一性的逻辑表达。

同一律作为思维规律,其基本精神是要求在思维过程中,每一思想要有确定性和前后一致性,即自身要具有同一性,不要含混不清,不要中途变换、转移。思想的这种确定性是思维内容(即思维对象及其属性)的相对静止不变性和质的相对稳定性在抽象思维中的反映。

同一律是具有现实针对性的思维规律。例如,某语文教师布置一道作业题:请用"精益求精"这个成语造句。学生甲这样造句:"'精益求精'是个成语。"学生乙这样造句:"'精益求精'就是好了还要更好。"

按照用成语造句的要求,这两个句子是不合要求的,因为它们都违反了同一律。教师的要求是:"精益求精"这个词在所造的句子中应当作为对象语言来使用,可是,学生甲、乙都改变了这一要求。在他们所造的句子中,虽然用到"精益求精"这个词,但这个词不是作为对象语言来反映客观事物的状态,而是作为"元语言"使用的,两个句子都是对该词语作理论说明。这就背离了教师布置作业的要求。也就是说,学生甲、乙完成作业的思维活动,没有与教师布置作业所要求的思维活动保持同一性,因而违背了同一律。

应当注意的是:同一律所说的思想自身具有同一性,是有条件的。这个条件就是同一思维过程。所谓同一思维过程,是指在同一时间、同一关系(或同一方面)情况下,对于同一对象的思维而言的。同一时间是指思维对象处于相对静止、质的相对稳定阶段,否则思维对象就会呈变动状态,就可能发生质的根本变化,该思想也就应随之发生变化,它就不再具有原来的自身同一性。同一关系主要指思维对象的同一方面。任何事物都是多种规定性的统一,因而具有很多方面。若是就不同方面而言,即在不同关系情况下,人们所使用的概念、判断可以是不同一的。例如:

虽然周恩来总理早已离我们而去了,但他却永远活在我们每个人心中。

这一判断并不违反同一律,因为前后两部分所包含的"离我们而去"、"活"的概念分别是就肉体与精神两方面而言的,并不是概念自身含混不清,前后不一致。

二、同一律的逻辑要求

作为思维规律,同一律具有客观性,它对于人们的思维活动必然具有制约作用,因而也就对其提出了相应的逻辑要求。

同一律的逻辑要求是:在同一思维过程中,所使用的概念必须确定,保持同一;所使用的判断必须确定,保持同一。

所谓概念必须确定,是说概念的内涵与外延必须确定,不能含混不清。概念必须保持同一,是说概念在同一思维过程中前后必须始终如一,不能随意改变。如果一个概念内涵模糊,外延游移不定,难以捉摸,不能确有所指,或者所指不能前后一致,就一定会出现思维混乱。

所谓判断必须确定,是说在同一思维过程中,在运用判断作出推理或进行论证时,必须做到每一个判断都有确定的内容,一个判断断定的对象和属性及真假值都应当是确定的,不能言之无物,也不能含糊其辞。判断必须保持同一,是说一个判断断定了什么对象的什么属性,就始终断定了什么对象的什么属性,不能中途变换。一个判断是真的,就始终是真的,是假的,就始终是假的,不能忽真忽假。如果一个判断所断定的对象或属性或真假值不确定,或前后不一,那么思维将无法顺利进行下去,同样会产生思维混乱。

同一律所要求的思想的确定性与前后一致性,并不否认客观事物的变化、发展,也不否认人们思想的变化发展。当客观事物发生质变或显著变动时,人们的思想也应跟着变化发展,作为思维形式的概念判断应当有容纳这种变化发展的机制。在这种情况下,辩证逻辑的规律会发生作用,但是,即使在这种情况下,同一律同样起作用。

三、违反同一律的逻辑错误

(一)混淆概念和偷换概念

混淆概念或偷换概念即把不同的概念当作同一个概念来使用。无意识地这样做称为混淆概念,有意识地这样做,称为偷换概念。混淆概念或由于对思维对象缺乏真切的认识,或由于缺乏逻辑素养所造成。例如:

> 我对法律上规定"公开审判要有律师为被告辩护"有意见。犯罪怎么还要辩护?这是站到什么立场上去了?

说这句话的人,由于缺乏法律知识而把"被告"误当作"罪犯"了,混淆了"被告"与"罪犯"两个不同的概念,把它们当作同一个概念来使用。事实上,被告是指在民事和刑事案件中被控告的人,而"罪犯"则是指经法院认定的有犯罪行为的人,两者有不同的内涵和外延,被告不一定就是罪犯。说这句话的人还混淆了"辩护"和"开脱"这两个不同的概念。法律条文中所说的为被告辩护,既包括为没有犯罪行为的被告作"无罪"的辩护,也包括为有犯罪行为的被告作辩护，无论哪种情况，其辩护都只是为维护被告的合法权益进行申辩，而不是对犯罪行为本身的开脱。总之，说这句话的人混淆了概念，而概念的混淆，不是出于有意而是出于认识不清。

偷换概念则是故意将不同的概念当作同一个概念来使用。搞诡辩的人经常用这种偷换概念的手法颠倒黑白，混淆视听，使人受骗上当。

例如，在火车车厢里，一个小伙子在人群中左推右搡，用力向座位挤去。一位老者对小伙子说："年轻人，别挤了，硬座席上已经坐满人了。"小伙子毫不在乎地说："老先生，没办法，我买的就是硬坐（座）票。"

（二）转移论题和偷换论题

在同一思维过程中，不自觉地把不同的论题（判断、论点）当作相同的论题而加以取代所导致的论述中心转移，称为转移论题。例如：

> 青年人应该有远大的理想，因为青年是祖国的未来。也就是说，什么样的青年最理想呢？体魄健全、思想进步才是最理想的青年……

说这句话的人忽视了"青年人应当有远大理想"与"什么样的青年最理想"是两个不同的论题，在论述中不自觉地用后者取代了前者，从而转移了论题。

为了达到某种目的而有意转移论题被称为偷换论题。例如：

> 老师：王某，假如你在上课时再聊天，我就把你送到校长那儿去。
>
> 学生王某：噢，原来校长也爱和人聊天啊！

问答属于同一思维过程，师生应当围绕同一个论题发表意见，但学生王某故意歪曲老师的原意，把老师对他违纪行为的批评偷换为校长要和人聊天，从而拒绝老师批评。这个学生犯的是偷换论题的逻辑错误。

第二节 矛盾律

一、矛盾律的内容及其公式

矛盾律的基本内容是：在同一思维过程中，互相否定的思想不能同时是真的。

矛盾律的公式是：A 不是非 A，或者说，A 不能既是 A 又是非 A。其中 A 为任一概念或任一判断。用符号表示为：$\neg(A \wedge \neg A)$。其含义是：A 真且非 A 真是不可能的。也可以说，A 与非 A 之中，不能同为真，其中至少有一假。$A \wedge \neg A$ 是对逻辑矛盾的刻画。

矛盾律的基本精神是：在同一思维过程中，任何一种思想，不能既反映某对象、某属性，又不反映某对象、某属性，一个判断 A 和它的否定"非 A"不能都是真的。或者说，A 与非 A 同真是自相矛盾、不能允许的。这种思维活动中存在的违反矛盾律的形式错误被称为逻辑矛盾，人们应尽力避免。在此意义上，矛盾律也称不矛盾律。

我国古代思想家对于矛盾律的认识非常深刻。《韩非子·难势》中有一则寓言："人有鬻楯与矛者，誉其楯之坚，'物莫能陷也'。俄而又誉其矛曰：'吾矛之利，物无不陷也。'人应之曰：'以子之矛陷子之楯，何如？'其人弗能应也。"这则寓言揭示了这个卖楯与矛的人言论中的自相矛盾。韩非总结说："不可陷之楯与无不陷之矛，不可同世而立。"这是对矛盾律的形象概括。

矛盾律要求在同一思维过程中，必须排除自相矛盾的思想。如果容许自相矛盾的思想在同一思维过程中存在，那就意味着认定一种思想自身及其否定同时为真，但这种判定是不符合事实的。

矛盾律似乎简单，其实不然。遵守矛盾律，是对思维的一个很高的要求。它所要避免的逻辑矛盾往往深藏在思想的深处，须经过深入探索才能被发现。请看下面一段对话：

甲：妙极了！那么，照你这样说，就没有什么信念之类的东西了？

乙：没有，根本不存在。

甲：你就是这样确信的吗？

乙：对。

乙的话表面上合乎逻辑，没有违反矛盾律，但经仔细推敲，可以发现他的回答是有逻辑错误的。他开始说没有任何信念，即任何一种思想他都不相信，都不"确信"，但在甲的追问下，他又"确信"了"没有信念之类的东西"这一思想。这样一来，乙就由不确信任何思想变为确信一种思想了，这就陷入了自相矛盾，违反了矛盾律。

矛盾律是同一律的引申和发挥。既然根据同一律，A 是 A，即 A 只能是 A，那么，A 与非 A 就不能同时为真。如"所有小说都是优秀作品"与"有的小说不是优秀作品"、"所有会议都重要"与"有的会议不重要"、"这辆汽车是桑塔纳牌"与"这辆汽车不是桑塔纳牌"，这三组判断中的每两个判断都是互相否定的判断，因而不能同时为真。

从属性上讲，矛盾律是与克服思维确定性的破坏因素——逻辑矛盾——有关的规律。因此，它也是关于思维确定性的规律。可以说，同一律是以肯定形式表达的思维确定性的规律，而矛盾律则是以否定的形式表达的思维确定性的规律。

二、矛盾律的逻辑要求

矛盾律的内容决定了它对人们的思维活动有如下的逻辑要求：在同一思维过程中，具有反对关系或矛盾关系的概念不能同时用来反映同一事物；具有反对关系或矛盾关系的判断不能同时给予肯定（即不能同真），其中至少有一假。如"缺席的到会者"、"勇敢的懦夫"、"白色的红花"等都是同时用两个矛盾的或反对的概念来反映同一对象，这是违反矛盾律的逻辑要求的。又如：

① 我跟他学过号子，都忘了，依稀记得这么几句……

② 文学作品是社会生活的反映,同时也不是社会生活的反映。

例①在同一思维过程中,同时肯定两个具有矛盾关系的判断;例②同时肯定两个具有反对关系的判断。两例都违反了矛盾律的逻辑要求。

需要指出的是,矛盾律的逻辑要求只适用于同一思维过程中的同一对象,而不适用于不同思维对象。即使对于同一思维对象,如果不是在同一时间或同一关系情况下,互相否定的概念或判断还是允许并列使用的。例如：

① 中学时代,他是我的同学。大学时代,他不是我的同学。

② 下雨既有利,又有害。

例①对于同一对象"他"作出的相互否定的判断不处在同一时间下;例②对于同一现象"下雨"作出的相互否定的判断不是就同一方面而言。因此两例都不违反矛盾律。同时,我们还必须看到,矛盾律只要求排除思维中的逻辑矛盾,但并不否认客观世界存在的现实矛盾。凡正确反映现实矛盾的思想是不会形成逻辑矛盾的,只有歪曲现实矛盾的思想才会导致逻辑矛盾。

三、违反矛盾律的逻辑错误

违反矛盾律的逻辑错误是"自相矛盾"。自相矛盾是指在同一思维过程中用两个互相反对或互相矛盾的概念去反映同一对象,或者同时认定两个互相反对或互相矛盾的判断均为真。这种逻辑错误因承认两个互相否定的思想同时存在,因而又称为"两可"错误。例如：

全市卫生先进单位,脏乱差的典型春风食品店共有职工250人。

"全市卫生先进单位"与"脏乱差的典型"是两个反对概念,同

时用来指称春风食品店,就是自相矛盾,犯了"两可"错误。又如:

> 他走进食堂一看,菜都卖光了,于是只好买了一份熬白菜。

既然菜都卖光了,又怎能"买了一份熬白菜"呢?同时肯定这样两个相互矛盾的判断,显然是自相矛盾,同样犯了"两可"错误。

有一种特殊的逻辑矛盾称为"悖论"。所谓悖论是这样一种判断:由这一判断的真,可推出它是假的;由这一判断的假,可推出它是真的。

逻辑史上有一著名悖论称作"理发师悖论"。它的内容是:某村有个理发师,他规定只给而且一定要给那些不给自己刮胡子的人刮胡子。现在要问:他给不给自己刮胡子?对这一问题作出判断时就出现了悖论。如果作出判断:"他给自己刮胡子",并确认其为真,那么,按他的规定,他不给自己刮胡子,即原判断为假;如果确认"他不给自己刮胡子"为真,即原判断为假,那么,按照他的规定,他给自己刮胡子,即原判断为真。可见,悖论实际上是同时断定一个判断既真又假,这当然是逻辑矛盾。关于悖论形成的原因与解决悖论的方法有多种理论。有一种理论认为,关于某思维对象的断定,不能指向思维主体自身,若指向自身,就会出现悖论。上述理发师悖论中,理发师的规定当指向他自己时就出现了悖论。对于悖论的研究可以推动逻辑学的发展,促进辩证思维理论的提出和发展。

第三节 排中律

一、排中律的内容及其公式

排中律的基本内容是:在同一思维过程中,两个互相否定的思想必有一个是真的。

排中律的公式是:或者 A,或者非 A。其中 A 为任一概念或任一判断。用符号表示为:$A \vee \neg A$。其含义是:A 与非 A 中必有一个是真的。这个公式是用相容选言判断的形式来表达 A 与非 A 之间关系,其中的两个选言支已穷尽了一切可能,排除了第三者,即没有中间的可能性存在,由此可知:两个选言支至少有一个是真的。但是这两个选言支是 A 与非 A,根据矛盾律,是不能同真的。因此,A∨¬A 表示只能在 A 与非 A 中间有一真且只有一真。

排中律的基本精神是:在同一思维过程中,任何一种思想,或者反映某对象,或者不反映某对象,二者必居其一,第三种情况是不存在的。也就是说,两个互相否定的思想,不能都否认,其中必有一个是真的。例如:

> 关于历史上的清官应不应当肯定的问题,有的同志认为清官都应当肯定,有的同志则认为有的清官不应当肯定。这两种观点我都不同意。

这里,"清官都应当肯定"和"有的清官不应当肯定"是两个互相否定的思想,其中必有一真,不能都否认。"这两种观点我都不同意",讲话人的这种说法违反了排中律的逻辑要求。

排中律的逻辑意义是:在 A 与非 A 中,必有一真,不能都否认。所以,排中律要求思想要有内容,不能言之无物。否则,一种思想什么都不是,思想也就没有确定性了。可见,排中律也是关于思维确定性的规律。例如:

> 我不认为他是有罪的,但也不认为他是无罪的。

说这句话的人,实际上等于什么也没有说,对于这个思维对象"他"究竟有没有犯罪,没有任何明确的思想,这就违背了排中律。

二、排中律的逻辑要求

排中律对思维的逻辑要求是:具有矛盾关系的概念不能都不反映某一相应的对象;具有矛盾关系或下反对关系的判断,不能同时予以否定,其中必有一真。这就是说,排中律的适用范围是矛盾概念与矛盾判断或下反对判断。若越出上述界限,则允许第三种

情况存在,允许不排中。例如:

> 某人既不是先进工作者,也不是落后分子。

这个判断不违反排中律,因为某人可以处于既不先进也不落后的中间状态,这种情况是存在的。

排中律不反对人们因对事物的认识尚不深入而暂不作出明确断定的态度。例如:

> 关于人体究竟有没有特异功能这个问题,我还不大清楚。因此我不能说一定有,也不能说一定没有。

这种说法并不违反排中律的逻辑要求。

排中律也不要求对复杂问语作出非此即彼的回答。这里所说的复杂问语是指其中隐含着对方没有承认或根本不能接受的假设。因而无论直接给予肯定回答或否定回答,都等于在事实上接受了问语中的错误假设。例如,有人问你:"你还偷东西吗?"这就是一个复杂问语。一个人从未偷过东西,那么就不能在"还在偷"或"已不偷"这两种可能性中二者择其一,而应当不予回答或指责对方隐含假设的错误。这样做不违反排中律。

排中律与同一律、矛盾律一样,也仅仅在同一思维过程中才起作用,否则便不违反排中律。例如:

> 我国土地可耕面积从数量上看不算少,但从人均耕地面积看,就少得可怜了。

对于我国土地可耕面积,"少"与"不少"是矛盾概念,但同时给予了否定,这并不违反排中律,因为考察的方面、角度不同。

三、违反排中律的逻辑错误

违反排中律的逻辑错误是"模棱两可"。实际上是"模棱两不可",即对两种互相否定的思想都采取不承认态度。例如:

> 搞中外合资企业是否卖国?我看说卖国不对,说不是卖国也不对。

"搞中外合资企业是卖国"和"搞中外合资企业不是卖国"这两个判断是矛盾关系，不能同时予以否定。因此这种说法违反了排中律。

违反排中律的原因或是对有关实际情况认识不清，或是由于某种原因不愿在是非面前明确表态，以求回避矛盾。

四、同一律、矛盾律、排中律的联系与差别

同一律、矛盾律、排中律均要求思想有确定性，这是三条规律的共同点。但三条规律又有区别，它们在反映思维确定性时所处的角度是不同的。

同一律是从正面要求在同一思维过程中一种思想应保持自身的确定性，不能变换成另外一种思想。

矛盾律是从反面要求一种思想确保自身的确定性，如果有与某种思想具有矛盾关系或反对关系的另一思想同时出现，那就必须认定二者之中必有一假，并将其排除掉。

排中律是从一种思想必须是明确的断定这一角度要求思维的确定性，规定两种互相否定的思想必有一个是真的。

可见，三条规律的逻辑目的相同，但方法不同。同一律是基础，矛盾律、排中律是同一律的引申和保证。同一律要求首尾一贯，矛盾律要求二者只能择一，排中律要求二者必须择一，三条规律共同保证思维的确定性、不矛盾性、明确性。

这三条规律中容易混淆的是矛盾律和排中律，因此，有必要了解它们的具体区别：

1. 二者适用范围不同。矛盾律适用于矛盾概念或反对概念之间，反对判断或矛盾判断之间；排中律适用于矛盾概念之间，矛盾判断或下反对判断之间。

2. 二者逻辑要求不同。矛盾律要求一种思想及其否定不能同真，排中律要求一种思想及其否定不能同假。矛盾律要求不能肯定过多，排中律要求不能不予肯定。

3. 违反规律所犯的逻辑错误不同。违反矛盾律犯的逻辑错

误是"自相矛盾",违反排中律犯的逻辑错误是"模棱两可"。

值得注意的是,在具体思维活动中,三条规律都在起作用。因此,在错误思维活动中,有时可能同时违反几条规律,犯几种错误。

五、如何确定矛盾关系判断以及反对关系判断

了解了矛盾律和排中律的具体区别,就会懂得:在运用矛盾律和排中律时,都涉及该思维过程中的矛盾关系判断或者反对关系判断。自然,要想正确运用逻辑基本规律,首先就要分清这两种不同的判断。区分矛盾关系判断和反对关系判断,可从判断的类型入手。常见的有以下几种情况:

1. 该思维过程涉及性质判断之间的关系。当主项、谓项都相同时,主要根据性质判断的逻辑方阵来确定相应的矛盾关系判断和反对关系判断。即:

反对关系判断:SAP 与 SEP

下反对关系判断:SIP 与 SOP

矛盾关系判断:SAP 与 SOP;SEP 与 SIP;"某个 S 是 P"与"某个 S 不是 P"

2. 该思维过程涉及两个单称肯定判断之间的关系。当这两个判断的主项相同而谓项不同时,就要由这两个谓项之间的关系来决定两个判断之间的关系,即:看"某个 S 是 P"与"某个 S 是 Q"的谓项 P 和 Q 的关系:

当 P 与 Q 是反对关系时,这两个判断是反对关系;

当 P 与 Q 是矛盾关系时,这两个判断是矛盾关系。

3. 该思维过程涉及模态判断之间的关系。当主项、谓项都相同时,就可以根据模态判断的逻辑方阵来确定相应的矛盾关系判断和反对关系判断。即:

反对关系判断:□p 与 □¬p

下反对关系判断:◇p 与 ◇¬p

矛盾关系判断:□p 与 ◇¬p;□¬p 与 ◇p

4. 该思维过程涉及复合判断之间的关系。可以根据真值表确定两个判断之间的关系。即：

反对关系判断：不能同真但可以同假的任意判断。

下反对关系判断：不能同假但可以同真的任意判断。

矛盾关系判断：不能同真也不能同假的任意判断。

5. 该思维过程涉及复合判断之间的关系。也可以根据负判断的等值判断来确定已知判断的矛盾关系判断。例如：

问：p∧q的矛盾关系判断是什么？

答：因为┐（p∧q）与┐p∨┐q是等值的，所以，p∧q的矛盾关系判断就是┐p∨┐q。

运用逻辑基本规律，通过分析现有的前提知识之间的关系，找出矛盾关系判断或反对关系判断后，可以进行有效的推理，从而找到问题的答案。例如：

甲、乙、丙、丁四人在一起议论本班同学申请建设银行的学生贷款的情况。

甲：我班同学都已申请了贷款。

乙：如果班长申请了贷款，那么学习委员就没申请。

丙：班长申请了贷款。

丁：我班有人没有申请贷款。

已知四人中只有一人说假话，那么，可以推知以下哪个判断必然成立？

A. 甲说假话，班长没申请。

B. 乙说假话，学习委员没申请。

C. 丙说假话，班长没申请。

D. 丁说假话，学习委员申请了。

E. 甲说假话，学习委员没申请。

根据排中律，甲与丁的话必有一假，然后，根据已知条件可知：乙、丙的话均为真，于是可以推知：该班学习委员没申请贷款。由学习委员没申请贷款，可知丁的话为真，甲的话为假。所以判断E必然成立。

思 考 题

1. 普通逻辑的基本规律有哪些?
2. 同一律的内容和公式是什么?同一律的逻辑要求及违反同一律的逻辑错误是什么?
3. 矛盾律的内容和公式是什么?矛盾律的逻辑要求及违反矛盾律的逻辑错误是什么?
4. 排中律的内容和公式是什么?排中律的逻辑要求及违反排中律的逻辑错误是什么?
5. 同一律、矛盾律、排中律的联系与区别是什么?

练 习 题

一、填空:

1. 同一律的内容是_____。
   同一律的公式是_____。
2. 矛盾律的内容是_____。
   矛盾律的公式是_____。
3. 排中律的内容是_____。
   排中律的公式是_____。
4. 排中律与矛盾律的要求不同:矛盾律要求对具有_____关系或_____关系的判断不能同时加以_____,排中律则要求对具有_____关系或_____关系的判断不能同时加以_____。
5. 根据矛盾律,能够由一个判断为_____推出相应的另一判断为_____;根据排中律,能够由一个判断为_____推出相应的另一判断为_____。
6. "因循守旧不一定都是错误的,例如研究中国古代瓷器就很有意义。"这句话所表达的思想违反了_____律的要求,犯了_____的逻辑错误。
7. "这次听报告一无所获,只是报告人分析问题的方法对我很有启发。"这一议论违反了_____律的要求,犯了_____的逻辑错误。

8. 在同一思维过程中,如断定 p∨q 与 ¬p∧¬q 同真,则违反普通逻辑基本规律的_____律;断定 p∨q 与 ¬p∧¬q 同假,则违反普通逻辑基本规律的_____律。

9. 根据普通逻辑基本规律的_____律,已知"如果非 p,那么 q"为假,则联言判断_____为真。

10. 根据普通逻辑基本规律的_____律,已知"¬p←¬q"为真,则联言判断_____为假。

二、分析下列文字内容是否违反逻辑基本规律,如违反,违反了哪一条?犯了什么逻辑错误?

1.《悼郭老》一文中写道:"1978 年 6 月 12 日 16 时 50 分,一颗中国当代科学文化的巨星,拖着万丈光芒从我们头上飞逝了,陨落了!他并没有陨落,他永远不会陨落,他永远在广漠的宇宙中,横空飞驰!"

2. 孔乙己到了酒店,人们嘲笑他偷书挨了打,他便涨红了脸,额上青筋条条绽出,争辩道:"窃书不算偷……窃书……读书人的事,能算偷么?"

3. 知识少转化为知识多要有一个过程,超越客观条件去做那些本来就做不到的事,必然陷入盲目性。有盲目性的人政治上糊涂,在处理政治和业务关系上会产生片面性。

三、下列断定是否违反了普通逻辑基本规律的要求?如违反,违反了哪一条?

1. SAP 假并且 SEP 假。

2. SEP 假并且 SIP 假。

3. 既肯定 SAP 又肯定 SOP。

4. 既断定 SIP 假又断定 SOP 假。

5. 既断定 p→q 为真又断定 p∧¬q 为真。

6. "他们都是三好生"为假,同时"他们都不是三好生"为假。

7. 他们都不是三好生,并且他们当中有些人是三好生。

8. "他们当中有些人是三好生"为真,而且"他们当中有些人不是三好生"为真。

四、下列议论是否违反逻辑基本规律的要求,有没有逻辑错误?为什么?

1. 实践是检验真理的唯一标准,但马列主义有时也是判断是非的尺度。

2. 他接连干了两天一夜,累昏了也不休息。

3. 一个人生活在世界上有追求不好,没有追求也不好。

4. 读了《高山下的花环》,我确实很高兴。我不认为这篇小说是非常成功的作品,但它确实是部比较好的作品。

5. 被告伤人,既不是故意,也不是过失,可给以训诫处分。

6. 甲说这个寓言是讽刺蜗牛的,我看这是不对的;乙说这个寓言是讽刺蚂蚁的,我看这也是不对的。

7. 要不要实行联产承包责任制是促进农业高速发展的重要途径。

8. 毕业前夕,老师请学生张某谈谈对个人求职的看法。张说:"找工作不好,不找工作也不好。"

9. 我完全同意你的观点,但还有一点小小的不同意见。

10. 关于宗教信仰的问题,有信仰的自由,也有不信仰的自由,所以,我们既不禁止也不提倡。

11. 凡不采用的来稿一律退还,但油印、复印或铅印的稿件一律不退。

12. 认为他可以提拔是不对的;认为他不能提拔也是不对的。

13. 她已经年过半百,不年轻了。对于演员,年龄是大了些。可是,只要听她唱,人们便觉得她很年轻。

14. 能否搞好家庭卫生,不仅直接有利于我们每个家庭成员的身心健康,而且也是精神文明方面的一个表现。

五、分析题:

1. 已知下列三个判断中只有一个是真的,请问能否断定乙班的学生都是学英语的?写出解题过程。

A. 如果甲班学生都是学英语的,那么乙班学生就都是学英语的。

B. 甲班学生都是学英语的,并且乙班学生有些不是学英语的。

C. 或者甲班学生有些不是学英语的,或者乙班学生有些不是学英语的。

2. 在打击刑事犯罪活动中,公安人员老赵、老钱、老孙和老李负责侦破一起盗窃案。在侦察过程中,他们发现甲、乙、丙三人是重要嫌疑对象,并且一致认为三个嫌疑对象当中只有一人是盗窃犯,但究竟谁是盗窃犯,四人的看法却是各不相同的。

老赵认为:甲不是盗窃犯。

老钱认为:丙是盗窃犯。

老孙认为:乙是盗窃犯。

老李认为:丙不是盗窃犯。

破案结果证明:

① 盗窃犯确系甲、乙、丙三人中的一个;

② 四位公安人员中只有一个人的看法是正确的。

请问,谁是盗窃犯?谁的断定是正确的?写出解题过程。

3. 某班有学生 46 人。

A 说:"该班有些人是团员。"

B 说:"该班张大年不是团员。"

C 说:"该班有些人不是团员。"

已知三人中只有一人的话是真的,请问该班有没有团员?如果有,有多少名?写出解题过程。

4. 某工厂发生一起火灾。保卫部门的工作人员找四人作调查,问发生火灾时谁在现场。这四人分别回答如下:

甲:丙在场。

乙:如果甲在场,那么乙不在场。

丙:甲和乙都在场。

丁:甲和乙至少有一人不在场。

已知四人中只有一人说了真话,请问,谁说的是真话?发生火灾时谁在场?写出解题过程。

第九章 归纳与类比

第一节 归纳推理概述

一、什么是归纳推理

归纳推理是以个别性知识为前提推出一般性知识为结论的推理。例如,在森林里或在荒漠中走路的人常常迷路。奔波了一夜,到了天明才发现,原来绕了一个大圈子回到了原地。白天在大草原或沙漠上行走,如果是阴天,又找不到标记,也会发生上述现象。本来是认定方向朝前走的,为什么却回到了原地?难道真有鬼神在存心捉弄人吗?科学家做了一个实验解开了这个谜。在一个大广场上,远处有一座大厦,大门敞开着,应试的人们一个个蒙上双眼,正对着大厦的门走去。实验的结果表明:一个个应试者不是偏左,就是偏右,竟无一人能对准大门走过去。再观察每个人的行进路线,有趣得很,他们走着走着行进路线就弯曲成弧形,其中一部分人的弧线向左偏,其余的人弧线向右偏。科学家通过对这些人进一步了解发现:凡弧线向左偏的人,平时习惯用右手;凡弧线向右偏的人,平时习惯用左手。解剖生理学的统计材料证明:凡习惯用右手的人,右手比左手更加发达有力,并且影响到右腿比左腿也更加发达有力,由于右脚跨步比左脚跨步大,所以走路时总向左弯。习惯用左手的人,则恰恰相反,走路时总向右弯。无论向左弯,还是向右弯,虽然每一步弯曲的程度微不足道,但是"差之毫厘,失之千里",走的步数多了,偏离就越来越大,甚至最终形成一个圆。黑夜在大森林里走路,白天在大沙漠或草原上走路,就如同蒙上双眼,没有标记辨识方向,无法纠正每一步微小的偏差。这就是迷路的奥秘。这一实例的推理形式就是归纳推理。科学家在这一实验中考察了若干人,再以这些特殊的迷路人的情况为前提,推出所有在森林、草原、沙漠中行路人迷路的规律。

可见,归纳推理的前提是关于个别事物或现象的判断,结论是关于该类事物或现象的普遍性判断。结论所断定的范围已远远超出前提所给定的范围。因此,归纳推理前提与结论之间的联系不是必然的,而是或然的。也就是说,当前提真实时,结论未必一定是真实的。例如,牛、马、羊是吃草的动物,如果以此为前提,推出结论"一切动物都是吃草的",显然这个结论是不真实的。

归纳推理的前提是个别性知识,而要获得这些个别性知识,必须通过观察、实验、社会调查等方法来搜集有关对象的事实材料,然后对所得到的材料进行分类、比较、分析、综合等处理,这样,人们才能取得比较可靠的个别性知识,进而才有可能运用归纳推理得出结论。

二、归纳推理与演绎推理的关系

归纳推理与演绎推理既有联系又有区别。它们的联系表现在这两者之间是相互依存的,演绎推理的大前提是由归纳推理提供的,而搜集、整理归纳推理前提知识的过程又离不开演绎推理。因为这些知识是通过观察、实验等方法获得的,人们在进行观察、实验时需要一定的理论作指导,同时,人们对所收集到的事实材料进行整理分类时要用到有关分类的一般性知识,这些都离不开演绎推理。

归纳推理与演绎推理之间又有着明显的区别:

首先,从思维进程来看,演绎推理是从一般性知识推出个别性知识;而归纳推理是从个别性知识推出一般性知识。

其次,从结论所断定的知识范围来看,演绎推理的结论没有超出前提所断定的知识范围;而归纳推理中应用最广泛的类型——不完全归纳推理——的结论已经超出前提所断定的知识范围。

再次,从前提与结论的联系程度来看,演绎推理的前提与结论间有必然性联系,也就是说,只要前提真实,推理形式有效,就能必然推出真实的结论;而不完全归纳推理的前提与结论之间则只有或然性的联系,也就是说,当前提真实时,结论不一定是真实的。

三、归纳推理的种类

传统的归纳推理分为完全归纳推理和不完全归纳推理两大类。不完全归纳推理又分为简单枚举法和科学归纳法两种。科学归纳法包括探求因果联系的五种方法。

现代归纳推理还研究概率推理和统计推理等。

第二节 完全归纳推理

完全归纳推理是根据某类事物中每一对象具有(或不具有)某属性,推出该类事物一般性知识的推理。例如:

> 锂原子最外层只有一个电子,
> 钠原子最外层只有一个电子,
> 钾原子最外层只有一个电子,
> 铷原子最外层只有一个电子,
> 铯原子最外层只有一个电子,
> 钫原子最外层只有一个电子,
> 锂、钠、钾、铷、铯、钫原子是周期表中第一族碱金属元素原子的全部,
> ∴周期表中第一族碱金属元素原子最外层都只有一个电子。

完全归纳推理的推理形式是：
S_1 是（或不是）P
S_2 是（或不是）P
S_3 是（或不是）P
……
S_n 是（或不是）P
$S_1, S_2, S_3 …… S_n$ 是 S 类的全部个体对象

∴ 凡 S 是（或不是）P

完全归纳推理在前提中考察某类事物的全部对象，而不是某类事物的部分对象，结论所断定的范围没有超出前提所断定的范围，因此，前提与结论之间的联系是必然的。

运用完全归纳推理需要注意的是：首先，前提中所考察的个别对象是某类事物的全部对象。其次，前提中对每一个别对象所作的断定是真的，那么，由此而归纳出的结论就一定是真的。

完全归纳推理的推理方向是由个别性知识的前提推出一般性知识的结论，而且它是在考察一类事物的全部个别对象之后作出结论的，因此，它是对某类事物一切个别认识的概括。它在认识中的作用是使个别上升到一般。它是一种发现的方法，也是一种论证的方法。下面分别举例加以说明。

作为发现的方法，德国数学家高斯幼时计算数学题$(1+2+3+4+……+97+98+99+100)$的事例（使用完全归纳推理）是众所周知的，也是最能说明问题的。

又如，前面我们所举的例子，运用完全归纳推理推出"第一族碱金属元素原子最外层都只有一个电子"的结论，就揭示了这一类碱金属元素原子最外层电子分布情况的规律。这一结论对人们认识第二、三族碱金属元素原子最外层电子分布情况具有启发意义。这就比只知道前提中一个一个碱金属元素原子最外层电子分布情况的意义要大得多。

作为论证的方法，完全归纳推理的这一作用也是显而易见的。例如，我们在论证三段论的规则"两个特称判断作前提推不出结论"时，就采用了完全归纳推理的论证方法：如果以两个特称肯

定判断（I判断）作为大、小前提，则两前提中没有一项是周延的，那么，中项两次出现时，无论在哪一个位置上都是不周延的，所以该推理违反"中项在前提中至少周延一次"的规则，推不出结论；如果以一个I判断和一个O判断为大、小前提，则前提中只有一个周延项，若满足中项至少周延一次的要求，则该推理会犯"大项扩张"的逻辑错误，若有可能的话，让大项在前提中周延，那么又会犯"中项未周延一次"的逻辑错误，因此同样推不出结论；如果以两个O判断作前提，则两个否定前提推不出结论，因此也推不出结论。由于以两个特称判断作前提只有上述这三种情况，而这三种情况都不能推出结论，因此，"两个特称判断作前提推不出结论"这条规则是成立的。这样的证明就非常严密而又有说服力。

运用完全归纳推理时必须考察一类事物中的全部个别对象，因此，这种推理是有局限性的。如果人们所要认识的事物包含的具体对象数量很多，或者数量是无限的，那就很难甚至无法使用完全归纳推理。这时就需要使用另一种类型的推理——不完全归纳推理。

第三节　不完全归纳推理

不完全归纳推理是根据一类事物中的部分对象具有（或不具有）某种属性，从而推出该类事物一般性知识的归纳推理。也就是说，它不要求列举一类事物的全部对象就可推出一般性结论。

不完全归纳推理可分为简单枚举法和科学归纳法两种类型。

一、简单枚举法

简单枚举法又叫简单枚举归纳推理。它是以经验的认识为主要依据，根据一类事物中的部分对象具有（或不具有）某种属性，并且没有发现反面事例，从而作出关于该类事物一般性结论的归纳推理。例如：

刺猬是有自卫本领的（它遇到危险时会把头和四肢藏起来，变为刺球），

乌龟在遇到危险时会把头、尾、四肢缩在甲壳中，

壁虎在遇到危险时会甩掉尾巴引诱敌手，而自己逃掉，

海参在遇到危险时会把肠子从嘴里吐出来给敌人吃，达到死里逃生的目的，

刺猬、乌龟、壁虎、海参都是动物，

∴一切动物都有自卫的本领。

这是一个简单枚举归纳推理。前提中考察了部分动物的属性，没有遇到相反情况，从而推出"所有动物都有自卫的本领"这个一般性结论。

简单枚举法的推理形式是：

S_1 是（或不是）P

S_2 是（或不是）P

S_3 是（或不是）P

……

S_n 是（或不是）P

S_1, S_2, S_3……S_n 是 S 类的部分对象

∴所有 S 都是（或不是）P

简单枚举法是根据事物情况反复多次地重复出现而推出一般性结论的，它并不分析事物情况出现的原因。虽说在推理中没有遇到反面事例，但这并不等于反面事例一定不存在。因此它的结论并不是很可靠的，但这种推理在日常生活、工作中仍有一定作用。人们对生活经验的概括就常常是用简单枚举法获得的，如"鸡不入笼有大雨"、"瑞雪兆丰年"、"失败是成功之母"等。另外在科研工作中，简单枚举法也常常有助于科学发现。因此，在运用简单枚举法时就要注意提高结论的可靠程度。为此，需要注意两点：

1. 一类事物中被考察、列举的对象数量愈多,结论的可靠性程度就愈高。

简单枚举法是靠现象的大量积累而得出结论的,并不是建立在对事物本质具有深刻认识的基础上,因此结论存在偶然性。只有考察、列举的对象数量愈多,才愈可能减少偶然性,才愈可能排除反面事例的存在,结论也才能愈可靠。例如,要想知道某种鸟是益鸟还是害鸟,不能只根据一两只鸟的习性、食物的分析就下结论,应当多考察几只鸟,得到的结论才相对可靠。

2. 一类事物被考察、列举的对象范围愈广,结论的可靠性程度也就愈高。

由于一类事物的具体对象各有不同,并常常存在于各种不同的环境条件之中,因此,只有把涉及各种不同环境条件的具体对象作为考察和列举对象,看其是否共同具有某属性,这样的结论才更可靠。例如,要想知道金属受热是否膨胀,应选择在高温、低温、高压、低压等条件下考察不同种类金属受热后的情况,得到的结论才更可靠。

二、科学归纳法

科学归纳法又叫科学归纳推理。它是根据某类事物中部分对象与某种属性有因果联系而推出一般性知识作结论的归纳推理。例如:

> 杨树通过光合作用释放出氧气,
> 大豆通过光合作用释放出氧气,
> 杨树和大豆都是绿色植物,它们通过光合作用都能释放出氧气,这是因为在光合作用过程中水和二氧化碳发生反应的结果,

∴ 凡是绿色植物通过光合作用都能释放出氧气。

这一推理指出杨树、大豆在光合作用过程中释放出氧气的原因,并在明确两者内在因果联系的基础上得出结论,这正是科学归

纳法的独特之处。

科学归纳法的推理形式是：

S_1 具有(或不具有)P
S_2 具有(或不具有)P
S_3 具有(或不具有)P
……
S_n 具有(或不具有)P
S_1，S_2，S_3……S_n 是 S 类的部分对象，且 S_1，S_2，S_3……S_n具有(或不具有)P 是由 R 决定的

∴S 类全部都具有(或不具有)P

科学归纳法要求必须找到现象发生的原因，由此推出结论。它对前提的数量并没有要求，其结论的真实性取决于现象的因果联系是否真实，即原因正确与否，所以关键是原因的真实性。也就是说，只有认识事物本质的内在联系，推出的结论才可能具有必然性。

三、简单枚举法与科学归纳法的异同

简单枚举法与科学归纳法两者既有共同点又有区别。共同点是：

首先，它们都属于不完全归纳推理。

其次，它们的前提都只考察某类事物的部分对象。

再次，它们的结论所断定的范围都超出前提给定的范围。

两者的区别是：

首先，它们的推理根据不同。简单枚举法是根据某种属性在某类事物的部分对象中反复出现，且没有遇到反例而得出结论的；科学归纳法则是根据对现象之间因果联系的分析而得出结论的。

其次，它们在考察对象的数量方面要求不同。简单枚举法要求被考察的对象数量愈多愈好；科学归纳法则只要求考察一两个典型事例就可以。

再次，它们在结论的可靠性程度方面也不同。虽说它们的结

论都是或然的,但科学归纳法结论的可靠性程度要高于简单枚举法。

第四节　探求因果联系的逻辑方法

探求因果联系的逻辑方法是:比较相关现象的多种不同场合,从而概括出关于因果联系的一般性结论。其实质属于归纳推理,目的在于探求现象发生的原因。

一切社会现象及自然现象都是相互联系、相互制约的。如果某个现象的存在必然导致另一现象的发生,那么这两个现象间就具有因果联系,前者为因,后者为果。因果关系是相对的,是现象之间相互联系的一种形式。因果联系在时间上是先后相继的,因此我们可以在被研究现象出现之前便已存在的各种情况(先行情况)中去寻求该现象的原因,在被研究现象出现之后才发生的各种情况(后行情况)中去寻找它的结果。然而,先后相继的现象很多,其中并不必然存在因果联系。也就是说,探求现象间的因果联系是个复杂的认识过程,既包括对事实材料的搜集,又包括对事实材料的整理、分析,运用推理作出结论,最后还要经过实践的检验。就思维过程来讲,主要有两个步骤:(1)确定可能的原因(或结果)。(2)从可能的原因或结果中探求真正的原因或结果。这需要对被研究现象出现(或不出现)的各种场合进行比较,以排除不是真正原因(或结果)的现象,从而辨认出真正的原因(或结果)来。这样的探求过程,在传统逻辑中被称为"求因果五法",即契合法、差异法、契合差异并用法、共变法、剩余法。"求因果五法"都是根据某个现象与其他先行或后行的现象在某些场合里所显示的关系,从而概括出一般性的结论,即断定某现象与另一个现象之间具有普遍、必然的因果性联系。

一、契合法

契合法又叫求同法。契合法的内容是:某一现象在不同场合出现,而各个场合中只有一个唯一的情况相同,那么此唯一的情况就是该现象产生的原因或结果。

例如,种大豆可以使土壤增加氮肥,种红小豆可使土壤增加氮肥,种豌豆可使土壤增加氮肥。豆类根部都有根瘤,根瘤菌能帮助作物获得游离态的氮,使土壤增加氮肥,所以根瘤是使土壤增氮的原因。

这里,三种场合下种植的作物是各不相同的,其他客观情况(例如管理、土质、温度等)也都各不相同,但只有一点是相同的,即所种植的作物都有根瘤,那么,三种场合下土壤的氮肥都增加了,说明豆类作物的根瘤是使土壤增加氮肥的原因。

契合法的公式是:

场合	先行(或后行)情况	被研究现象
(1)	A、B、C	a
(2)	A、D、E	a
(3)	A、F、G	a
…	……	…

∴ A 是 a 的原因(或结果)。

运用契合法需要注意的问题是:

1. 各场合有没有其他的共同情况,如果有某个隐蔽的共同情况,就需要加以注意,因为很可能这个隐蔽的情况正是我们要寻找的原因。

2. 至少要有三个以上场合进行比较。场合越多,结论的可靠程度就愈高,因此要选择尽量多的场合进行比较。

二、差异法

差异法又叫求异法。差异法的内容是:当某种现象在第一种场合出现,在第二种场合不出现时,如果两种场合只有一个情况不同,并且这一情况在第一种场合存在,在第二种场合不存在,那么这个唯一不同的情况就是这一现象发生的原因(或结果)。

例如,在土壤、地势、水分等条件相同的两块地上种同一品种的作物,其中一块地施足底肥,另一块不施底肥,试验对比结果是:施足底肥的地产量高;不施底肥的那块地产量低。由此断定:施足底肥是产量高的原因。

差异法的公式是:

场合	先行(或后行)情况	被研究现象
(1)	A、B、C	a
(2)	— B、C	—

∴ A 是 a 的原因(或结果)。

可见,差异法适用于两种场合中只有一个唯一不同的情况。若不同情况很多,就难于断定哪个情况是真正的原因(或结果)。如果其他情况完全相同,就能较准确地判明某个情况与所研究现象之间的因果联系。另外,由于差异法中不仅有正面场合,而且有反面场合,因此差异法比契合法有较大的可靠性。

运用差异法需要注意的问题是:

1. 两场合中有无其他隐蔽的差异情况,如果有几种不同情况,那就无法作出断定。

2. 在第一次运用差异法找出初步的因果联系后,应继续运用差异法考察,以求验证或补充开始得到的结论,增强其可靠程度。

三、契合差异并用法

契合差异并用法又叫求同求异并用法。契合差异并用法的内容是:若在出现某种现象的几种场合都存在一个唯一的共同情况,在不出现某种现象的几种场合都不存在这个情况,那么这个情况就是某种现象出现的原因(或结果)。

例如,人们发现有的鸟每年要飞行几万里但不会迷失方向,它们是如何确定飞行方向的呢?科学工作者发现,凡是天气晴朗看得见太阳的时候,这些鸟都能准确地朝目的地飞行;凡阴雨天看不见太阳的时候,它们就迷失方向。这说明这些鸟的远航是利用太阳来定向的。

契合差异并用法的公式是：

场合	先行(或后行)情况	被研究现象	
(1)	A、B、C、D	a	
(2)	A、E、F、O	a	正事例组
(3)	A、G、F、C	a	
…	… … …	…	
(1)	－ B、C、F	－	
(2)	－ E、F、G	－	负事例组
(3)	－ G、C、D	－	
…	… … … …	…	

∴ A 是 a 的原因(或结果)。

契合差异并用法并不是契合法与差异法的连续使用，而是分三个步骤完成的：

1. 对被研究现象出现的各个场合加以比较，用契合法得出：A 情况存在与 a 现象存在有因果联系。

2. 将被研究现象不出现的各个场合加以比较，用契合法得出：A 情况不出现与 a 现象不出现有因果联系。

3. 将前两次所得的结果加以比较，用差异法得出：A 情况与 a 现象有因果联系。

由于契合差异并用法经过了三次归纳，因此结论的可靠性更高，但结论仍然是或然性的。

运用契合差异并用法需要注意的问题是：

1. 尽可能增多考察的场合。因为考察的场合愈多，就愈能排除偶然的巧合，正事例组与负事例组的数量愈多，结论的可靠程度就愈高。

2. 应选择与正事例相似的负事例进行比较才有意义。负事例与正事例的情况愈相似，结论的可靠程度就愈高。

四、共变法

共变法的内容是：在被研究现象发生变化的各个场合，如果其中只有一个情况是随着发生变化的，而其他情况都保持不变，那么这一唯一变化着的情况就是这一现象的原因(或结果)。

例如,对某物体加热,在其他条件不变的情况下,当物体的温度不断升高时,物体体积不断膨胀。由此得出:物体受热与物体体积膨胀有因果联系。

共变法的公式是:

场合	先行(或后行)情况	被研究现象
(1)	A_1、B、C	a_1
(2)	A_2、B、C	a_2
(3)	A_3、B、C	a_3
…	… … …	…

∴ A 是 a 的原因(或结果)。

A_1、A_2、A_3……表示 A 情况量上的不同(即 A 情况发生着变化)。

a_1、a_2、a_3……表示 a 现象量上的不同(即 a 现象发生着变化)。

共变法是以因果联系在量上的表现为客观依据的,在一定条件下,原因在量上的一定变化必然引起结果在量上的相应变化。因果的共变关系有两种形式:同向共变和异向共变。

运用共变法需要注意的问题是:

1. 与现象共变的情况必须是唯一的,这样才能推断二者具有因果联系,否则是不可靠的。

2. 共变关系常常需要在一定限度内发生,否则超过了这个限度,共变关系就会消失。

3. 这一因果联系可以是不可逆的单向作用,也可以是可逆的双向作用。

五、剩余法

剩余法的内容是:已知某些复合情况与某一复合现象有因果联系,又知复合情况中的一部分与复合现象中的一部分有因果联系,那么剩余的情况与剩余的现象有因果联系。

例如,有一次,居里夫人对一批沥青铀矿中的含铀量进行测定时，发现有几块矿石的放射性甚至比纯铀的放射性还要大。这就明显意味着在这些沥青矿石中一定含有别的放射性元素。同时，这些未知的放射性元素只能是极少量，因为用普通的化学分析方法不能把它们检测出来。这也说明了它们的放射性是很强的。于是，居里夫妇在很原始的条件下以极大的毅力寻找这些微量元素。1898年7月，他们终于从沥青矿石中分离出极少量的黑色粉末，这些黑色粉末——镭——的放射性比同等数量的铀强400倍。

这一实验的依据是：一定量的沥青矿石所含有的全部放射性元素与该沥青矿石全部放射性含量有因果联系，该矿石所含有的全部已知放射性元素（如"铀"）与该矿石所具有的一部分放射性含量有因果联系，因此，该矿石应含有的未知放射性元素（镭）与该矿石放射性含量的剩余部分有因果联系。

剩余法的公式是：
　　复合情况 A、B、C、D 与复合现象 a、b、c、d 有因果联系，
　　A 是 a 的原因，
　　B 是 b 的原因，
　　C 是 c 的原因，
　　────────────────────────
∴D 是 d 的原因。

运用剩余法需要注意的问题是：

1. 必须确认复合现象中的一部分（a、b、c）是某些情况（A、B、C）引起的，如果复合现象的剩余部分 d 实际上也是 A、B、C 引起的，那么，结论断定 D 是 d 的原因是不成立的。

2. 复合现象的剩余部分可能是复合原因引起的，就是说，结果的剩余部分还有可能与一复合现象有因果联系，这就需要再运用剩余法继续求因果。

第五节 类比推理

一、什么是类比推理

若两个或两类对象在许多属性上都相同,且已知其中一个对象还具有其他属性,推出另一对象也具有同样的其他属性的结论,这样的推理形式是类比推理。它是从个别性前提推出个别性结论或从一般性前提推出一般性结论的一种推理形式。例如:

地球与火星都是太阳系的行星,都有大气层,温度适中,有水分,
地球上有高等动物存在,
∴火星上有高等动物存在。

又如:

海豚的大脑与猿猴的大脑都具有绝对重量大,相对重量也大,有广泛的沟回等属性,
猿猴有智能活动,
∴海豚有智能活动。

类比推理的一般形式是:

A 有 a、b、c、d
B 有 a、b、c
∴B 有 d

其中 A、B 表示两个或两类相比较的对象,a、b、c 表示 A、B 间相同或相似的属性,称为类比属性,d 表示原本属于 A 经推理后也属于 B 的属性,称为推移属性。

二、类比推理的特点

类比推理既不同于演绎推理,也不同于归纳推理,它的特

点是：

1. 类比推理的推理方向或者是由个别性知识到个别性知识，或者是从一般性知识到一般性知识。类比推理结论知识的一般性程度与前提知识的一般性程度是相同的，就这个意义而言，类比推理是由特殊到特殊的推理。

2. 类比推理是或然性推理。因为类比推理是把某对象所具有的属性 d 推广到与该对象相似的另一类对象上去，而这一推移属性 d 有可能是两类对象的差异之处。因此，结论所断定的范围超出了前提给定的范围，结论自然是或然的。

3. 类比推理的前提与结论之间不具有蕴涵关系。当前提真时，结论可能是假的。

可见，类比推理是与演绎推理、归纳推理都不同的一种推理。

三、如何提高类比推理结论的可靠性

既然类比推理的结论是或然的，那么在使用时就要注意提高它的可靠程度。如何提高类比推理结论的可靠程度呢？

首先，前提所提供的类比属性愈多，结论就愈可靠。因为前提所提供的类比属性即相同或相似属性愈多，就说明两类对象在自然领域中地位愈接近，这样，推移属性也就有较大可能是两类对象所共有的。例如，新药物应用的实验要在高等动物而不在低等动物身上进行，因为高等动物在属种系统中比低等动物更接近于人类，所以结论的可靠性就更高。

其次，前提所提供的类比属性愈接近本质，与推移属性愈相关，结论也就愈可靠。因为本质属性是对象的内在规定性。对象的其他属性大多是由对象的本质决定的，所以两对象的相同或相似属性（类比属性）如果是本质的，那么两对象就有其他一系列相似的属性。如果类比属性与推移属性又是密切相关的，那么，推移属性就有较大可能是它们的相似属性之一。

运用类比推理需要注意类比对象中是否存在与推移属性不相容的属性，如果存在，就不能进行类推。另外还要注意避免"机械类比",即仅仅根据两类对象某些表面属性相同便推出结论。例如,甲乙两人都有头疼无力的症状,甲被诊断为肝炎,因此便认为乙也有肝炎。

四、类比推理的作用

类比推理在人们的认识中具有重要的作用。首先,它可以启发人们打开思路。在创造性思维中,经常要用到类比推理。

其次,它具有认识作用。科学史上许多科学事实的发现和科学假说的提出都得益于类比推理。例如,达尔文创立进化论,英国医学家詹纳受到挤牛奶女工因感染了牛痘而不患天花的启发,发现种牛痘可以防天花,牛顿受苹果落地启发发现万有引力定律等都是由于使用了类比推理。

再次,类比推理对科学技术的发展也有重大意义。传说鲁班发明锯这一工具就是受到野草叶划伤手指的启发。

最后,类比推理还是一种说明的方法,它在科学阐述和证明的过程中起着辅助论证的作用。在论述中,为了说明的需要,人们往往找出另一种公认的并且与要说明的问题相似的事实或原理,然后通过类比来使要说明的问题得到解释。例如,《战国策》中的名篇《邹忌讽齐王纳谏》中有这么一段故事:

邹忌要与城北徐公比美,他就问妻子:"我与徐公谁美?"妻子回答:"您美极了,徐公怎么能比得上您呢?"他又向他的妾提出同样的问题,得到的回答也是一样的。白天,家中来了一位客人,邹忌又问客人,客人也说邹忌比徐公美。第二天,邹忌见到了徐公,仔细打量后,发现自己不如徐公美。晚上他躺在床上回想这件事时,明白了三人都说他比徐公美的道理:妻子是因为爱他;妾是因为怕他;客人是因为有求于他。于是,他去朝廷见齐威王,对威王说:"我确实不如徐公美,可是我的妻子偏爱我,我的妾惧怕我,我的客人有求于我,所以他们都说我比徐公美。如今齐地方圆上千里,城池一百二十座,后妃侍从没有哪个不偏爱王,朝廷诸臣没有哪个不畏惧王,国境之内没有哪个不有求于王,由此看来,大王受的蒙蔽真是太深了!"威王听了,说:"说得好。"于是就颁布命令:"群臣百姓中,凡是能当面指责我的过错的,授予上等赏赐;上书劝谏我的,授予中等赏赐;能在市井间批评我的,授予下等赏赐。"此后,燕、赵、魏听说了这种情况,都来向齐王朝拜。

这里,邹忌为了向齐王说明纳谏的重要性,特地用闺房小事类比治理国家的大道理,从而对齐王讲明君王可能受到严重蒙蔽的原因,指出纳谏的必要性,使齐王欣然采纳自己的意见,取得了良好的效果。

思 考 题

1. 什么是归纳推理?归纳推理与演绎推理有何区别?

2. 什么是完全归纳推理?什么是不完全归纳推理?二者有何区别?

3. 什么是简单枚举法?什么是科学归纳法?

4. 探求因果联系的逻辑方法有哪些?各自的公式是什么?各自应注意的问题是什么?

5. 什么是类比推理?它与演绎推理、归纳推理有什么区别?

练 习 题

一、下列推理属何种类型的推理?

1. 水星是沿椭圆轨道绕太阳运行的,金星是沿椭圆轨道绕太阳运行的,地球、火星、木星、土星、天王星、海王星也是沿着椭圆轨道绕太阳运行的,而这些星星是太阳系的全部大行星,所以,太阳系所有的大行星都是沿椭圆轨道绕太阳运行的。

2. 水稻能够进行光合作用,大豆能够进行光合作用,松树能够进行光合作用,水稻、大豆、松树都是绿色植物,因此,凡是绿色植物都能进行光合作用。

3. 在人们研究文字产生的过程中,发现各民族关于文字产生的传说都带有神秘性:我国有仓颉造字的神话传说;《圣经》上说,希伯来文字是上帝授予摩西的;柏拉图的《裴德尔》也记载过,埃及文字是戴特神所传授的。这是因为古代社会科学不发达,宗教迷信流行,神权统治着劳动人民,巫师垄断着文化知识,从而为文字的产生涂上了神秘色彩。

4. 我们写信、写日记、写报告、写评论都用散文体;我们的刊物(除了诗歌专刊外)、报纸上的文字绝大多数是散文体;我们的书籍,用散文写的不知比用韵文写的多多少倍,看起来,我们的生活处处离不开散文。

5. 人们都知道蜘蛛能结网,桑蚕会吐丝。经过研究,发现它们的肚子里并没有丝,只有一种黏稠的液体,这种液体穿过蜘蛛和桑蚕的小口成为一条细流,在空气中就凝结成为一缕连续不断的长丝。人们从这里得到启示,于是用人工合成的方法做出一种黏液,仿照蜘蛛和桑蚕那样,通过小孔纺出丝来,制出了人造丝。

6. 孔子的弟子曾参曾经说过,儒家的孝道是:"推而放诸东海而准,推而放诸西海而准,推而放诸南海而准,推而放诸北海而准。"后人曾将这句话归纳成今天常用的成语:"放之四海而皆准"。

7. 历史上许多人勤奋不懈,终于取得了非凡的成就。纪昌学射是勤,王冕"挂角"是勤,李白"铁杵磨成针"也是勤。大家都说鲁迅是天才,"嬉笑怒骂皆成文章",鲁迅却回答:"哪里有天才,我是把别人喝咖啡的工夫都用在工作上的。"鲁迅先生献身文学艺术事业30年,勤耕不辍,成为一代文学巨匠。由此可见,勤奋是成才的根本条件。

二、下列各题运用了哪种探求因果联系的逻辑方法?

1. 在土壤、耕作、施肥和管理等条件都相同的两块小麦试验田中,冬灌的比没有冬灌的产量高,所以,冬灌可能是提高小麦产量的一项有效措施。

2. 地球磁场发生磁暴的周期性经常与太阳黑子的周期一致。随着太阳黑子数目的增加,磁暴的强烈程度也增高。当太阳黑子数目减少时,磁暴的强烈程度也随之降低。因此,太阳黑子的出现可能是磁暴的原因。

3. 棉花能保温,积雪也能保持地面温度。据测定,新降落的雪有40%~50%的空气间隙。棉花是植物纤维,雪是水的结晶,很不相同,但两者都是疏松多孔的。由此可见,疏松多孔的东西能够保温。

4. 户外植物的叶子一般都是绿的。但把马铃薯、白薯、葱头、萝卜等放在地窖里,它们发芽后长出的叶子都没有绿色。田里的韭菜、蒜苗都有绿叶,但在暗房里培养出来的韭黄、蒜黄都是黄色的。把同样在户外生长、有绿叶的植物移入暗室,它的绿色逐渐褪去,若再把它移到户外,则绿色逐渐恢复。户外的野草是绿的,但在石头下长的草则没有绿色。可见,光照可能是植物产生绿色的原因。

5. 从前,有两位化学家观察到:空气中的氮比从各种化合物中分离出来的氮,在相同条件下多出0.5%的重量。于是他们想,空气中氮的多余的重量,必定是一个同氮相结合的未知元素的重量。后来,化学家们根据多次实验发现了一种新的化学元素——氩。

三、下列推理是否正确?

1. 小利的妈妈批评小利说:"你和小明都是一个老师教的;每天学习时间也都一样,小明参加了同步学习班,你也参加了。现在,小明考上了重点中学,你怎么就没考上?"

2. 地球总有一天会和其他星球相撞,就像大城市里的交通事故那样,即使人人都遵守交通规则,也无法杜绝任何事故。天外星球比大城市人口、车辆还多,怎么能不出事呢?

3. 《伊索寓言》中有一个故事:一天,一头驴子驮着一袋盐过河。一不小心,驴子掉到河里去了。好不容易从河里出来上路,发现背上的盐比原来轻了。后来,这头驴子又驮着海绵过河,它就有意掉进河中,结果却发现背上的海绵变重了。

4. 法国的大仲马写过《三剑客》、《基度山伯爵》等作品,小仲马写过《茶花女》,二人是父子关系,又都是著名作家。俄国大作家列夫·托尔斯泰写过《复活》、《战争与和平》等文学作品;俄国的阿列克谢·托尔斯泰写过《当代英雄》三部曲,也是知名作家。因此,有人推论:此二人也是父子关系。

5. 在台湾发现了全身长白毛的猴子后,有人推断说:与台湾自然条件、生活环境相类似的西双版纳地区也会有这种白色的猴子。

第十章 论　证

第一节　论证概述

一、什么是论证

根据一个或一些已知为真的判断确立另一判断的真实性的思维过程叫作论证。

在日常生活、工作中，人们常常要表明对各种问题的看法，并且力图说明自己的看法是正确的，力图使别人相信、同意自己的意见。这就需要用一定的事实或科学理论作为根据，依赖一定的推理形式加以说明，从而确定自己看法的正确性。例如：

① 我们都希望有正常的安定的社会秩序，而只有建立了健全的法制，才有可能有正常安定的社会秩序，所以我们必须建立健全的法制。

② 当前清理压缩固定资产投资的工作进展迟缓，未如人意，其中一个重要原因是不少地方只抓几只小鸡开刀问斩，却把危害更大的猴子放到了一边。

③ 推广普通话是政治经济和文化生活的需要。我国汉民族的语言还存在着严重的方言分歧。不同地区的人各说各的方言，不容易互相了解，甚至在同一个省里，例如闽南人跟闽北人，苏南人跟苏北人交谈都会发生困难。这种方言分歧给我国人民的政治经济和文化生活都带来了不利的影响。因此，推广一种能消除方言隔阂的共同语言已经成为政治经济

和文化生活的需要。而推广普通话,正是推广这样一种共同语言。

以上三例都是论证。从结构上看,一个论证包括论题、论据、论证方式三个要素。

论题是真实性有待于证明的判断。它是论证中需要证明的问题,回答"论证什么"的问题。如例①中的"我们必须建立健全的法制";例②中的"当前清理压缩固定资产投资的工作进展迟缓,未如人意";例③中的"推广普通话是政治经济和文化生活的需要"。

论据是用来确定论题真实性的判断。它是论题成立的理由、根据,真实性应是很明显的。它回答"用什么来证明"的问题。论据通常包括事实和道理两类。事实指反映客观事实的判断;道理指表述科学原理的判断,如定义、公理、定理、原理等。因为科学原理反映客观事物的本质和规律,是经过实践检验的,以此为论据可以使论证深刻而有说服力。通常把这两种类型的判断结合起来作论据论证就显得更充分。一般较复杂的论证是分层次的。第一层论据本身真实性不明显时,就需要引用第二层乃至第三层论据。如例③就包括两层论据。

论证方式是论题和论据间的逻辑联系即联系方式。它是用论据论证论题时所使用的各种推理形式。它回答"如何用论据论证论题"的问题。例①所采用的论证方式是:

只有建立健全的法制,才能有安定正常的社会秩序,
我们都希望有安定正常的社会秩序,
∴我们必须建立健全的法制。

这里采用的推理形式是必要条件假言推理的肯定后件式。

理解论证方式这一要素应注意的是:论证方式是隐含在论题和论据之中的。分析论证方式也就是分析论证过程中采用了什么推理形式。可以在不改变内容的前提下,把相关的论证所采用的推理形式找出来,这一推理形式也就是这个论证的典型的逻辑表达式。

二、论证与推理的关系

论证与推理既有联系又有区别。它们的联系表现在：

首先，凡论证都要使用推理，推理是论证的工具。

其次，在结构上有密切的联系。论证中的论题相当于推理时的结论；论据相当于推理的前提；论证方式相当于推理形式。

论证与推理的区别是：

首先，两者的认识过程不同。论证是先有论题然后寻找论据，再用论据来论证论题；推理是先有前提后有结论，由前提出发引出结论。

其次，两者要求的重点不同。论证是由一个或几个判断的真实性来确立另一个判断的真实性，因此论证的重点在论据和论题的真实性方面；而推理是由已知判断引出新判断的思维形式，因此更强调前提与结论间的逻辑联系，就其推理形式而言，本身并不要求前提的真实与否。

最后，两者的逻辑结构繁简不同。论证往往由一系列推理构成，当然结构就要比推理更复杂。

三、论证的种类

(一) 演绎论证和归纳论证

根据论证所使用的推理形式的不同，可将论证分为演绎论证和归纳论证。

演绎论证是运用演绎推理所进行的论证。它是根据一般原理论证某一特殊论断。在演绎论证中，一般是以科学原理、定理、定律等或其他一般性的真实判断为根据，运用演绎推理的形式推导出某一论题。

归纳论证是运用归纳推理的形式所进行的论证。它是根据一些个别或特殊性论断论证一般原理。人们引用有关个别或特殊事物的判断作为论据来证明一般性的论题，就是归纳论证。

由于完全归纳推理前提真实,结论就必然真实,因此,运用完全归纳推理进行论证,能有效地确定论题的真实性。而不完全归纳推理前提真实,结论未必真实,因此,运用不完全归纳推理进行论证,并不能完全有效地确定论题为真,但能对确立论题为真给予一定支持,有一定的说服力。

由于演绎论证只要论据真实,对论题真实性的确定就是完全有效的,因此,在演绎论证和归纳论证中,演绎论证是主要的,演绎论证和归纳论证相结合是人们经常采用的论证方式。

(二) 直接论证和间接论证

根据论证方法的不同,可以把论证分为直接论证和间接论证。

直接论证是用真实论据正面直接推出论题的论证。例如,要论证"一切生物都是发展变化的",使用论据"生物包括动物、植物、微生物三大类,每一类都是发展变化的",就可以直接推出论题成立。

间接论证就是通过论证与论题相关的其他论断的假来确定该论题真的论证方法。间接论证又可分为反证法和选言证法。

1. 反证法。反证法是先论证与原论题相矛盾的论断为假,再根据排中律确定原论题为真的方法。例如,邓小平论述"必须坚持实事求是"是这样讲的:

> 如果反对实事求是,反对从实际出发,反对理论和实践相结合,那还说得上什么马克思列宁主义、毛泽东思想呢?那会把我们引导到什么地方去呢?很明显,那只能引导到唯心主义和形而上学,只能引导到工作的损失和革命的失败。

反证法论证的步骤是:

第一,将与原论题相矛盾的论断设为反论题。

第二,论证反论题为假(不能成立)。通常使用的方法是以反论题为前件构成一个充分条件假言判断,其后件是明显虚假的判断。再以此为前提构造一个充分条件假言推理的否定后件式,并由否定后件推出否定前件(即反论题为假)的结论。

第三,根据排中律,由反论题为假,确定原论题必为真。

反证法的论证过程可表示如下：
① 求证： p
② 设： 非 p
③ 证： 如果非 p,则 q
　　　　 非 q
　　　　 所以,并非(非 p)
④ 所以： p

2. 选言证法。选言证法是通过先论证与原论题相关的其他可能性论断都不能成立,然后确定论题真的一种间接论证的方法。例如,毛泽东有这样一段话：

　　人的正确思想从那里来的？是从天上掉下来的吗？不是。是自己头脑里固有的吗？不是。人的正确思想,只能从社会实践中来,只能从生产斗争、阶级斗争和科学实验这三项实践中来。

选言证法论证的步骤是：

第一,提出除论题以外的一切相关的可能情况,并以这些情况分别为选言支构造一个包括论题这一选言支的选言判断。

第二,否定除论题以外的其他相关的可能情况,即论证除论题这一选言支之外,其他选言支均不能成立。

第三,根据选言推理的否定肯定式,确定论题为真。

运用选言证法进行论证时,需要注意的问题是必须穷尽一切选言支。因为除论题外的选言支,每一支都是论题的反对判断,它们的总和与论题构成矛盾关系,因此当它们全部被否定后,根据排中律,就可确定只有论题是真的,是能够成立的。

选言证法的论证过程可表示如下：
① 求证： p
② 设： 或 p,或 q,或 r
③ 证： 或 p,或 q,或 r
　　　　 非 q
　　　　 非 r
④ 所以： p

在实际论证时,间接论证可以与直接论证结合使用。

第二节 论证的规则

(一) 论题应当清楚、明白

论题是论证的主旨。论题应当清楚明白是说论题所表达的含义必须清楚、确切,不能含糊其辞,也不能有歧义。因此,要用明确的语言表明论题,对于论题中关键性的概念,必要时要特别加以说明或定义,以避免歧义,否则就要犯"论题模糊"的错误。例如:

> 我们不赞成对现在的年轻人在生活上要求高一些就横加指责。人类社会不同时期有不同标准。不能认为现在的青年讲究吃得好穿得好就是不艰苦朴素。但我们也反对这种说法:现在的青年在自己经济条件许可的范围内讲究吃得好穿得好就不是不艰苦朴素。"艰苦奋斗、勤俭节约"的传统还是要讲的。

这段议论既反对批评青年人讲吃穿,又反对青年人讲吃穿,究竟中心论题是什么很不清楚。这就犯了"论题模糊"的错误。

(二) 论题应当保持同一

论题应当保持同一是说一个论证只能有一个论题,而且前后要一致,不能在论述过程中转移或偷换论题,要始终围绕这一论题来进行论证,也就是要遵守同一律的要求。如果论题没有保持同一,那么就会犯"转移论题"或"偷换论题"的逻辑错误。转移或偷换论题的表现形式常见的有如下两种:

1. 用内容完全不同的另一判断替换原论题

例如:

> 在法律面前,人人平等。无论是谁,只要触犯了法律就应受到法律的制裁。如果不是这样,某些人就会借手中的权力胡作非为。有的干部带头搞不正之风,损公肥私,使不正之风愈演愈烈。要纠正这种不正之风,首先应搞好党风,特别是要加强对党内各级领导干部的监督管理。为政要廉洁,办事要

公道。党内作风正派了就会带动整个社会风气的好转。当然,党外的同志也应自觉纠正和抵制不正之风,那种你搞我也搞的态度是不对的。

这段议论用"纠正和抵制不正之风"代替"在法律面前,人人平等",论题没有保持同一,犯了"转移论题"的错误。

2. 用近似于论题的判断替换原论题

常见的有"论证过多"或"论证过少"两种错误。例如,要论证"语言是没有阶级性的",而论证了"有些语言是没有阶级性的",这样的论证就犯了"论证过少"的错误。如果要论证"火星上可能有生命存在",却论证了"火星上必然有生命存在",这就犯了"论证过多"的错误。

(三) 论据应当是已知为真的判断

论证是由论据的真实推出论题的真实。要证实论题成立,则必须论据真实。如果论据虚假或真实性尚未得到证明,则论题的真实就失掉了依据、支持。如果一个论证所使用的论据是虚假的,那么就犯了"虚假论据"的错误。如果一个论证是以真实性尚未被证实的判断作论据,那么就犯了"预期理由"的错误。例如:

> 科学技术也是有阶级性的。因为科学技术被资产阶级所利用,为资产阶级服务,为资产阶级服务还能没有阶级性?

这个论证运用了省略三段论这种推理形式。这里省略掉的大前提"凡被资产阶级利用,为资产阶级服务的都有阶级性"是虚假的,因此犯了"虚假论据"的错误。又如:

> 地球是宇宙中唯一有生命的星体吗?当然不是。因为谁也不能说别的星球上一定没有生命存在。也就是说,除了地球以外,宇宙中可能还有有生命的星体。

上述论证以"宇宙中可能还有有生命的星体"为论据来论证"地球不是宇宙中唯一有生命的星体",这就犯了"预期理由"的错误。因为"宇宙中还有有生命的星体"这个判断还只是个假说,真实性尚未证明,由"可能如此"不能推出"必然如此"。

要使论证有论证性,就必须引用已知为真的判断作论据。不过要说明的是:论据虚假,论题未必就是假的。因为从推理的角度来看,当前提假时,结论也可能真。然而,由于论据是用来支持论题的,论据虚假,论题便失掉了支持,论证也就缺少论证性,因而论据必须是已知为真的判断。

(四)论据的真实性不应靠论题的真实性来论证

论证是由论据的真实来确立论题的真实,如果论据的真实又需要依赖论题的真实来证实,那么两者便互为论据,互为论题,实际上没有作出任何论证。违反这条规则就犯了"循环论证"的错误。例如,有人在论证"上帝存在"时说:

> 当我们思考着上帝时,我们是把上帝作为一切完美性的总和来思考的。但是,归入一切完美性总和的首先是存在的。因此,上帝一定存在。同时,因为不存在的东西必然是不完美的,我们必须把存在算在上帝的完美性之内。因此,上帝是完美的。

这段议论先用"上帝是完美的"为论据来论证"上帝是存在的"的论题,然后又用后者为论据来论证前者,违反了上述规则,犯了"循环论证"的错误。

(五)从论据应能推出论题

论据应是论题的充足理由。论据与论题之间必须具有逻辑联系,论据才能推出论题。违反这条规则就会犯"推不出"的错误。常见的"推不出"的错误有下列几种表现形式:

1. 论据与论题不相干

这是指论据与论题之间在内容上毫无关系。例如,十年动乱中一位教师因为用牛皮纸做毛选四卷的包书纸,就被打成"现行反革命"。理由是:用牛皮纸包毛选就是说毛主席的话是吹牛皮,说毛主席的话是吹牛皮的人就是现行反革命分子。这里,论据和论题是毫不相干的,因此犯了"推不出"的错误。

2. 论据不足

这是说论据应是论题的充足理由。如果论据不充分,那么由论据真实也推不出论题真实。例如：

> 听了韩素音的报告，才知她原来是个医生。看来知名的作家开始都是学医的。你看契诃夫原来是医生，柯南道尔、鲁迅、郭沫若都学过医。

3. 以相对为绝对

这是指把一定条件下的真实判断当作绝对的、无条件的真实判断作为论据来使用。例如，众所周知的"刻舟求剑"的故事，其主人公正是犯了"以相对为绝对"的逻辑错误。

4. 以人为据（诉诸人身）

这是指以权威人士的言行为据，或以某某声誉不佳的人的言行为据，对某一论点进行肯定或否定，并不考虑他们的言行是否符合客观实际。这种错误实际上是以攻击或颂扬某人的个人品质代替科学的论证。例如：

> 某人的话是不会错的。因为据说他是听他爸爸说的，而他爸爸是局长。

5. 违反推理规则

论证依赖于推理，论据和论题的逻辑联系体现在运用正确的推理形式上。如果论证中所运用的推理形式不正确，违反推理规则，那么，即使论据真实、充分，也不能推出论题的真实性。例如：

> 凡能够反映生活真实的文艺作品是有生命力的文艺作品。这个观点是绝对正确的。你看，这部文艺作品就是有生命力的，而且它又是反映生活真实的。

这一论证包含了一个三段论推理，它的推理形式是：

> 这部文艺作品是有生命力的，
> 这部文艺作品是反映生活真实的，
> ∴（凡能够）反映生活真实的（文艺作品）是有生命力的（文艺作品）。

该推理形式是无效的,违反了基本规则"前提中不周延的项在结论中不得周延"。"反映生活真实的文艺作品"犯了"小项扩张"的错误。因此这一论证违反了推理规则,犯了"推不出"的逻辑错误。

第三节　反驳及其方法

一、什么是反驳

反驳是根据一个或一些真实判断确定另一判断的虚假或确定某一论证不能成立的思维过程。例如:

> 有人主张办一切事情都要看本本上怎么写的,这是思想僵化的表现。如果一切都要从本本出发,那么本本上没有写的,我们就什么事情也不能办了。那样,社会就不能前进,它的生机就停止了。

这段话用真实的判断作为论据论证了"办一切事情都要看本本"这个判断是虚假的,亦即指出这种观点是错误的。

反驳的结构由三部分组成:(1)被反驳的论题,也就是需要被确定为虚假的判断。(2)反驳的论据,即用来作为反驳根据的判断。(3)反驳方式,即反驳中所使用的推理形式。

反驳是一种特殊形式的论证。反驳和论证既有联系又有区别。

论证与反驳的联系是:

反驳是用一个论证推翻另一个论证。因为确定某个判断的真实性也同时意味着确定了与之相矛盾的判断的虚假性;反之,确定一判断的虚假性也同时意味着确定了与之相矛盾的判断的真实性。在反驳中,可以直接确定对方的观点或论证不能成立,也可以通过证明自身的观点成立来确定对方的观点或论证不能成立。

论证与反驳的区别是:

论证是确定某一判断的真实性,它的作用在于宣传、阐明真理,重在"立";而反驳则是确定某一判断即对方论题为假或不能成立,它的作用在于揭露谬误、捍卫真理,重在"破"。

二、反驳的种类

根据反驳对象的不同,可将反驳分为反驳论题、反驳论据、反驳论证方式三种。反驳论题是确定对方论题的虚假性。反驳论据是确定对方论据的虚假性。如果对方论据虚假,那么其论题也就失掉了理由,论证也就不能成立。反驳论证方式是确定对方的论证方式不能成立,由论据推不出论题,这就说明对方的论证不具有逻辑性即论证性。这三者之中以反驳论题的力度为最强。

根据反驳时使用的推理形式的不同,可将反驳分为演绎反驳和归纳反驳。演绎反驳即反驳时使用的是演绎推理;归纳反驳即反驳时使用的是归纳推理。

三、反驳的方法

由于反驳时所使用的论据与被反驳的对象可以有不同的联系方式,因此便形成了不同的反驳方法。根据反驳时使用的方法的不同,可将反驳分为直接反驳、间接反驳和归谬法。

(一)直接反驳

直接反驳是用一个或几个真实判断直接推出某论题虚假的方法。直接反驳可以使用演绎反驳,也可以使用归纳反驳。例如,有一种观点认为"高考应实行各地统一的录取分数线",有的人反对,举出实例说明这样做是错误的。这就是直接反驳。

(二)间接反驳

间接反驳不直接指出对方论题的错误,而是先论证与被反驳的论题相矛盾或相反对的论题为真,然后根据矛盾律确定被反驳的论题为假。例如:

有人认为:"所有的社会现象都有阶级性。"这种观点是错误的。众所周知,语言现象就没有阶级性,而语言现象是社会现象,可见,有的社会现象就没有阶级性。

这是一个演绎反驳。"有的社会现象没有阶级性"这一论断通过一个三段论推理被证实为真,而它和被反驳的论题"所有的社会现象都有阶级性"这一判断是相矛盾的。根据矛盾律,两个互相否定的思想不能同时为真,其中必有一假。既然"有的社会现象没有阶级性"已经被证实为真,那么被反驳的论题当然就是假的了。

间接反驳的反驳过程可表示如下:
① 反驳:　　p
② 设:　　　非p(p与非p是矛盾关系或反对关系)
③ 论证:　　非p真
④ 所以:　　p假

在论证"非p真"时,可以使用各种不同的论证方式和方法,没有固定的程式和要求。

间接反驳是一种反驳方法,它和论证中所使用的反证法是有区别的:

首先,两者的作用不同。间接反驳用来确定某一判断的虚假性,而反证法用来确定某一判断的真实性。

其次,两者理论根据不同。间接反驳是通过确定与被反驳判断相矛盾或相反对的判断为真,再根据矛盾律(两个互相矛盾或反对的判断不能同真,必有一假)来确定被反驳判断的虚假性;而反证法则是通过确定反论题(即与原论题有矛盾关系的判断)为假,再根据排中律(两个互相矛盾的判断不能同假,必有一真)来确定原论题为真。由于二者理论依据不同,因此反论题与原论题关系不同。间接反驳中独立论证为真的判断与被反驳的判断可以是矛盾关系,也可以是反对关系;但反证法中的反论题与原论题之间是矛盾关系(也可以是下反对关系),而不能是反对关系。

(三) 归谬法

为了反驳某论题(即确定该论题为假),首先假设它为真,然后以它为前件构造一个充分条件假言判断,后件是明显虚假荒谬的情况。根据充分条件假言推理"否定后件就要否定前件"的规则,确定论题是假的。例如:

"生物不是进化的"这一观点是错误的。如果生物不是进化的,那么古生物和今天的生物不是就应该完全一样了吗?事实当然不是这样。

又如:

说"人都是自私的"是不对的。试想,如果人都是自私的,那么为抗击非典(非典型性肺炎)而牺牲在一线的医护人员不也是为自己了吗?这岂不荒谬吗?

归谬法的反驳过程可表示如下:

① 反驳: p
② 设: p 真
③ 论证: 如果 p 真,则 q
　　　　　非 q
　　　　　所以,并非 p 真
④ 所以: p 假

归谬法的关键是:由假定被反驳的判断为真出发,则必然得出荒谬虚假的结论。例如,前例中由"人都是自私的"这一前提出发,必然推出"为抗击非典而牺牲在一线的医护人员是为自己",这明显是荒谬的。

归谬法与反证法既有联系又有区别。它们的联系是:

反证法通过确定反论题为假间接确定原论题为真,在确定反论题为假时常常使用归谬法。因此反证法中运用了归谬法。

归谬法与反证法的区别是:

首先,两者目的不同。反证法用于论证,旨在确定某一判断为真;归谬法用于反驳,旨在确定某一判断虚假。

其次,两者结构不同。反证法结构复杂,需要设反论题,而归谬法结构较简单,不需要设反论题;反证法需要运用排中律,由确定反论题为假间接确定原论题为真,归谬法不用排中律,可根据充分条件假言推理"否定后件则可否定前件"的规则,直接推出被反驳论题为假。

直接反驳、间接反驳、归谬法,不仅适用于反驳论题,也适用于反驳论据。

反驳本身没有特殊的规则。由于反驳实际上是一种特殊的论证,因此论证的全部规则都适用于反驳。

《庄子·秋水》篇记载了这样一个故事:

> 庄子与惠子游于濠梁之上。庄子曰:"鯈鱼出游从容,是鱼之乐也。"惠子曰:"子非鱼,安知鱼之乐?"庄子曰:"子非我,安知我不知鱼之乐?"惠子曰:"我非子,固不知子矣;子固非鱼也,子之不知鱼之乐全矣。"庄子曰:"请循其本。子曰'女安知鱼乐'云者,既已知吾知之而问我。我知之濠上也。"

在这场论辩中,庄子感叹游鱼的快乐,惠子给予反驳。所要反驳的观点是"庄子知道游鱼是快乐的",反驳时所使用的论据是"只有对象本身才能知道对象的情况,你不是对象本身(游鱼),因此,你不知道对象的情况(游鱼之乐)"。这里,惠子使用了一个必要条件假言推理。庄子听了惠子的话,就援引他的推理方法进行类推,得出完全相反的结论。庄子的论据是:"只有对象本身才能知道对象的情况,你不是我,因此,你不知道我的情况(知道游鱼之乐)。"这时,惠子又援引庄子的话作为论据给予反击。他说:"由于我不是你,我就不知道你的情况,那么由于你不是鱼,你也就不知道游鱼的情况。"可以看出,二人用来反驳对方的反驳方法是一样的,此时惠子已经占据了主动,但是,庄子却巧妙地利用惠子问话中"安知鱼之乐"一语的歧义性,故意把这句话由反问句解释为一般疑问句,意思是惠子在请教庄子"你是怎么知道游鱼的快乐的"。这样解释就意味着惠子的问话中已经包含了"承认庄子是知道游鱼之乐的"这一层意思。于是,庄子转而化被动为主动,把这场争论的实质由对事物认知的分析转移到了对事物的艺术体察。通过这场论辩可以看出庄子的机智善变,也可以体会到逻辑论证与反驳的威慑力。

思 考 题

1. 什么是论证？论证三要素是什么？
2. 什么是直接论证？什么是间接论证？
3. 什么是反证法？什么是选言证法？它们各自的论证步骤是怎样的？
4. 论证的规则有哪些？违反规则所犯的相关逻辑错误是什么？
5. 什么是反驳？反驳的种类有哪些？
6. 间接反驳和归谬法的定义及逻辑形式是什么？

练 习 题

一、分析下列论证的结构，指出其论题、论据和论证方式及方法：

1. 领导我们的国家可以有两种不同的方针，就是放或者收。有的人主张用收的方法，采取收的方针是不对的（不许人家说不同的意见，这不是解决矛盾的方法，只能扩大矛盾）。所以我们必须采取放的方针。

2. 食盐是化合物。因为食盐是由不同种元素化合形成的新物质，而凡是不同种元素化合形成的新物质都是化合物。

3. 改革是十分必要的。如果不进行改革，广大干部和群众的积极性就调动不起来，生产力就得不到较快的发展，四化建设就没有希望。要大力发展生产力，加速实现四个现代化，不进行改革不行。

4. 马克思主义是真理，它是不怕批评的。如果马克思主义害怕批评，如果可以批评倒，那么马克思主义就毫无意义了。

5. 科学技术也是有阶级性的。因为，科学技术被资产阶段所利用，为资产阶级服务，为资产阶级服务还能没有阶级性？

6. 脑子用多了也会受到损害，因为辩证唯物主义认为人脑也是物质的,机器用久了都会磨损,人脑也不例外。

7. 从前有个人替别人写信,把"买枇杷"写成了"买琵琶"。一位秀才知道此事以后,写了下面的打油诗讽刺他:

> 枇杷不是此琵琶,只为当年识字差;
> 若使琵琶能结果,满城箫管尽开花。

诗中包含有一个论证,请指出它的论题和论证方法。

二、分析下列反驳的结构,指出其中被反驳的论题及反驳的方式和方法:

1. 某些资产阶级经济学者曾断定,"人口的增长是社会发展中的决定因素"。这是极其荒谬的。斯大林曾经指出:"如果人口的增长是社会发展中的决定因素,那么,较高的人口密度,就必然会产生相当于它的较高形式的社会制度。可是,事实上却没有这样的情形。"

2. 有的干部只顾农业、不顾林业,认为林业对发展农业关系不大。这种观点是十分错误的。要知道,林业与农业关系极为密切,因为森林具有调节气候、涵养水源、保持水土、防风固沙等作用。这些都是确保农业发展的必要条件,怎么能说林业对农业发展关系不大呢?

3. "羡慕就是没有出息",这是错误的看法。羡慕是一种向往和期待,很多人的努力和攀登都是从向往和期待开始的。《钢铁是怎样炼成的》一书中的主人公保尔,就十分羡慕伟大的革命者牛虻的战斗精神,这种精神成为他参加革命、驰骋疆场、为劳苦大众的解放而战斗的动力;我们的许多老一辈革命家年轻时也是因为羡慕马克思描绘的共产主义前景,向往没有压迫、没有剥削的社会,才毅然走上革命道路,为人民奋斗一辈子的;著名数学家陈景润在学生时代就十分仰慕历史上的伟大科学家,期待揭开数学王国的秘密,这也是他以后几十年锲而不舍、刻苦钻研的思想基础。以上事例说明,"羡慕"并非没有出息,而是恰恰相反,"很有出息"。

4. 苏轼有一首诗叫做《琴诗》,诗中这样写道:

> 若言琴上有琴声,放在匣中何不鸣?

若言声在指头上,何不于君指上听?

这首诗暗含着两个反驳。请指出每个反驳中被反驳的论题和运用的反驳方法。

三、下列论证是否正确?如不正确,违反了什么论证规则?犯了什么逻辑错误?

1. 一次讨论会上,关于"有没有'贾宝玉'这个人"的问题,有人说有,并指出《红楼梦》里的男主人公就是贾宝玉。另一些人说没有,并列举了史实,说《三国演义》中的曹操,在史书中有记载,可见曹操是确有其人的。而史书上没有贾宝玉的记载,所以是没有贾宝玉这个人的。

2. 生物是进化的,因为古代生物和现代生物有很大差异。为什么会有这么大的差异呢?这是因为生物是不断进化的。

3. 我国首次发射载人航天宇宙飞船完全是独立自主进行的。这是因为我国古代人就掌握了冶炼技术。

4. 埃及的金字塔是外星人来帮助建起来的。因为如果没有外星人飞到地球上来指导,那么当时的地球人不可能有这么高的科学技术水平。

5. 事物发展的原因是什么?唯物辩证法认为:事物发展的根本原因不在事物的外部,而在事物的内部,因为内因才是事物发展变化的根据。

6. 甲:"同志,刚才你讲话中有一个观点是错误的"。

   乙:"什么,我的观点是错误的?本人重点大学毕业,已经发表了好几篇学术论文,怎么会有错误?一个犯过错误、受到处分的人,有什么资格批评别人?"

第十一章 谬 误

谬误,从广义上讲,指一切与客观实际不相符合的认识和言论。谬误广泛存在于谈话、讲演、论证、反驳等各种语言交际活动中,它的表现形式也是多种多样的。根据谬误成因的不同,可将谬误区分为形式谬误与非形式谬误。从语言学的角度来看,谬误也可以从语形、语义、语用三方面来区分。另外,从主观动机来看,一般认为,谬误是无意之误;诡辩是有意之误。从逻辑的观点看,诡辩实际上是为了达到一定目的而有意制造的谬误,只不过这种谬误更隐蔽,手法更高明,更不易被人察觉而已。因此,将诡辩纳入谬误之中,更符合形式分析的要求。

辨析谬误,有助于规范自身的逻辑思维,防范和识别逻辑错误,加强批判意识,更好地提高思维品质。本章仅就主要的谬误形式作一简单介绍。

第一节 形式谬误

形式谬误是指违反形式逻辑推理规则的谬误,主要体现于违反演绎推理规则的推理形式以及含有无效推理的论证形式。

一、推理形式谬误

一个有效的演绎推理,必须遵守相关的推理规则。只有这样的推理,才能保证由真前提出发时所推导出的结论是必然真实而又可靠的。反之,即使前提是真实的,但推理没有遵守相关推理规则,那么其结论肯定不可靠,同时也未必真实,这种推理即无效推

理,含有无效推理的谬误即推理形式谬误。例如:

  在某住宅小区的居民中,大多数中老年教师都办了人寿保险,所有买了四居室以上住房的居民都办了财产保险,而所有办了人寿保险的都没办财产保险。因此,所有买了四居室以上住房的居民都不是中老年教师。

  上述内容涉及两个直言三段论:(1)所有办了人寿保险的都没办财产保险;大多数中老年教师都办了人寿保险,所以,大多数中老年教师都没办财产保险。(2)大多数中老年教师都没办财产保险;所有买了四居室以上住房的居民都办了财产保险,所以,所有买了四居室以上住房的居民都不是中老年教师。

  (1)的推理形式为:(MEP∧SIM)→SOP,这一推理形式是有效的。(2)的推理形式为:(POM∧SAM)→SEP,这一推理违反了"前提中不周延的项在结论中不得周延"这一三段论推理的规则,犯了"大项扩张"的逻辑错误,因此该推理是错误的。又如:

  只有获得观众喜爱的电视作品,才会有高收视率。不少韩国的电视剧能够在中国热播,说明这些韩国电视剧受到观众的喜爱。反之,某电视谈话节目收视率低,说明该节目不受观众欢迎。

  上述内容涉及两个假言推理:(1)只有获得观众喜爱的电视作品,才会有高收视率;不少韩国的电视剧在中国热播(有高收视率),所以,这些韩国电视剧受到观众的喜爱。(2)只有获得观众喜爱的电视作品,才会有高收视率;某电视谈话节目收视率低,所以,该节目不受观众欢迎。

  (1)的推理形式为:((p←q)∧q)→p,这一推理形式是有效的。(2)的推理形式为:((p←q)∧¬q)→¬p,这个推理违反了必要条件假言推理的规则"否定后件不能否定前件",因此该推理是错误的。凡是违反了相关规则的推理都是错误的推理,自然也就是谬误的一种表现。

二、论证形式谬误

推理是论证的工具,错误的推理必然导致错误的论证。

论证是以已知为真的判断为依据,确立另一判断真实性的思维过程。一个较为复杂的论证,常常是运用各种推理,特别是演绎推理作为逻辑依据,把论据和论题有机地联系起来,用论据来证明论题。就论证中所运用的演绎推理而言,只有形式有效,其前提与结论间的联系才具有逻辑的必然性,也就是说,该论证的论据与论题之间才存在必然的逻辑联系,该论题才得以证实。因此,如果在论证过程中所运用的某个演绎推理是违反相关推理规则的,那么这个论证形式就是错误的。例如:

明天的球赛你买票了吗?
——我不买。
为什么?
——因为如果不下雨,球赛就可以进行。天气预报说这几天有雨,可见球赛肯定不能进行。既然如此,我何必要买票呢?

上面的论述中包含了一个充分条件假言推理:"如果不下雨,球赛就可以进行;这几天有雨,所以,球赛不能进行。"这一推理的推理形式$((\neg p \rightarrow q) \land p) \rightarrow \neg q$违反了相关的规则"否定前件不能必然否定后件",该推理形式无效,因此,该论证的论证形式有误。又如:

我们知道,学校办不好,常常和该校的校长管理不得法有关。那么,什么样的校长是管理不得法的校长呢?经验告诉我们:所有切实关心教师福利的校长,都被证明是管理得法的校长;而切实关心教师福利的校长,都首先把注意力放在解决中青年教师的住房上。因此,那些不首先把注意力放在教师住房上的校长,都不是管理得法的校长,也就是管理不得法的校长。

以上论述含有如下三段论推理:(1)所有切实关心教师福利的校长,都被证明是管理得法的校长,而切实关心教师福利的校长,都首先把注意力放在解决中青年教师的住房上,因此,有些首先把注意力放在解决中青年教师的住房上的校长是管理得法的校长。(2)有些首先把注意力放在解决中青年教师的住房上的校长是管理得法的校长,那些校长不是首先把注意力放在教师住房上的校长,因此,那些校长不是管理得法的校长。

(1)的推理形式为:(MAP∧MAS)→SIP,这一推理形式是有效的。(2)的推理形式为:(MIP∧SEM)→SEP,这一推理违反了规则"前提中不周延的项在结论中不得周延",犯了"大项扩张"的错误。

在一个论证中,无论运用哪一种类型的演绎推理,都要注意遵守相关推理规则,否则就会出现论证形式方面的相关谬误,如三段论推理中的"大项扩张"错误、相容选言推理中的"误用肯定否定式"错误等。有关内容可参看第五、第六章。

在演绎推理的每一种类型中,都有与有效推理形式相反的多种无效形式。这些无效形式都是违反相关类型推理的推理规则的。因此,运用相关推理规则来进行检验,就可以帮助我们迅速发现论述中的逻辑形式谬误。

第二节 非形式谬误

非形式谬误是指除形式谬误以外的一切谬误,即在一定语用环境中由语言、心理、认知等因素造成的谬误。按照谬误形成原因的不同,可将非形式谬误分为语言谬误、相关谬误以及论述谬误。

一、语言谬误

(一)语词谬误

语词谬误是由于语言使用者有意无意错误地使用词语所造成的。常见的错误有词义混淆、词类误用、搭配不当等。例如:

① 文革时期……对毛泽东的个人崇拜达到了顶端。

② 古代埃及、巴比伦和希腊的文明都是在这里产生和发达起来的。

③ 他渐渐地爬起来，吃力地走着。

④ 小红飞也似的跑进屋，大声嚷道："母亲，明天我要上学了，你快给我买个书包吧！"

例①应把"顶端"改为"顶点"（或"顶峰"），错在词义混淆；例②应把"发达"改为"发展"，错在将形容词误作为动词使用；例③"渐渐"不能修饰"爬"，应把"渐渐"改为"慢慢"，错在词语搭配不当；例④应把"母亲"改为"妈妈"，错在将书面语误作为口语使用。

此外，在语言交际活动中，语词及短语本身的模糊性、多义性，词的兼类，词语的活用也都可能造成会话双方对该语词在理解上的分歧。例如：

① 谁说要去十三陵？

② 这些西红柿还没熟，你怎么就摘下来了？

——你不是说，西红柿红了就熟了吗？这些西红柿都已经发红了呀！

③ 根据1898年的《胶澳租界条约》，德国获得"在山东境内修筑胶济铁路权、铁路沿线三十里内矿产开采权……"。

例①中的"谁"可以是一般疑问代词，也可以特指"我"；例②中的"熟"词义自身具有模糊性。因此，这两例在理解上都可以产生歧义。例③中的"铁路沿线三十里内"语义含混模糊。清王朝解释为"铁路沿线两侧共三十里"，德方解释为"铁路沿线两侧各三十里"。

(二) 语句谬误

在同一语句中，由于句法、语序、语义指向等原因可能会造成成分残缺、成分赘余、语序失调、句式杂糅等谬误。例如：

① 高分子材料用在医药上，大致可分为机体外使用与机体内使用。

② 自从小宋对我说明实情后，我在心里真是由衷地感谢对方。

③ 成熟的苹果下坠,是由于它对地球的引力作用。

④ 她虽不到 40 岁,但已是满头银发记载着生活对她的磨砺。

例①错在缺少宾语,可在句尾增加"两种"二字;例②错在状语成分中出现赘余,"在心里"和"由衷地"应去掉一个;例③错在语序失调,"它"与"地球"应位置互换;例④错在句式杂糅,应分成两句:在"银发"后加一逗号,在"记载"前添加"这银发"三字。

此外,由于语义指向、重音、停顿、语境等原因也可能造成理解上的歧义。例如:

① 那张照片上有我弟弟和妹妹的朋友。

② 我想跟你学书法。

③ 父在母先亡。

例①中"有我弟弟和妹妹的朋友"可以有两种语义结构;例②中重音的位置有多种可能;例③中可有两种停顿的位置。凡此种种都可造成理解上的分歧。

(三)语段谬误

在一个语段中,由于对某些事物属性的归属在认识上有错误而导致在叙述中出现的谬误可视作语段谬误。这主要表现为把整体对象的属性误作为构成整体的个体的属性,或将部分个体对象所具有的属性误当作整体所具有的属性。前者称分举的谬误;后者称合举的谬误。例如:

① 高等院校遍布全国各地,华侨大学(国立)属于高等院校,因此,华侨大学遍布全国各地。

② 青年人对新生事物最敏感。他是青年人,所以他对新生事物最敏感。

③ 中国女子乒乓球队的王楠是世界冠军,张怡宁是世界冠军,所以,中国女子乒乓球队当然是世界冠军。

例①例②两例中分别把作为集合体的整体所具有的属性当作构成集合体的某一部分个体的属性,因而犯了分举的谬误;例③则把构成集合体的个体的属性当作作为集合体而存在的整体的属性,因此犯了合举的谬误。

以上语言谬误都是由于使用者背离思维基本规律,背离语法、语用规律或由于自然语言自身的模糊性所造成的。这种谬误同形式谬误一样,影响着人们的认知活动,是不利于人们正确认识客观事物的。关于这一类谬误可参看第二章第八节的有关内容。

二、相关谬误

就语言的功能而言,自然语言有表述意义,即表述客观事物的情况;有表现意义,即表达说话者对事物的态度;同时也有激动意义,即激发、影响自己或别人的情感、意志和行动。就人类的心理而言,人类有认知心理、情感心理和意志心理。可见,人类语言功能和心理因素具有多样性。因此,在语言交际活动中,讲话人可以用言词激发人们心理上的热情、欢喜、仇恨、恐怖等情感,诱导人们接受其观点。这种诱导,其论据与论题之间在逻辑上并没有关联性,但在心理上具有关联性。此时,虽说讲话人的论述可能是错误的,但由于心理因素的作用,人们可能会不自觉地认同其论述及观点。这就是心理相关性谬误。这一类谬误的主要形式是诉诸人身、诉诸经验和诉诸情感。

(一)诉诸人身

利用人们对权威、名流的崇拜、迷信心理,或利用人们对反面人物的厌恶、鄙视心理,或利用人们对他人的趋同、从众心理,或利用人们对小人物的同情、怜悯心理等等进行诱导,使受众在不知不觉中放弃理性审视,而从感情上自然地接受讲话人的观点与论述。这就是诉诸人身的谬误。例如,某商家为了推销一种积压的减肥产品,对产品进行了重新包装和大力宣传,并聘请了多个明星演员做广告,宣扬其减肥效果多么多么神奇。尽管价格昂贵,但是仍然吸引了众多白领丽人蜂拥而至,争相购买。

又如,在讨论全国个人所得税起征点应该是多少的时候,A说:"我认为定在2300元最合理。因为在全国总工会的调查会上大多数人都是这样的看法。"B说:"我看一定是2000元,因为这是我们单位的小苏说的,他可是研究这方面问题的专家。"C说:"小苏的话最不能相信了——他曾经被公安局审查过,听说是有行贿的问题。"D说:"应该定为1500元。"别人问他为什么,他说:"这是我的老岳父说的。他是国家税务局的官员,他说的当然是对的。"于是众人都点头称是。

(二) 诉诸经验

人的思维活动是对客观事物的能动反映。它是先天性与后天性的统一、自然性与社会性的统一、客观性与主观性的统一。这说明人自身在直接的社会实践活动中所取得的经验对于人的认知具有极大的影响。但从个体的经验积累中所归结出的认识未必都是正确的,因此,当人们仅凭自身有限的经验去判断一个观点、一段论述的真伪时,就容易导致谬误。

例如,小李和小张两个老朋友多年未见了,好几年前,小李就知道小张结婚了。于是,一见面,小李就问小张:"你家里都好吗?孩子已经上中学了吧?"没想到小张却回答说:"哪的话呀,我们还没孩子呢!"

(三) 诉诸情感

情感是人对待客观事物(包括人)的态度的体验。激动、热爱、舒畅、怜悯、满意、愤怒、忧郁、悲哀、恐惧、憎恨、厌倦,都是人们常常产生的情感。人在与现实事物发生关系的过程中,许多事物对人具有这样或那样的意义,人对它们就会产生肯定或否定的态度。情感可以影响和感化他人的态度,并引起"共鸣"。比如,人们在观看文艺节目时,情绪与情感常随故事情节的变化而产生喜怒哀乐等各种复杂的情感体验。利用情感的这种功能和特性,别有用心者就会在特定的场合、环境中,制造一种氛围,使人们暂时脱离理智的轨道,陷入谬误的泥淖。例如,非法传销的组织者或宣扬邪教的骗子们在拉拢欺骗不知情者时,常常采用聚众宣讲的方式。实际上他们是运用各种手段进行心理暗示,反复灌输某种荒诞的所谓真谛并不断加以强化,唤起听众的情感冲动,通过定向体验的反复刺激来诱导听众受骗上当。

又如,号称美国旅店皇后的利昂娜是拥有10亿美元的旅店业大老板,其丈夫哈里是拥有50亿美元资产的大房地产主。利昂娜因偷税罪被起诉。她在有数百人旁听的法庭上,装出一副可怜相,哭哭啼啼地求情说:"没有人能够想象我感到多么羞惭。我觉得我如在噩梦之中。三年前,我失去了独生儿子杰伊。我求求你们,不要再让我离开哈里。我们俩这一辈子只有工作和相互扶持,除此之外,我们什么也没有。"

显然,利昂娜是想通过诉诸怜悯来影响法官对她的判决。

三、论述谬误

所谓论述谬误,即论述过程中出现论题含混或论据失真或论证失效等因背离论述主旨而造成的谬误。论述的科学性首先在于有完整的论题、论据、论证方式,全部论证应是符合论证规则的。含有论述谬误的论证则直接违反了论证规则。其论述或是论题含混不清,或是论据不真实,或是论据与论题在内容上无关,失去了论证应有的功能。论述谬误主要表现为论题不清、论据虚假、循环论证、因果倒置、假设前提、诉诸无知、轻率概括、制造稻草人(歪曲对方的论题并将其结果强加给对方,然后再对此予以驳斥)等。

根据论证的结构,论述谬误可以分为论题谬误、论据谬误和论证谬误。

(一)论题谬误

论题谬误是指论述的中心观点不明确或前后不一致;或在论述过程中有意改变论述中心,将论据与论题混为一谈;或有意歪曲对方观点后再对其结果加以驳斥。由此造成的论题谬误包括论题不清、转移或偷换论题、制造稻草人等。例如:

① 我国经济发达地区不都在东南沿海。你看:重庆在大西南,吸引外资的实力雄厚;新疆在西北,经济发展速度也很快。而河北赞皇县地处东部,可是现在那里的百姓大部分生活还很贫苦。可见,东南沿海地区也不都是发达的。

② 创作的基础是生活经验,生活经验除了亲历之外,也

包括所遇、所见、所闻的事情。作者写出作品来，对于其中的事情，虽然不必亲历过，最好是经历过。有人对此责难说："难道写杀人还得去杀人；写妓女还得去卖淫吗？"

③甲：现在市场上新出的药真是买不起。就算XBC这种药对胃溃疡有效，一包10元也太贵了。

乙：那最低价5000元的胃溃疡手术呢？还别说多么疼痛和危险。

甲：这么说就应该花100元买一把牙刷和牙线了？要不然龋齿和牙周炎会花掉几千元。

乙：研制新药投资巨大，成功的很少，除非有获利的可能，否则别想让厂子冒险。

甲：但是你还是没有说明为什么XBC要定价那么高？如果当初预计的利润比现在的低一半又怎么样呢？

　　例①涉及的论题有"我国经济发达地区不都在东南沿海"和"东南沿海地区不都是发达的"，论述中心到底是什么无从断定。因此这段论述犯了"论题不清"的错误。例②中，责难者是以假设对方的论题是"创作的基础是亲身经历"来偷换对方原来的论题，把一个荒谬虚假的判断强加给对方，然后再对此进行反驳。这种谬误就属于"制造稻草人"谬误。这就像预先绑扎一个稻草人来代表对方，然后用对稻草人的攻击来代替对对方观点的驳斥。例③中，乙方把"XBC定价为一包10元太贵了"这一论题偷换成"XBC的价格比手术便宜"，犯了"偷换论题"的错误。

　　（二）论据谬误

　　科学的论证对论题、论据即所涉及的判断都有明确的要求，以真判断为论据，人们才可能沿着正确的思路对较为复杂的事物理出头绪，从而说明其论断是正确的。论据谬误是说在论证中所使用的论据本身不真实或者真实性不能确立。例如，"全球经济一体化为中国经济的发展带来了机遇"这一判断是符合客观实际的。由此出发，我们确定了加入世界贸易经济合作组织、进一步扩大改革开放的方针。事实证明，我们的决策是正确的。反之，以错误的认识作为依据,即使随后的证明是符合逻辑的,那么也不能保证其论断必然正确。这一类谬误主要表现为虚假论据、假设前提、诉诸无知等。例如:

① 20世纪50年代,我国在人口生育方面毫无节制,导致这种错误做法的直接原因是主要领导人认为:人多智慧多,热气高,干劲大。只要有了(很多的)人,就没有克服不了的困难,没有干不成的事,因此,我们不必对人口生育进行限制。此后半个多世纪的事实说明:以这一片面的认识为国策,使得中国的人口在短时间内过度膨胀,导致国家的经济发展受到制约,造成了大量的社会问题。

"人多"与"没有克服不了的困难,没有干不成的事情"之间并不存在必然的充分条件联系,因此作为论据的"只要人多,就没有克服不了的困难,没有干不成的事情"这一判断是不符合事实的,犯了"虚假论据"的错误。

② 甲:我不染发了,因为染发会得癌的。
　　乙:这只是推测,还没有被证明。所以,染发不会得癌症。放心吧。

这里,"染发会得癌症"还没有被证明,也就是说对这个问题目前还是无知的。而乙据此就断定"染发不会得癌症",这就犯了"诉诸无知"的错误。

③ 目前,人类尚处在探索、征服其他星球的过程中。然而,某美国人却注册了一家"宇宙有限公司",擅自宣布月球及其他星球的土地归他个人所有,并开始在世界各地出卖月球上的土地。

这一切实际上是在假设地球人对其他星球的土地拥有所有权的基本前提下进行的。但是地球人对其他星球的土地是否就一定拥有所有权,这还是个未知数。因此这实际上是犯了"假设前提"的错误。况且,即使地球人对其他星球的土地拥有所有权,那么是否就可以归于某个个人所有呢?这又涉及分举的错误。

(三) 论证谬误

有效的论证,其前提是论据和论题在内容上要有必然的内在联系。论证谬误是说从论证内容来看,论据与论题不相干。论证谬误的主要形式是论据缺失、循环论证、因果倒置、强词夺理、轻率概括等。例如:

① 有人说:"地球是球体,可以从这样的事实得到证明:我们站在高处看海中船驶来,总是先看见桅杆后看见船身。之所以这样,就因为地球是球体。况且,如果地球不是球体,为什么叫做地球呢?"

这一论述犯了"循环论证"的错误。

② 为了加快我国的发展,必须大力发展私人轿车工业。因为发达国家中,私人大部分有轿车。

从总体状况看,私人拥有轿车是发达国家经济发展的结果,而不是原因。这一论述属于"因果倒置",是明显的谬误。

③ 制作和销售假文凭、假证件,已经成为当今社会一大公害。公安和司法部门对此进行了多次突击整治,捣毁了一批窝点,宣判和惩治了一批罪犯。但是,社会上制作和销售假文凭、假证件的势头并不见减弱多少。这说明:所破获的制假售假窝点只占这些窝点的很少比例。由此也证明我们的公安、司法力量还很薄弱。

这一论证中,关于公安和司法部门对于制假售假窝点的惩治只涉及"一批窝点、一批罪犯",并没有在数量上进一步作出说明。因此,得出"所破获的制假售假窝点只占这样窝点的很少比例"这一论断,理由是不充分的。"由此也证明我们的公安、司法力量还很薄弱"更是缺乏根据。因此,这一论证犯了"轻率概括"的错误。

思 考 题

1. 什么是谬误?
2. 谬误的种类有哪些?
3. 形式谬误主要包括哪几类?
4. 非形式谬误主要有哪几类?

练 习 题

一、请指出下列议论中的谬误,并分析其种类及实质:

1. 张三真的是北京人,因为他会说北京话。会说北京话怎么能不是北京人呢?

2. 妻子:杰克,我真的想不明白:为什么我在前天晚上那么晚了还想吃甜食?

   丈夫:亲爱的,你这个该死的怪念头可把我们弄惨了。你前天晚上真的必须吃那种甜食吗?如果不是因为你固执己见的话,我们就不会冒雨开车行三英里的路去找那家饭店,就不会因陷入低洼而失去对车的控制,就不会在凌晨2点钟掉到吉姆的鱼塘里了。现在我们欠他900美元,以赔偿他的损失。还好,你对甜食的爱好没有使我们付出生命的代价。

   妻子已经从心底里感到内疚了,杰克仍在火上浇油。

3. 哈里:今天早上你看起来像霜打了的样子。是怎么了?

   伯特:我不知道,哈里。不过,这些天来我一直睡不好觉,我常常感到心在震颤。

   哈里:我记得我有一次也是这样的。我睡眠不足,心就有点震颤。想办法多睡一点,伯特。在床上看一会儿电视,或者与梅格聊一会儿,会有助于你入睡的,震颤也会好的。

4. 吸烟也要受限制?这可不行!如果我们让政府规定我们

能或不能在什么地方抽烟,那还说什么一切为了我们的健康和安全?那样的话要不了多久,政府就会规定我们能或不能在什么地方喝水;然后再规定我们能或不能在什么地方吃饭、骑车、走路、说话或者……到那时,我们就会拱手把我们的自由交给那些当政的官员们。我们哪里还会有健康和安全?

  5. 评论员:像你这样一个有名的专业演员,录制这么一首具有煽动性的歌曲,难道不是一个错误吗?你的听众大多是十几岁的青少年,而你的唱片向人们传递的信息却是呼吁性解放,并且传播一些"少儿不宜"的东西。

  演 员:先生,我是一个艺术家,我有充分的权利诉说我的心声。我国宪法不是保证每个人的言论自由吗?任何人休想剥夺我的这个权利。

  评论员:我当然并不想剥夺你的任何权利,你当然有权去说你在你歌中所说的东西。可是,你觉得你宣传那些东西合适吗?

二、请从下列各题的备选答案中选出正确的答案:

1. 张先生买了一块新表。与家里的挂钟对比,他发现手表比挂钟一天慢了三分钟。后来他又把家里的挂钟与电台的标准时间对比,发现挂钟比电台标准时一天快了三分钟。张先生因此推断:他的新手表是准时的。

 A. 张先生的推断是正确的。
 B. 张先生的推断是错误的。
 C. 张先生的推断既无法断定是正确的,也无法断定是错误的。
 D. 张先生的推断中包含了"语言歧义性"谬误。
 E. 张先生的推断中不包含"语言歧义性"错误。

2. 下列议论中含有"稻草人"谬误的有:

 A. "你这些事情做得不对。""我怎么不对了?难道所有的事情我都做错了吗?只有你对,别人都不对吗?"
 B. "小东因为打架被老师批评了。这件事情应该告诉他爸爸。""作为父亲,他肯定会袒护他的孩子。袒护孩子的行为是最愚蠢的行为,应该对他父亲进行严肃认真的教育。"

C. "禽流感将会在全球蔓延。""是啊,人类的灾难将要又一次降临了。"

D. "谁气我我就气谁。""我也是,谁烦我我就烦谁。"

E. 这些孩子,真像一群刚刚飞出笼的小鸟。

3. 许多人并不了解自己,也不想设法了解自己。这些人可能会去试图了解别人,但很少会成功,因为连自己都不了解的人是不可能了解别人的。所以,缺乏自我了解的人是不会了解别人的。

上述议论中存在的逻辑谬误是:

A. 论据虚假

B. 转移论题

C. 因果倒置

D. 论题不清

E. 循环论证

4. 物种灭绝是大自然的规律。据科学家估计,在人类使用最原始的工具以前,地球上曾经存在的物种就已经灭绝了大半。大自然的这种不断产生和消亡物种的恒常过程,被那些指责人类因使用技术而影响了环境,并由此而造成新近的物种灭亡的人所忽视。这些人必须明白:现代灭绝的物种即使没有人类技术的应用,现在也会灭绝的。

以下哪项指明了上述论证中存在的最严重的逻辑缺陷?

A. 作者错误地假设技术的应用不会导致任何环境上的破坏。

B. 作者忽视了这样一个事实:目前尚未灭绝的物种面临着灭绝的危险。

C. 作者没有考虑到可能存在着还没有被科学家区分和研究过的物种。

D. 作者只引证了一部分科学家的观点,这些科学家是那些支持"半数以上曾经存在的物种已经灭绝"这一理论的,作者却没有提到任何一个不支持这一理论的科学家。

E. 作者没有提供明确的证据表明现代灭绝的物种与在没有人类技术存在的情况下将会灭绝的物种是同样的。

第十二章 现代逻辑基础知识简介

第一节 命题逻辑

命题是通过陈述语句反映事物情况的思维形式。形式化的命题逻辑(以下简称命题逻辑)是现代形式逻辑——数理逻辑的基础部分。它是研究以命题联结词为核心、简单命题为元素所构成的复合命题的逻辑性质及其相互间的推导关系的,是用公理化的方法或自然演绎方法推导出全部命题逻辑的规律并予以系统化从而得到的公理系统。现就有关内容作一简单介绍,以便深化对推理、论证知识科学性的理解,以利于提高逻辑素养。

一、重言式

(一) 命题联结词和真值形式

1. 命题联结词

命题联结词是仅仅表示复合命题与支命题在真假方面的关系的联结词。例如,"人都有祖先并且西红柿是蔬菜"这一联言命题在实际生活中是毫无意义的,但在命题逻辑中,这个命题的逻辑值为真。原因在于这里的"并且"仅仅表示这一命题与它的两个支命题在真假方面具有相应的联系,即两个支命题均为真与该复合命题为真之间的彼此对应的必然联系。也就是说,命题联结词仅仅是对处在复合命题中的自然语言中同类词语在真值(真和假都称作命题的真值)意义上的抽象和概括,它表示支命题的真假和由它们所构成的复合命题的真假之间的关系(这样的关系叫作真值函数)。至于说支命题之间、支命题与该复合命题在内容、意义方面的联系则不予考虑。

命题联结词在命题逻辑中一般有五个：否定（并非……）、合取（……并且……）、析取（……或……）、蕴涵（如果……那么……）、等值（当且仅当……则……）。这五个联结词依次分别用符号表示为：$\neg , \wedge , \vee , \rightarrow , \leftrightarrow$。这五个命题联结词的含义即第四章中各真值表所反映出的相关逻辑性质。

2. 真值形式

真值形式是指由真值联结词（命题联结词）和命题变项所构成的形式结构，也就是各种复合命题的命题形式。所谓命题形式，其外延定义是：

(1) 任何命题变项 p,q,r…… 是命题形式，且 $\neg p, p \wedge q, p \vee q, p \rightarrow q, p \leftrightarrow q$ 是命题形式。

(2) 如果 A 和 B 是命题形式，那么 $\neg A, (A \wedge B), (A \vee B), (A \rightarrow B), (A \leftrightarrow B)$ 也是命题形式。

根据上述定义可知：$p, p \wedge (q \rightarrow p), \neg \neg p, (\neg p \vee \neg q) \rightarrow (p \rightarrow q)$ 等都是真值形式；而 $p \rightarrow, \rightarrow \rightarrow q$ 等由于不符合规定，所以不是真值形式。

在命题逻辑中，基本的真值形式有五种：

否定式：$\neg p$

合取式：$p \wedge q$

析取式：$p \vee q$

蕴涵式：$p \rightarrow q$

等值式：$p \leftrightarrow q$

(二) 真值形式的种类

1. 重言式（永真式）

一个真值形式，如果不论其中的命题变项取值是什么，它的真值永远为真，那么这个真值形式就是重言式，也叫永真式。例如：$p \vee \neg p, p \rightarrow p$ 等。

2. 矛盾式（永假式）

一个真值形式，如果不论其中的命题变项取值是什么，它的真值永远为假,那么这个真值形式就是矛盾式,也叫永假式。例如：$\neg p \wedge p, \neg(p \to p)$等。

3. 偶真式（可满足式）

一个真值形式,如果对于其中命题变项的某些真值组合取值为真,对于其中命题变项的另一些真值组合取值为假,那么这个真值形式叫做偶真式,也叫可满足式。例如：$p \vee q, (p \vee q) \wedge (p \to q)$等。

在这三种真值形式中,重言式尤为重要。因为重言式是逻辑真理的表现形式,是真值联结词的逻辑规律,因而也就是关于各种复合命题的逻辑规律。命题逻辑中全部有效推理都表现为重言式,传统逻辑中的同一律、矛盾律、排中律也都表现为重言式。因此,我们检验一个推理是否有效,就可以通过检查这一真值形式是否为重言式来决定。在重言式中,又以重言蕴涵式和重言等值式最为重要。它们是人们进行逻辑推理的根据。

常用的重言式都是逻辑规律,现将主要的列举如下：

(1) $p \to p$ 　　　　　　　　　　同一律
(2) $\neg(p \wedge \neg p)$ 　　　　　　　　矛盾律
(3) $p \vee \neg p$ 　　　　　　　　　排中律
(4) $(p \to q) \wedge p \to q$ 　　　　　　分离律
(5) $(p \to q) \wedge \neg q \to \neg p$ 　　　　否后律
(6) $(p \vee q) \wedge \neg p \to q$ 　　　　　否析律
　　$(p \vee q) \wedge \neg q \to p$ 　　　　　否析律
(7) $p \wedge q \to p$ 　　　　　　　　合简律
　　$p \wedge q \to q$ 　　　　　　　　合简律
(8) $p \to (q \to p \wedge q)$ 　　　　　　并合律
(9) $p \to p \vee q$ 　　　　　　　　析取引入律
(10) $p \vee p \leftrightarrow p$ 　　　　　　　幂等律
　　 $p \wedge p \leftrightarrow p$ 　　　　　　　幂等律
(11) $(p \to \neg p) \to \neg p$ 　　　　　　蕴简律
　　 $(\neg p \to p) \to p$ 　　　　　　　蕴简律
(12) $(p \to q) \wedge (q \to r) \to (p \to r)$ 　　三段论律

(13) $(p\rightarrow r \wedge \neg r) \rightarrow \neg p$	归谬律
(14) $p \leftrightarrow \neg \neg p$	双否律
(15) $(p \rightarrow q) \leftrightarrow (\neg q \rightarrow \neg p)$	换位律
(16) $\neg(p \wedge q) \leftrightarrow \neg p \vee \neg q$	德摩根律
$\neg(p \vee q) \leftrightarrow \neg p \wedge \neg q$	德摩根律
(17) $p \wedge q \leftrightarrow q \wedge p$	交换律
$p \vee q \leftrightarrow q \vee p$	交换律
(18) $(p \wedge q) \wedge r \leftrightarrow p \wedge (q \wedge r)$	结合律
$(p \vee q) \vee r \leftrightarrow p \vee (q \vee r)$	结合律
(19) $p \wedge (q \vee r) \leftrightarrow (p \wedge q) \vee (p \wedge r)$	分配律
$p \vee (q \wedge r) \leftrightarrow (p \vee q) \wedge (p \vee r)$	分配律
(20) $(p \rightarrow q) \leftrightarrow \neg p \vee q$	蕴析律
(21) $(p \leftrightarrow q) \leftrightarrow (p \rightarrow q) \wedge (q \rightarrow p)$	等值律
$(p \leftrightarrow q) \leftrightarrow (p \wedge q) \vee (\neg p \wedge \neg q)$	等值律
(22) $p \leftrightarrow p \wedge (q \vee \neg q)$	加元律
$p \leftrightarrow p \vee (q \wedge \neg q)$	加元律

二、命题的真值判定方法

要判定一个推理是否有效,可以有多种方法,如在第四章中介绍的真值表判定方法,此外还可以运用归谬赋值法、真值树法、范式方法等。下面介绍归谬赋值法。

归谬赋值法是简化的真值表方法,它主要应用于判定蕴涵式和可转换为蕴涵式的等值式、析取式。这种方法的基本思想是:要说明一个蕴涵式是重言式,那么也就意味着前件真而后件假是不可能的。即如果前件真而后件假,则这种情况下给变项的赋值一定会出现逻辑矛盾。因此,可以先假定某蕴涵式的逻辑值为假,即假定其前件为真而后件为假,由此来倒推其变项的赋值(根据联结词的真值定义)情况。如出现逻辑矛盾,则证明该蕴涵式为重言式;如果不出现逻辑矛盾,则说明该形式不是重言式。例如:

① 判定 p∧(p→q)→(¬q→¬p)是否为重言式。

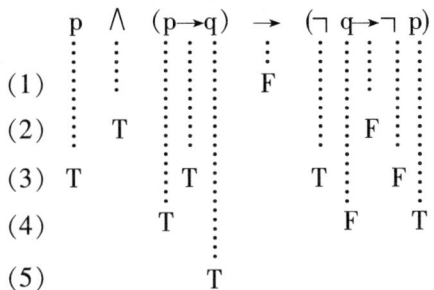

其中变项 q 出现了逻辑矛盾,这就表明原来的假设(前件真而后件假)是不成立的。既然如此,那么该蕴涵式不存在前件真而后件假的情况,也就是说该公式不能为假,所以原公式为重言式。

② 判定(p→q)→(q→¬p)是否为重言式

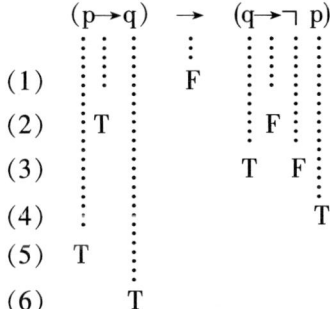

根据以上推导,变项的赋值没有出现逻辑矛盾,因此该命题形式不是重言式。

三、命题的自然推理

传统逻辑是用自然语言来表述的,由于自然语言的歧义性、地域性等特点导致了它的模糊性和不准确性,因此,现代逻辑运用形式语言来构造逻辑系统。形式语言是一种能表意的、具有精确规则的符号系统。命题的推理系统包括公理系统和自然推理系统两类。现仅就命题的自然推理系统作一简单介绍。

命题的自然推理系统是用形式化的方法建立起来的符号系统之一,命题的自然推理是形式推理关系的序列。它的主要特征是运用推理规则,通过引进和消去假设而推出形式结论。自然推理系统不止一个,虽然彼此间等价,但它们各自的初始规则不尽相同。作为基本的推理方法,常用的主要规则有:

1. 合取引入规则:

$$\frac{A, B}{A \wedge B}$$

2. 合取消去规则:

$$\frac{A \wedge B}{A}$$

$$\frac{A \wedge B}{B}$$

3. 析取引入规则:

$$\frac{A}{A \vee B}$$

$$\frac{B}{A \vee B}$$

4. 析取消去规则:

$$\frac{A \vee B}{\neg A}$$
$$\frac{}{B}$$

$$\frac{A \vee B}{\neg B}$$
$$\frac{}{A}$$

5. 蕴涵引入规则:

如果增加前提 A 能推出 B,则由原来的前提能推出 A→B。

这条规则是说,可以在一个推导中的任何地方引入一个公式为假设前提,而结论为以该假设为前件,以所推出的结论为后件的蕴涵式。

6. 蕴涵消去规则:

$$\frac{A, A \to B}{B}$$

7. 等值引入规则:

$$\frac{A \to B \quad B \to A}{A \leftrightarrow B}$$

8. 等值消去规则:

$$\frac{A \leftrightarrow B, B}{A}$$

$$\frac{A \leftrightarrow B, A}{B}$$

9. 否定引入规则:

$$\frac{A \to (B \land \neg B)}{\neg A}$$

10. 否定消去规则:

$$\frac{\neg \neg A}{A}$$

运用以上规则,我们可以对日常生活中的推理加以证明。例如:

① 要想有博士学位,就得先有硕士学位;要有硕士学位,就得先有学士学位。因此,要想有博士学位,就得先有学士学位。

先对这个推理进行形式化。其前提是:p→q;q→r,结论是:p→r。形式证明如下:

(1) p　　　　　　　假设
(2) p→q　　　　　前提
(3) q　　　　　　　(1),(2),根据规则 6
(4) q→r　　　　　前提
(5) r　　　　　　　(3),(4),根据规则 6
(6) p→r　　　　　(1),(5),根据规则 5(消去假设(1))

②本届足球联赛如果上海队得第三,那么如果河北队得第二,则云南队得第四。或者北京队不得第一,或者上海队得第三,事实上河北队得第二。因而,如果北京队得第一,则云南队得第四。

先对这个推理进行形式化。其前提是:p→(q→r);⌐s∨p;q,结论是:s→r。形式证明如下:

(1) s　　　　　　　　假设
(2) ⌐s∨p　　　　　　前提
(3) p　　　　　　　　(1),(2),根据规则 4
(4) p→(q→r)　　　　前提
(5) q→r　　　　　　(3),(4),根据规则 6
(6) q　　　　　　　　前提
(7) r　　　　　　　　(5),(6),根据规则 6
(8) s→r　　　　　　(1),(7),根据规则 5

第二节　谓词逻辑

谓词逻辑是在命题逻辑的基础上,增加了能刻画简单命题的新符号,把简单命题变成可以进行各种逻辑运算的公式,这样就可以进一步分析相关的命题和推理。谓词逻辑是现代逻辑的基础,命题逻辑是它的一个子系统。

一、自然语言命题的符号化

（一）谓词逻辑公式的组成

谓词逻辑公式由个体词、谓词、联结词、量词组成，其中个体词和谓词可分为常项和变项，联结词仍是命题逻辑中的联结词。按照结合力依次递减的顺序排列，包括：¬，∧，∨，→，↔。量词有两种：全称量词（∀）和存在量词（∃）。例如，"有的大学生吸烟"，其谓词逻辑公式为：（∃x）（Sx∧Tx）。其中，∃为存在量词；Sx中，S为谓词，表示"是大学生"；x为个体变项，表示该类中的一个个体；∧为联结词，表示合取；Tx中，T为谓词，表示"是吸烟的"这个类；x为个体变项，表示该类中的一个个体。

如果在一个公式中，量词只对个体词进行数量限制，而没有对谓词作数量限制，那么这样的谓词逻辑称为一阶谓词逻辑或狭谓词逻辑；如果量词对个体词和谓词都作数量限制，那么这样的谓词逻辑称高阶谓词逻辑或广义谓词逻辑。这里只对一阶谓词逻辑中的基础知识作简要介绍。

在传统逻辑中，A、E、I、O四种直言命题形式在谓词逻辑中的表达式依次为：

1. （∀x）（Sx→Px），读作：对所有x而言，如x是S，则x是P。

2. （∀x）（Sx→¬Px），读作：对所有x而言，如x是S，则x不是P。

3. （∃x）（Sx∧Px），读作：至少存在一x，它是S并且是P。

4. （∃x）（Sx∧¬Px），读作：至少存在一x，它是S并且不是P。

谓词逻辑公式中还可以有表示关系变项的符号以及关系常项和函数的符号，如R，=，>，≠，+，- 等，用以刻画关系命题。这里就不再一一列举和说明。

(二) 自然语言命题符号化

把简单命题符号化比较容易,把复合命题符号化时,就需要仔细了解原来命题的含义,尽量使所采用的符号清楚,并注意个体变项是否应该处在某个量词的辖域中。例如:

① 牛奶既好喝又有营养。
② 如果所有的大学生都是团员,那么,有的人是团员。
③ 如果有的提议不正确,那么,如果没人投反对票,有人会愤怒的。

上述三例可分别用符号表示为:

① $(\forall x)(Sx \to Dx \wedge Ex)$
② $(\forall x)(Sx \to Px) \to (\exists x)(Gx \wedge Px)$
③ $(\exists x)(Sx \wedge \neg Px) \to ((\forall y)(Dy \to \neg Ty) \to (\exists z)(Dz \wedge Gz))$

二、谓词自然推理

(一) 谓词自然推理的规则

谓词自然推理是在命题自然推理的基础上进行的,所不同的是增加了量词。因此在进行谓词自然推理时,除要用到命题自然推理的规则外,还要用到关于量词使用的规则,即量化规则。量化规则共有四条,现分别介绍如下:

1. 全称量词消去规则:

$$\frac{(\forall x)(Ax)}{Ay}$$

这条规则的意义是:如果某类中的每个个体都具有某性质,那么,该类中任取的一个个体就具有该性质。例如:

大学生类中的每一个个体都是学生,那么大学生中的任意一个个体就是学生。

2. 全称量词引入规则：

$$\frac{Ay}{(\forall x)(Ax)}$$

这条规则的使用有一个条件，即如果从前提的集合能推出某个体域(类)任取的某个体有某性质，则从前提的集合能推出所有个体有某性质。它的意义是：如果从某类对象中任意选出的某个个体具有某性质，那么该类的全部个体都具有该性质。例如：

  任意选出的某个菱形四条边是全等的，那么对所有的菱形来说，任何的一个就都是四条边全等的。

3. 存在量词消去规则：

$$\frac{(\exists x)(Ax)}{A\alpha}$$

这条规则实际是从存在命题推出单称命题，因而它的使用也有限制，即它所推出的个体要用一个不确定的个体词表示，如 α、β。这条规则的意义是：至少存在一个个体具有某属性，因此，有某个体具有该属性。例如：

  至少有一只动物是哺乳类动物，那么，有某只动物是哺乳类动物。

4. 存在量词引入规则：

$$\frac{Sx}{(\exists y)Sy}$$

这条规则的意义是：有一个个体具有某属性，因此，至少存在某个个体，该个体具有该属性。例如：

  有一本书是逻辑学教材，因此，至少存在某一本书，这本书是逻辑学教材。

(二) 谓词推理的形式推演

在进行谓词推理时，首先要把自然语言的推理形式化，然后遵照谓词自然推理的全部规则进行推演，在推演过程中根据需要消去或添加量词，最后得出结论。例如：

① 所有电子邮件都是通过互联网传递的,这封信不是通过互联网传递的,因此,这封信不是电子邮件。

先把这个推理形式化,然后进行推演如下:

(1) $(\forall x)(Hx \to Ax)$　　　　前提
(2) $\neg Ay$　　　　　　　　　　前提
(3) $/\therefore \neg Hy$　　　　　　　　　结论
(4) $Hy \to Ay$　　　　　　　　(1),全称量词消去
(5) $\neg Hy$　　　　　　　　　(2),(4),否定后件

② 珍珠既美丽又昂贵,有些珍珠是人工养殖的,所以,有些人工养殖的东西是美丽的。

先把这个推理形式化,然后进行推演如下:

(1) $(\forall x)(Px \to (Dx \land Ux))$　　前提
(2) $(\exists x)(Px \land Sx)$　　　　　　前提
(3) $/\therefore (\exists x)(Sx \land Dx)$　　　　结论
(4) $P\alpha \land S\alpha$　　　　　　　　(2),存在量词消去
(5) $P\alpha \to (D\alpha \land U\alpha)$　　　　(1),全称量词消去
(6) $P\alpha$　　　　　　　　　　(4),合取消去
(7) $S\alpha$　　　　　　　　　　(4),合取消去
(8) $D\alpha \land U\alpha$　　　　　　　(5),(6),蕴涵消去
(9) $D\alpha$　　　　　　　　　　(8),合取消去
(10) $S\alpha \land D\alpha$　　　　　　(7),(9),合取引入
(11) $(\exists x)(Sx \land Dx)$　　　(10),存在量词引入

思 考 题

1. 什么是命题联结词?共有几种?用哪些符号表示?
2. 什么是真值形式?什么是重言式?常用的重言式有哪些?
3. 命题的真值判定方法有哪些?什么是归谬赋值法?
4. 谓词逻辑公式由哪几部分组成?传统逻辑中的 A、E、I、O 命题对应的谓词逻辑表达式是什么?

5. 谓词逻辑中有哪些量化规则？怎样进行谓词自然推理的形式推演？

练 习 题

一、用归谬赋值法判定下列蕴涵式是否为重言式：

1. (p∧q)→(¬p→q)
2. p→(q→p)
3. ((p→q)→q)→(p∨q)

二、用命题自然推理规则证明下列日常推理：

1. 如果他学了这门课(p)，他的学分就够了(q)，如果他的学分够了，他就能申请学位(r)，所以，如果他学了这门课，他就能申请学位。

2. 如果张三参加(p)或李四参加(q)，则 A 队将取胜(r)。张三参加并且王中也参加(s)，所以 A 队将取胜。

三、写出下列命题的谓词逻辑表达式：

1. 所有党的干部都是共产党员。
2. 有的商品是廉价的。
3. 所有的谬误都不是真理。
4. 有的汽车不是进口的。
5. 任何传染病都由某种细菌或病毒诱发。
6. 人人都要有环境保护意识。

四、对下列推理进行谓词推理的形式推演：

1. 芙蓉花是可以吃的，只有食物才是可以吃的。而凡食物都是有营养的，所以，所有的芙蓉花都是有营养的。

2. 毒药既危险又有用，有些毒药是裹着糖衣的，所以，有些裹着糖衣的东西是危险的。

3. 只有不守旧的人才是善于创新的人，有些善于创新的人不是年轻人，所以，有些不守旧的人不是年轻人。

各章练习题参考答案

第一章 绪 论

一、请指出下列概念的含义：

1. 思维：人脑特有的机能，是人脑对客观事物间接、概括的反映。

2. 承载思维内容的方式。基本的思维形式包括概念、判断（命题）、推理。

3. 思维的逻辑形式：具有不同思维内容的某种类型的思维形式所共同具有的一般形式结构。

4. 逻辑方法：抽象化的思考方法。如：明确概念的逻辑方法、寻求因果联系的逻辑方法等。

二、请指出下列各段议论中"逻辑"一词的含义：

1. 客观规律　2. 思维规律　3. 客观规律　4. 原理
5. 观点、看法　6. 观点、看法

三、请指出下列各组判断是否具有相同的判断形式：

1. 是　2. 不是　3. 不是　4. 是

四、选择题：

1. B　2. B　3. B

五、请列举具有下列逻辑形式的判断和推理：

1. 如：所有的芭蕉都是热带植物。

2. 如：有的动物不是哺乳类动物。

3. 如：所有的成果都是劳动换来的；科研成果是成果，所以，所有的科研成果都是劳动换来的。

4. 如：如果团结协作，那么就能攻克难关；这个集体是团结协作的,所以,他们攻克了难关。

5. 如:所有的宠物都不是野生动物,所以,并非有的宠物是野生动物。

第二章 概 念

一、填空:

1. 反映对象特有属性(或本质属性)
2. 内涵 外延
3. 普遍概念 单独概念
4. 同一关系 真包含关系 真包含于关系 交叉关系 全异关系
5. 增加 缩小
6. 内涵 外延
7. 被定义项 定义项 定义联项 种差 邻近属
8. 母项 子项 划分依据
9. 定义 划分 限制 概括
10. 属种 种属

二、下列各段文字中括号内的部分是从内涵方面还是从外延方面说明引号内的概念的?

1. 外延 内涵
2. 内涵 外延
3. 内涵 内涵 外延

三、下列语句中括号内的概念是单独概念还是普遍概念?是正概念还是负概念?

1. 普遍概念 正概念
2. 单独概念 正概念
3. 普遍概念 负概念
4. 普遍概念 正概念
5. 普遍概念 正概念
6. 单独概念 正概念
7. 单独概念 正概念
8. 普遍概念 负概念
9. 普遍概念 正概念

　　　　普遍概念　负概念
10. 普遍概念　正概念
　　　普遍概念　正概念
　　　普遍概念　正概念

四、选择题：

1. D　　　　2. C　D　　　　3. D

五、分别画出下列各组概念的欧拉图：

1.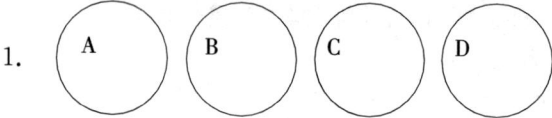

2.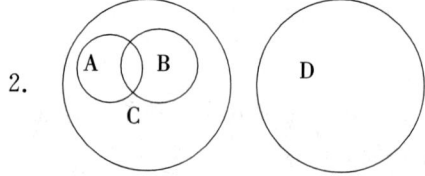

3.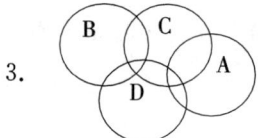

4.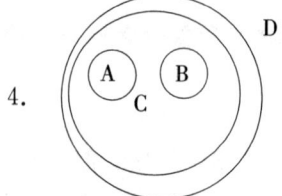

5.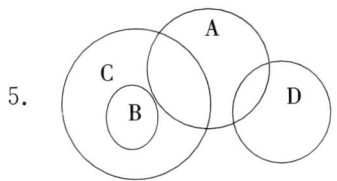

6.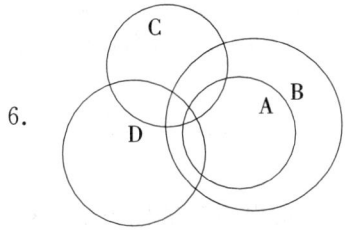

六、下列各题中加括号的语词是在集合意义下使用表达集合概念,还是在非集合意义下使用表达非集合概念?

1. 集合概念　　2. 非集合概念　　3. 集合概念
4. 非集合概念　5. 集合概念　　　6. 非集合概念
7. 非集合概念　8. 非集合概念

七、下列各题是否属于划分?为什么?

1. 不属于划分。前后概念间关系不是属种关系。
2. 同上　　　3. 同上　　　4. 同上

八、下列定义和划分是否正确?如不正确,违反了哪些规则?

1. 不正确。违反定义的规则"定义一般不使用否定形式"和"定义项不得直接或间接包含被定义项"。

2. 不正确。违反定义的规则"定义必须清楚确切"(包括不能使用比喻)。

3. 不正确。违反定义的规则"定义必须相应相称",定义项的外延过窄。

4. 不正确。违反定义的规则"定义一般不使用否定形式"。

5. 不正确。违反划分的规则"在同一次划分中根据必须同一"和"划分后的子项应是互相排斥的"。

6. 不正确。违反划分的规则"划分不能越级"。

7. 不正确。违反划分的规则"划分必须相应相称",划分不全,缺少"推理"这一子项。

8. 不正确。违反划分的规则"划分必须相应相称",多出子项"对立关系"。

九、下列概括和限制是否正确？为什么？

1. 概括不正确,前后不是种属关系;限制正确。

2. 概括不正确,前后不是种属关系;限制错误,前后不是属种关系。

3. 概括正确;限制不正确,前后不是属种关系。

4. 同上。

十、请从运用概念的角度指出下列语句中是否有逻辑错误？如有,请说明错误的性质。

1. 划分有误。违反规则"划分必须相应相称",既犯了"划分不全"的错误——少了子项 c,又犯了"多出子项"的错误——多出了子项 B。

2. 划分有误。违反规则"在同一次划分中根据必须同一",犯了"混淆根据"的错误。后一个子项与前六个子项不是同一根据。同时也违反了"划分后的子项应是互相排斥的"的规则,犯了"子项相容"的错误。

3. 限制有误。"年轻"与"青年"语义重复,属"多余限制"。

4. 混淆概念间的关系。"仙人掌"与"植物"是种属关系,误当作全异关系。

5. 概念混淆。"心灵"与"人"是不同的概念,不具有"落下泪水"的属性。

6. 概念模糊。"讲课受到学生欢迎"和"有过缺勤记录"都是模糊的概念。

7. 错误①：划分有误。违反规则"在同一次划分中根据必须同一",犯了"混淆根据"的错误。"黑白的、彩色的"和"遥控的"、"十四寸的、二十一寸的"三类子项的依据不同,同时也违反"在同一次划分中子项应是互相排斥的"的规则,犯了"子项相容"的错误。

错误②：混淆概念间关系。"书法"和"草书"为属种关系，误当作全异关系。

错误③：概念混淆。"书籍"为集合概念，误当作非集合概念使用。

8. 错误①：混淆概念间关系：
(1)"副食品"与"餐具"为非属种关系，误当作属种关系。
(2)"碗、盘、调羹"与"副食品"为全异关系，误当作种属关系。

错误②：概念混淆：
(1) 将"各大商店"与"各大商店的领导者"相混淆。
(2) 将"各大公司"与"各大公司的采购人员"相混淆。

错误③：限制有误。"各大公司的好评"属多余限制。

第三章 判断(一)

一、下列语句是否表达判断？如果表达，表达的是哪一种类型的判断？如果表达性质判断，其主、谓项的周延情况如何？

1. 不表达　　2. 不表达
3. 表达　全称肯定判断　主项周延，谓项不周延
4. 表达　特称否定判断　主项不周延，谓项周延
（或：特称肯定判断　主、谓项都不周延）
5. 表达　全称肯定判断　主项周延，谓项不周延
6. 表达　单称肯定判断　主项周延，谓项不周延
7. 表达　特称肯定判断　主项不周延，谓项不周延
8. 表达　全称否定判断　主项周延，谓项周延
9. 表达　对称性关系判断
10. 表达　反对称性关系判断

二、填空：
1. 对事物情况有所断定　　2. 主项　谓项　量项　联项
3. 同一　真包含于　　4. 不定　假　不定

5. 不定　真　不定　　　　6. 真　假　真
7. SAP　　　　　　　　　8. 全异
9. 真包含　交叉　全异　　10. 真包含　交叉
11. 同一　真包含于　　　　12. 真包含　交叉　全异

三、选择题：
1. A　　2. B　　3. A　　4. D　　5. B
6. C　　7. B　　8. A　　9. C　　10. D

四、根据同素材性质判断的对当关系，指出下列各组判断在逻辑方阵中是什么关系？
1. 差等关系　　2. 下反对关系　　3. 差等关系
4. 矛盾关系

五、双项选择题：
1. A C　　2. A C　　3. A C　　4. A D　　5. A D
6. B D　　7. B D　　8. C D　　9. A D　　10. C D
11. A D

六、选择题：
1. B C D E　　　2. A C E　　　3. B C E
4. A C D

七、从对称性的角度，分析下列判断中画有横线的关系各属于何种关系？
1. 反对称性关系　　2. 对称性关系　　3. 对称性关系

八、从传递性角度，分析下列判断中画有横线的关系各属于何种关系？
1. 传递性关系　　2. 反传递性关系　　3. 非传递性关系

九、下列语句在表达判断方面有无逻辑错误？如果有，错误的性质是什么？

1. 有逻辑错误。联项使用不当。应去掉一个否定词"不"。

2. 有逻辑错误。非传递性关系误当作传递性关系，"好朋友"是非传递性关系。

3. 有逻辑错误。主、谓项不相应，主项断定了两个方面，谓项只断定了一个方面。

4．有逻辑错误。量项使用不当,应使用特称判断,却误用了全称判断。

5．有逻辑错误。量项使用不当,应使用全称判断,却误用了特称判断。

6．有逻辑错误。主、谓项不相应。"劳动"与"一天"不搭配。

7．有逻辑错误。联项使用不当。应去掉"少出"二字。

8．有逻辑错误。主、谓项不相应。"营业员"与"学生"不搭配。

9．有逻辑错误。主、谓项不相应,主项断定了一个方面,谓项断定了两个方面。

10．没有逻辑错误。

第四章　判断（二）

一、下列判断属于哪种类型的复合判断？
1．充分条件假言判断　　2．负全称肯定判断
3．必要条件假言判断　　4．并列关系联言判断
5．相容选言判断　　　　6．不相容选言判断
7．并列关系联言判断　　8．转折关系联言判断
9．不相容选言判断　　　10．充分条件假言判断

二、写出下列判断的逻辑形式：
1. $p \rightarrow q$　　　　2. $p \leftrightarrow q$　　　　3. $p \wedge q$
4. $(p \wedge q) \leftarrow r$　　5. $\neg p \rightarrow (q \vee r)$　　6. $p \vee q \vee r$
7. $\neg p \rightarrow \neg q$

三、下列陈述中,哪些为真？哪些为假？
1．真　2．真　3．假　4．假　5．真　6．假　7．假　8．真
9．真　10．真

四、写出下列负判断的等值判断：
1．有的独生子女不是娇生惯养的。
2．有的人没去过香港。

3. 没有贪污,但是犯了错误。

4. 这一年风调雨顺,但没获得丰收。或者:这一年不是风调雨顺,但获得了丰收。

5. 孩子不吃巧克力也长得好。

6. 虽然学好了外语,但不能出国。

7. 这封信既是寄往广州的,又是寄往上海的。或者:这封信既不是寄往广州的,又不是寄往上海的。

五、单项选择题:

1. C   2. D   3. B   4. D   5. A   6. B

六、多项选择题:

1. A B C D   2. B D E   3. A B E

4. C D E   5. A B C D   6. A B D E

七、将下列假言判断形式转换成与之等值的另一种形式的假言判断,并写出其逻辑形式:

1. 要想优育,就要优生。　　　　　　$q \rightarrow p$

2. 只有了解市场,才能占领市场。　　$q \leftarrow p$

3. 只有 q,才非 p。　　　　　　　　$q \leftarrow \neg p$

4. 如果非 q,则 p。　　　　　　　　$\neg q \rightarrow p$

5. 当且仅当我不参加,他才不参加。　$\neg q \leftrightarrow \neg p$

6. 如果小云去,那么小明和小红也去。　$r \rightarrow (p \wedge q)$

八、表解题:

1. 设 p:你正确

　　q:我正确

　则 A:$\neg(\neg p \vee \neg q)$

　　　B:$\neg(\neg p \rightarrow q)$

列表如下:

p	q	¬p	¬q	¬p∨¬q	¬p→q	¬(¬p∨¬q)	¬(¬p→q)
T	T	F	F	F	T	T	F
T	F	F	T	T	T	F	F
F	T	T	F	T	T	F	F
F	F	T	T	T	F	F	T

由上表可知：A 与 B 为反对关系判断。

2. 设p：某公司录用了小黄

   q：某公司录用了小林

   则 A：p→¬q

   B：¬p

列表如下：

p	q	¬p	¬q	p→¬q
T	T	F	F	F
(T	F	F	T	T)
F	T	T	F	T
F	F	T	T	T

由上表可知：当 A、B 恰有一假时（括号中的情况），某公司录用了小黄而没有录用小林。

3. 设p：甲懂英语

   q：乙懂英语

   则 A：p→¬q

   B：p∨¬q

   C：p∧¬q

列表如下：

p	q	¬q	p→¬q	p∨¬q	p∧¬q
T	T	F	F	T	F
T	F	T	T	T	T
F	T	F	T	F	F
(F	F	T	T	T	F)

由上表可知:当其中有两个为真时(括号内的情况),甲不懂英语,乙也不懂英语。

4. 设 p：小丁去疗养
   q：小马去疗养
   则甲：p→q
   乙：p←q
   丙：p∨q
列表如下：

p	q	p→q	p←q	p∨q
(T	T	T	T	T)
T	F	F	T	T
F	T	T	F	T
F	F	T	T	F

由上表可知:要同时满足三位领导的要求,就要让小丁、小马都去疗养(括号内的情况)。

第五章 演绎推理(一)

一、填空：

1. 由一个或几个已知判断引出新判断
2. 演绎 归纳 类比
3. 判断变形 对当关系
4. 由两个包含着一个共同词项的性质判断而推出一个新的性质判断的演绎推理
5. 假 假
6. SEP SEP
7. SOP SIP
8. 有的判断是用语句表达的

9. 两个前提中如果有一个是否定的,结论必然是否定的
10. PAM
11. 对称性关系
12. 换位　判断变形

二、对下列判断进行换质,写出结论及该推理的逻辑形式:
1. 有些错误是可以避免的。　　　　　　$SO\overline{P} \to SIP$
2. 语言不是有阶级性的。　　　　　　　$SA\overline{P} \to SEP$
3. 不信仰共产主义的是非马克思主义者。$\overline{S}EP \to \overline{S}A\overline{P}$
4. 有些战争不是正义的。　　　　　　　$SI\overline{P} \to SOP$

三、对下列判断进行换位,写出结论及该推理的逻辑形式(不能换位的结合原理给予说明):
1. 安逸和享乐不是生活的目的。　　　　　　$SEP \to PES$
2. 有些艺术性比较强的作品是优秀的文艺作品。$SAP \to PIS$
3. 不能换位。如换位,"夜空中发亮的"违反规则"前提中不周延的项在结论中不得周延"。
4. 有些画家是书法家。　　　　　　　　　　$SIP \to PIS$

四、下列推理是否有效?为什么?
1. 有效。矛盾关系推理。
2. 无效。下反对关系,SOP 真时,SIP 真假不定。
3. 无效。违反换位法判断变形推理的规则"前提中不周延的项,在结论中不得周延"。"P"这一项由不周延变为周延。
4. 无效。同上。"S"这一项由不周延变为周延。
5. 无效。下反对关系,SIP 真时,SOP 真假不定。
6. 无效。违反换位法判断变形推理的规则"前提中不周延的项,在结论中不得周延"。"不学日语的"这一项由不周延变为周延。
7. 无效。因为前提根据换质法判断变形推理可得:"有些样品不是出售的"。但根据下反对关系,SOP 真时,SIP 真假不定,故不能推出结论。
8. 有效。矛盾关系推理。
9. 有效。反对关系推理。

五、下列直接推理能否成立？如能成立，请写出其推理形式：

1. 不成立　　2. 成立，$SAP \rightarrow SE\overline{P} \rightarrow \overline{P}ES$　　3. 不成立

六、分析下列三段论的结构（指出大前提、小前提、结论并说明是第几格）：

1. 大前提：文学作品需要塑造艺术形象
   小前提：学术论文不需要塑造艺术形象
   结　论：学术论文不是文学作品
   第二格

2. 大前提：鲁迅是文学家
   小前提：鲁迅是学过医的
   结　论：有些学过医的是文学家
   第三格

七、下列三段论是否正确？如不正确，违反了哪条一般规则和格的特殊规则？

1. 不正确。违反了"前提中不周延的项，在结论中不得周延"的规则和第一格的规则"小前提必须是肯定的"。

2. 不正确。违反了"中项至少周延一次"的规则和第二格的规则"前提中必须有一个是否定的"。

3. 不正确。理由同1（"工人不都是团员"，即"有的工人不是团员"）。

4. 正确。

5. 不正确。违反了"中项至少周延一次"和"两个特称前提推不出结论"的规则，没有违反格的规则。

6. 不正确。大前提经矛盾关系推理后为"有的唯物主义者是马克思主义者"，小前提整理后为"所有的共产主义者都是马克思主义者"，违反了"中项至少周延一次"的规则和第二格的规则"前提中必须有一个是否定的"及"大前提必须是全称的"。

7. 不正确。大前提经换质法推理后为"全称判断的主项都是周延的"。违反了"中项至少周延一次"的规则和第二格的规则"前提中必须有一个是否定的"。

8. 不正确。省略的大前提为"不发烧的没有病"或"没病的

不发烧"。前者是不真实的;由后者参与构成的完全式为第二格三段论,违反了"中项至少周延一次"的规则和第二格的规则"前提中必须有一个是否定的"。

9. 不正确。大前提经矛盾关系推理后为"有的团员是留学生",小前提整理后为"所有的留学生都是大学毕业生",违反了"前提中不周延的项,在结论中不得周延"的规则和第四格的规则"如果小前提是肯定的,则结论必须是特称"以及"结论不能是全称肯定判断"。

10. 正确。

11. 不正确。大前提经矛盾关系推理后为"有的大学毕业生不要谋职",小前提经换质法推理后为"摄影爱好者要谋职",违反了"前提中不周延的项,在结论中不得周延"和"有一个前提是特称,则结论必是特称"的规则以及第二格的规则"大前提必须是全称的"。

12. 正确。大前提经换质法推理后为"优秀演员是受群众欢迎的",小前提整理后为"有的歌手不受群众欢迎",该推理为第二格三段论。

八、在下列括号内填入适当的符号,构成一个有效的三段论:

1.　　M（A）P
　　　　S（A）M
　　　　─────
　　　　∴ S A P

2.　　P（A）M
　　　　S（E）M
　　　　─────
　　　　∴ S E P

3.　　P E M
　　　　M（A）S
　　　　─────
　　　　∴ S（O）P

九、证明下列各题:

1. 结论是全称判断,则小项在结论中周延,根据三段论第二条一般规则,小项在前提中也应是周延的。与此同时,中项如果周延两次,那么小前提必须是全称否定判断。此时若能推出结论,那么根据三段论第四条一般规则,结论必然是否定判断。这就意味着大项在结论中是周延的。根据三段论第二条一般规则,此时大项在前提中也必须是周延的。也就是说,大项、小项以及两次出现的中项在前提中全部都是周延的。在这种情况下,就要求两个前提必须都是全称否定判断。而根据三段论第三条一般规则,此时是推不出结论的。因此结论是全称判断的正确三段论,中项不能周延两次。

2. 正确三段论的三个项,如果都周延两次,则两个前提必须都是全称否定判断才可以满足要求。但根据规则,两个前提都是否定的推不出结论,因此正确三段论的三个项,不能分别周延两次。

十、下列关系推理是否正确?

1. 正确　　2. 不正确　　3. 正确　　4. 不正确

十一、下列推理形式中,有效的是哪些?

1. B　　　2. B　　　　3. 无效
4. 有效　　5. 有效　　　6. 无效

十二、多项选择题:

1. A B C D E　　2. A D E　　3. A D E
4. A C D　　　　5. A B C D

十三、问答题:

1. SEP 换质后结论中的谓项是不周延的,该结论再作为前提进行换位,得出的结论中的主项变成周延的了,违反了规则"前提中不周延的项在结论中不得周延"。

2. 换位法直接推理不能改变前提的质,所以结论仍是肯定判断。另外,全称肯定判断的谓项是不周延的,换位后做结论的主项,根据规则"前提中不周延的项在结论中不得周延",该项仍不得周延,因此必须是特称肯定判断。

3. 结论中的谓项是大项;前提中出现而在结论中不出现的是中项;结论中的主项是小项;含有大项的前提是大前提;含有小项的前提是小前提。

4. 结论不能是否定判断。大前提是 I 判断时,大项在前提中必然是不周延的。根据规则"前提中不周延的项在结论中不得周延",所以大项在结论中不周延。大项是结论的谓项,而肯定判断的谓项是不周延的,否定判断的谓项是周延的,所以结论不能是否定判断。

十四、分析下列省略三段论,指出省略了哪一部分,然后恢复成完全式,并分析是否正确:

1. 省略了结论"我们必须旗帜鲜明"。完全式是:

① 我们必须坚持真理,坚持真理必须旗帜鲜明,因此,必须旗帜鲜明的是我们。

② 坚持真理必须旗帜鲜明,我们必须坚持真理,因此,我们必须旗帜鲜明。

恢复后的完全式中,②是有效的第一格形式,前提也是真实的,故该省略式是正确的。

2. 省略了大前提"受观众热烈欢迎的影片是优秀影片"。完全式是:

① 受观众热烈欢迎的影片是优秀影片,《生死抉择》是受观众热烈欢迎的影片,因此它是优秀影片。

② 优秀影片是受观众热烈欢迎的影片,《生死抉择》是受观众热烈欢迎的影片,因此它是优秀影片。

恢复后的完全式中,①是有效的第一格形式,前提也是真实的,故该省略式是正确的。

3. 省略了小前提。完全式是:

① 没有价值的书很少有人借,这里的书很少有人借,因此,这里的书没有价值。

② 没有价值的书很少有人借,很少有人借这里的书,因此,这里的书没有价值。

因为这两个完全式都是无效的形式,因此,该省略式是错误的。

第六章 演绎推理(二)

一、填空:

1. 相容选言推理 不相容选言推理
2. 否定肯定式

3. 肯定前件就要肯定后件,否定后件就要否定前件;否定前件不能否定后件,肯定后件不能肯定前件

4. (p←q)∧¬p → ¬q   (p←q)∧q→p

5. 简单构成式　简单破坏式　复杂构成式　复杂破坏式

6. 假　真　假

7. 真　真　真　真

8. ∧

9. ¬r

二、下列推理各属于演绎推理的哪一种类型？写出相应的推理形式。

1. 联言推理的分解式　　　　　　(p∧q)→q
2. 充分条件假言推理的肯定前件式　(¬p→¬q)∧¬p→¬q
3. 相容选言推理的否定肯定式　　　(p∨q)∧¬q→p
4. 充分必要条件假言推理的否定前件式　(p↔q)∧¬p→¬q
5. 必要条件假言推理的否定前件式　(p←q)∧¬p → ¬q

三、下列推理是否有效？如无效,违反什么推理的什么规则？

1. 无效。违反必要条件假言推理的规则"否定后件不能否定前件"。

2. 无效。违反相容选言推理的规则"肯定一部分选言支,不能否定另一部分选言支"。

3. 无效。违反充分条件假言推理的规则"肯定后件不能肯定前件"。

四、下列推理式中哪些是有效的？

1. 无效　2. 有效　3. 无效　4. 有效　5. 无效
6. 有效　7. 有效　8. 无效

五、下列推理是否有效？如无效,请指出违反了哪条推理规则？

1. 无效。违反了必要条件假言推理规则"否定后件不能否定前件"。

2. 无效。违反了充分条件假言推理规则"否定前件不能否定后件"。

3. 无效。违反了必要条件假言推理规则"肯定前件不能肯定后件"。

4. 有效,但不正确。因为前提不真实——大前提没有穷尽选言支。

5. 有效,但不正确。因为省略的大前提没有穷尽选言支。

6. 有效,但不正确。因为假言前提不真实。

7. 有效,同 6。

8. 有效,同 6。

六、多项选择题:

1. C D   2. A B E

七、图解题:

1. 因为 A 和 C,所以,A 真包含 B。
   因为 B 和 C,所以,B 真包含 C。
   因为 C,所以,如图。

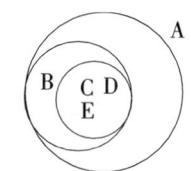

2. 同一关系、真包含关系、真包含于关系、交叉关系

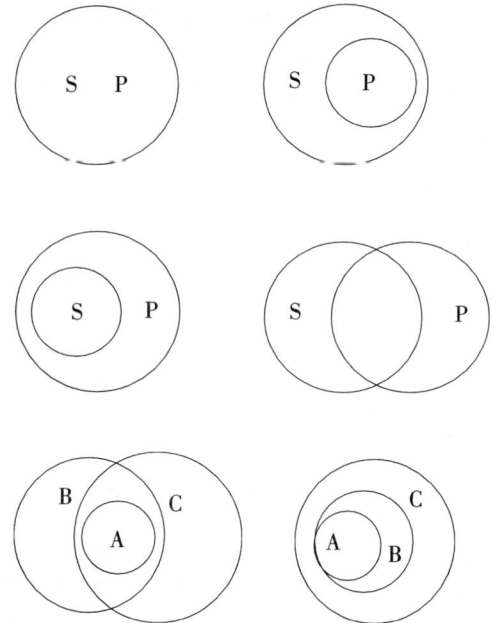

3.

八、表解题：

1. 试用真值表方法判定下列推理是否有效。

   A. 设p：小刘当选为团支部书记

        q：小王当选为团支部书记

      则该题为：$(p \vee q) \wedge q \rightarrow \neg p$

列表如下：

p	q	¬p	p∨q	(p∨q)∧q	(p∨q)∧q→¬p
T	T	F	F	F	T
T	F	F	T	F	T
F	T	T	T	T	T
F	F	T	F	F	T

据上表可知：该推理有效。

  B. 据表（略）可知：该推理有效。

  C. 据表（略）可知：该推理无效。

  D. 据表（略）可知：该推理有效。

2. 列出 A、B、C 三个判断的真值表，并回答这三个判断的相互关系中是否有等值关系判断。

    设p：小张学习好

      q：小张身体好

    则A：¬(p∧q)

      B：¬p∧¬q

      C：¬p∨¬q

列表如下：

p	q	¬p	¬q	p∧q	¬(p∧q) (A)	¬p∧¬q (B)	¬p∨¬q (C)
T	T	F	F	T	F	F	F
T	F	F	T	F	T	F	T
F	T	T	F	F	T	F	T
F	F	T	T	F	T	T	T

据上表可知：A 与 C 为等值关系判断。

3. 列出 A、B 两判断的真值表,并回答 A 与 B 是否为反对关系判断。

设 p：你正确

　q：我正确

则 A：¬（¬p∨¬q）

　B：¬（¬p→q）

列表如下：

p	q	¬p	¬q	¬p∨¬q	¬（¬p∨¬q）(A)	¬p→q	¬（¬p→q）(B)
T	T	F	F	F	T	T	F
T	F	F	T	T	F	T	F
F	T	T	F	T	F	T	F
F	F	T	T	T	F	F	T

据上表可知：A 与 B 是反对关系判断。

九、证明题：

1. 因为(2)，所以 MOP 真；因为(1)且 MOP 真，所以并非 MOS；因为并非 MOS，所以 MAS；因为 MOP 和 MAS，所以 SOP。

2. 因为(3)和(1)，所以 P 真包含于 M；因为(3)和(2)，所以 S 与 M 交叉；因为 PAM 和 SOM，所以 SOP，所以 S 与 P 可能全异、交叉、真包含关系；因为(3)，所以 S 真包含 P 成立。

十、综合题：

设 C 为真，则 p 真；q 真。由于后件为真时，该充分条件假言判断必真，因此 A、B 均为真。这种情况与已知条件不符，故 C 为假。

由于 C 为假，则¬（p∧q）为真，即¬p∨¬q 为真。再结合条件 A、B，构成二难推理的有效式，所以¬r∨¬s 为真。

第七章　模态判断及其推理

一、填入适当的模态词：

1. 必然　　　2 可能　　　3. 必然　　　4. 可能

二、根据模态方阵填空：

1. 假　　　真　　　假
2. 不定　　真　　　不定
3. 真　　　假　　　真
4. 假　　　不定　　不定

三、下列各组模态判断是否等值？

1. 不等值　　2. 等值　　3. 不等值　　4. 不等值

四、指出下列模态推理的形式，并说明它是否有效？

1. ¬□p→□¬p　　　　　　　　　无效
2. ¬◇p→□¬p　　　　　　　　　有效
3. □¬p→¬◇p　　　　　　　　　有效
4. ◇p→¬◇¬p　　　　　　　　　无效

第八章　普通逻辑的基本规律

一、填空：

1. 在同一思维过程中，每一思想自身都具有同一性
   A 是 A（A 为任一概念或任一判断）　　或：A→A
2. 在同一思维过程中，互相否定的思想不能同时是真的
   A 不是非 A　　或：¬（A∧¬A）
3. 在同一思维过程中，两个互相否定的思想必有一个是真的
   或者 A，或者非 A　　或：A∨¬A
4. 矛盾　反对　肯定　矛盾　下反对　否定
5. 真　　　假　　　假　　　真
6. 同一　　混淆概念
7. 矛盾　　自相矛盾
8. 矛盾　　排中
9. 排中　　非 p 且非 q
10. 矛盾　　p∧¬q

二、分析下列文字内容是否违反逻辑基本规律,如违反,违反了哪一条？犯了什么逻辑错误？

1. 不违反逻辑基本规律。"他陨落了"是指肉体的生命,"他没有陨落"是指精神的生命。这一论述内容不是在三同一的条件下,所以不违反逻辑规律。

2. 违反了同一律。"偷"和"窃"是两个语词表达同一个概念,孔乙己故意说成是两个概念,犯了"偷换概念"的逻辑错误。

3. 违反了同一律。由论述知识的转化转移为谈盲目性,又进而转化为谈片面性,犯了"转移论题"的错误。

三、下列断定是否违反了普通逻辑基本规律的要求？如违反,违反了哪一条？

1. 不违反逻辑基本规律。
2. 违反了排中律。
3. 违反了矛盾律。
4. 违反了排中律。
5. 违反了矛盾律。
6. 不违反逻辑基本规律。
7. 违反了矛盾律。
8. 不违反逻辑基本规律。

四、下列议论是否违反逻辑基本规律的要求,有没有逻辑错误？为什么？

1. 违反了矛盾律,犯了"自相矛盾"的逻辑错误。因为"实践是检验真理的唯一标准"和"马列主义有时也是判断是非的尺度"两者是矛盾关系判断,在此同时被肯定,违反矛盾律的逻辑要求。

2. 违反了矛盾律,犯了"自相矛盾"的逻辑错误。因为"累昏了"(休息)与"不休息"是矛盾关系判断,在此同时被断定为真,违反矛盾律的逻辑要求。

3. 违反了排中律,犯了"模棱两可"的错误。因为"有追求"和"没有追求"是矛盾关系判断,在此同时被否定,违反排中律的逻辑要求。

4. 无逻辑错误。

5. 违反了排中律,犯了"模棱两可"的错误。因为"故意"与"过失"(无意)为矛盾关系判断,在此都被否定,违反排中律的逻辑要求。

6. 无逻辑错误。

7. 违反了矛盾律,犯了"自相矛盾"的逻辑错误。因为"要实行联产承包责任制"和"不要实行联产承包责任制"是矛盾关系判断,在此被同时肯定,违反矛盾律的逻辑要求。

8. 违反了排中律,犯了"模棱两可"的逻辑错误。因为"找工作"和"不找工作"是矛盾关系判断,在此同时被否定,违反排中律的逻辑要求。

9. 违反了矛盾律,犯了"自相矛盾"的逻辑错误。理由从略。

10. 无逻辑错误。

11. 违反了矛盾律,犯了"自相矛盾"的逻辑错误。理由从略。

12. 违反了排中律,犯了"模棱两可"的逻辑错误。理由从略。

13. 无逻辑错误。

14. 违反了矛盾律,犯了"自相矛盾"的逻辑错误。理由从略。

五、分析题:

1. 可以断定。首先把三个判断形式化:

设 p:甲班学生都是学英语的

q:乙班学生都是学英语的

则 A:$p \rightarrow q$

B:$p \wedge \neg q$

C:$\neg p \vee \neg q$

因为 A 与 B 是矛盾关系判断,根据排中律,其中必有一真。又根据已知条件,三个判断中只有一个是真的,所以 C 是假的。因此,与 C 相矛盾的判断"甲班学生都是学英语的,并且乙班学生都是学英语的"是真的。再根据联言推理的分解式可得结论。

2. 甲是盗窃犯。老李的看法是正确的。因为钱和李的看法是矛盾关系判断,且四人中只有一人看法正确,这说明正确的看法必在上述两个判断之中,由此断定赵、孙的看法是错误的。根据排中律,与赵、孙的看法相矛盾的看法就是正确的。因此,甲是盗窃犯,乙不是盗窃犯。此外,又根据盗窃犯确系甲、乙、丙三人中的一个,而已知甲是盗窃犯,于是可断定丙不是盗窃犯。

3. 该班有团员。有 46 名。因为 A 与 C 的话为下反对关系,二者不能都假,其中必有一真,根据已知条件,则 B 的话为假。因此,"张大年是团员"为真,由此可知 A 的话为真。根据三人中只有一句话为真,则 C 的话为假。C 的话既然为假,那么与 C 的话相矛盾的判断便为真,即"该班所有的人都是团员"。故该班有 46 名团员。

4. 丙的话为真。发生火灾时甲和乙都在场。解题过程如下:

设 p:甲在场
  q:乙在场
  r:丙在场

则四人的话分别为:

甲:r
乙:$p \rightarrow \neg q$
丙:$p \wedge q$
丁:$\neg p \vee \neg q$

因为丙和丁的话为矛盾关系判断,根据排中律,其中必有一真。又根据题意,只有一人的话为真,因此甲和乙的话都是假的。根据排中律,与之相矛盾的判断则为真。因此,丙不在场。与乙的话相矛盾的判断是 $p \wedge q$,即"甲和乙都在场",此推断与丙的话一致,故丙的话为真,即"发生火灾时甲和乙都在场",而丁的话是假的。

第九章 归纳与类比

一、下列推理属何种类型的推理?

1. 完全归纳推理　　　　　　2. 简单枚举归纳推理
3. 科学归纳推理　　　　　　4. 简单枚举归纳推理
5. 类比推理　　　　　　　　6. 完全归纳推理

7. 简单枚举归纳推理

二、下列各题运用了哪种探求因果联系的逻辑方法?
1. 差异法　　　　2. 共变法　　　　3. 契合法
4. 契合差异并用法　5. 剩余法

三、下列推理是否正确?
1. 不正确。　　　2. 不正确。　　　3. 不正确。
4. 不正确。　　　5. 正确。

第十章　论　证

一、分析下列论证的结构,指出其论题、论据和论证方式及方法:

1. 论　　题:我们必须采取放的方针。
   论　　据:领导我们的国家可以有两种不同的方针,就是放或者收。
   　　　　　有的人主张用收的方法,采取收的方针是不对的。
   论证方式:演绎论证(不相容选言推理的否定肯定式)。
   论证方法:间接论证中的选言证法。
2. 论　　题:食盐是化合物。
   论　　据:食盐是由不同种元素化合形成的新物质,而凡是不同种元素化合形成的新物质都是化合物。
   论证方式:演绎论证(三段论推理第一格)。
   论证方法:直接论证。
3. 论　　题:改革是十分必要的。
   论　　据:如果不进行改革,广大干部和群众的积极性就调动不起来,生产力就得不到较快的发展,四化建设就没有希望。要大力发展生产力,加速实现四个现代化,不进行改革不行。
   论证方式:演绎论证(充分条件假言推理的否定后件式)。

　　　　论证方法：间接论证中的反证法。
　4. 论　　题：马克思主义是不怕批评的。
　　　论　　据：马克思主义是真理，如果马克思主义害怕批评，如果可以批评倒，那么马克思主义就没用了。
　　　论证方式：演绎论证（充分条件假言推理的否定后件式）。
　　　论证方法：间接论证中的反证法。
　5. 论　　题：科学技术也是有阶级性的。
　　　论　　据：科学技术被资产阶级所利用，为资产阶级服务，为资产阶级服务还能没有阶级性？
　　　论证方式：演绎论证（三段论推理第一格）。
　　　论证方法：直接论证。
　6. 论　　题：脑子用多了也会受到损害。
　　　论　　据：辩证唯物主义认为人脑也是物质的，机器用久了都会磨损，人脑也不例外。
　　　论证方式：类比论证（类比推理）。
　　　论证方法：间接论证。
　7. 论　　题：枇杷不是琵琶。
　　　论　　据：若使琵琶能结果，满城箫管尽开花。
　　　论证方式：演绎论证（充分条件假言推理的否定后件式）。
　　　论证方法：间接论证中的反证法。

二、分析下列反驳的结构，指出其中被反驳的论题及反驳的方式和方法：

　1. 被反驳的论题：人口的增长是社会发展中的决定因素。
　　　反驳的方式：演绎反驳（充分条件假言推理的否定后件式）。
　　　反驳的方法：归谬法。
　2. 被反驳的论题：林业对发展农业关系不大。
　　　反驳的方式：事实反驳。
　　　反驳的方法：直接反驳。
　3. 被反驳的论题：羡慕就是没有出息。

反驳的方式：归纳反驳（简单枚举归纳推理）。

反驳的方法：直接反驳。

4. 被反驳的论题：① 琴上有琴声。② 琴声在指头上。

反驳的方式：① 演绎反驳（充分条件假言推理的否定后件式）。

② 同上。

反驳的方法：① 归谬法。

② 同上。

三、下列论证是否正确？如不正确，违反了什么论证规则？犯了什么逻辑错误？

1. 不正确。违反了"论题应当清楚、明白"的规则，犯了"论题模糊"的逻辑错误。

2. 不正确。违反了"论据的真实性不应靠论题的真实性来论证"的规则，犯了"循环论证"的逻辑错误。

3. 不正确。违反了"从论据应能推出论题"的规则，犯了"推不出"的逻辑错误。

4. 不正确。违反了"论据应当是已知为真的判断"的规则，犯了"预期理由"的逻辑错误。

5. 不正确。违反了"论据的真实不应靠论题的真实性来论证"的规则，犯了"循环论证"的错误。

6. 不正确。违反了"从论据应能推出论题"的规则，犯了"推不出"的逻辑错误。

第十一章　谬误

一、请指出下列议论中的谬误，并分析其种类及实质：

1. 这个论述中包含了一个虚假的论据："会说北京话的就是北京人"。属于非形式谬误中的论述谬误。谬误的性质是使用了"虚假论据"。

2. 这段对话中杰克使用的思维形式存在谬误。属于形式谬误。谬误的性质是违反了充分条件假言推理的规则。因为他的论述中包含了一系列如下类型的充分条件假言推理："如果你不要吃甜食……，那么，我们就不会……；你要吃甜食，所以我们就……"但这种推理形式违反了充分条件假言推理"否定前件不能否定后件"的规则，是无效推理。另外，杰克无疑忽略了其他重要的促成因素，比如：轮胎不好或刮水器不好，在下雨天开得太快，驾驶技术不好，暴雨，晚上光线不好，等等。我们知道，任何这些因素都可能酿成这次事故。从思维方式来看，这是一种反事实思维。

3. 哈里的论述存在谬误。属于非形式谬误中的论述谬误。谬误的性质是轻率概括。伯特失眠的原因有多种可能，其中有一种可能是由于心脏的疾病造成的（当然，也有可能是失眠造成了震颤）。也就是说，失眠和心脏的震颤两者之间不存在必然的条件联系。哈里在论述中却预先把伯特的失眠看作他心脏震颤的原因，因此就犯了"假设前提"的错误。哈里之所以会把伯特的失眠看作他心脏震颤的原因，是因为他自己有过一次相似的体验。仅凭个人的经验就武断地得出这样的看法，这就犯了"轻率概括"的错误。

4. 这段论述中包含了一个虚假论据："如果我们让政府规定我们能或不能在什么地方抽烟……那样的话要不了多久，政府就会规定我们能或不能在什么地方喝水；然后再规定我们能或不能在什么地方吃饭、骑车、走路、说话或者……"属于非形式谬误中的论述谬误。谬误的性质是使用了虚假论据。

5. 在这段对话中，演员把评论员的看法歪曲为剥夺其言论自由的权利。属于非形式谬误中的论题谬误。谬误的性质是偷换论题。

二、请从下列各题的备选答案中选出正确的答案：
1. B　　　2. AB　　　3. AE　　　4. E

第十二章 现代逻辑基础知识简介

一、用归谬赋值法判定下列蕴涵式是否为重言式：

1. (p∧q) → (¬p→q)
```
         F
    T         F
  T T       T   F
```

据上表可知,该蕴涵式为重言式。

2. p → (q→p)
```
         F
   T       F
         T F
```

据上表可知,该蕴涵式为重言式。

3. ((p→q)→q)→(p∨q)
```
            F
         T    F
            F F
          F
        F
       T F
```

据上表可知,该蕴涵式为重言式。

二、用命题自然推理规则证明下列日常推理：

1. 原推理先形式化。前提为:p→q,q→r;结论为:p→r。

　　(1) p　　　　　　　　假设
　　(2) p→q　　　　　　　前提
　　(3) q　　　　　　　　(1),(2),根据规则6
　　(4) q→r　　　　　　　前提
　　(5) r　　　　　　　　(3),(4),根据规则6
　　(6) p→r　　　　　　　(1),根据规则5

2. 原推理先形式化。前提为:(p∨q)→r,p∧s;结论为:r。

　　(1) p∧s　　　　　　　前提
　　(2) p　　　　　　　　(1),根据规则2

(3) p∨q　　　　　　　(2),根据规则3
(4) (p∨q)→r　　　　前提
(5) r　　　　　　　　(3),(4),根据规则6

三、写出下列命题的谓词逻辑表达式：

1. (∀x)(Sx→Px)
2. (∃x)(Sx∧Px)
3. (∀x)(Sx→¬Px)
4. (∃x)(Sx∧¬Px)
5. (∀x)(Sx→(Px∨Dx))
6. (∀x)(Sx→Px)

四、对下列推理进行谓词推理的形式推演：

1. (1) (∀x)(Sx→Dx)
   (2) (∀x)(Dx→Gx)
   (3) (∀x)(Gx→Nx)　　　　/∴(∀x)(Sx→Nx)
   (4) Sα→Dα　　　　　　(1),全称量词消去
   (5) Dα→Gα　　　　　　(2),全称量词消去
   (6) Gα→Nα　　　　　　(3),全称量词消去
   (7) Sα→Gα　　　　　　(4),(5),假言三段论
   (8) Sα→Nα　　　　　　(6),(7),假言三段论
   (9) (∀x)(Sx→Nx)　　　 (8),全称量词引入

2. (1) (∀x)(Sx→(Px∧Gx))
   (2) (∃x)(Sx∧Dx)　　　　/∴(∃x)(Dx∧Px)
   (3) Sα∧Dα　　　　　　　(2),存在量词消去
   (4) Sα　　　　　　　　　(3),合取消去
   (5) Dα　　　　　　　　　(3),合取消去
   (6) Sα→(Pα∧Gα)　　　　(1),全称量词消去
   (7) Pα∧Gα　　　　　　　(4),(6),蕴涵消去
   (8) Pα　　　　　　　　　(7),合取消去
   (9) Dα∧Pα　　　　　　　(5),(8),合取引入
   (10) (∃x)(Dx∧Px)　　　 (9),存在量词引入

3. (1) (∀x)(Sx→¬Dx)

(2) (∃x)(Sx∧¬Px)   (2),存在量词消去
(3) Sα∧¬Pα   (1),全称量词消去
(4) Sα→¬Dα   假设
(5) Sα   (4),(5),蕴涵消去
(6) ¬Dα   (3),合取消去
(7) ¬Pα   (6),(7),合取引入
(8) ¬Dα∧¬Pα   (8),存在量词引入
(9) (∃x)(¬Dx∧¬Px)

/∴(∃x)(¬Dx∧¬Px)

附录二

综合练习题及参考答案

第一套练习题

一、填空题(每小题1分,共10分)

1. 在"有的S是P"中,逻辑变项是_____,在$p\rightarrow(q\vee r)$中,逻辑常项是_____。

2. 设A判断与B判断等值、B判断与C判断等值,则A判断与C判断_____。

3. 一个全称判断,其_____项是周延的;一个特称判断,其_____项是不周延的。

4. 演绎推理与归纳推理在外延上具有_____关系;推理形式与推理有效式在外延上具有_____关系。

5. 若要使"只有非p,才q"与"p且非q"均真,那么p与q的取值情况是:p为_____,q为_____。

6. 若$p\vee q$为真,p为假,则q取值为_____。

7. 若"所有的P不是S"为真,则"有的S不是P"为_____。

8. 反证法是先论证与原论题相矛盾的判断为假,然后根据_____确定原论题为真的论证方法。

9. 根据普通逻辑基本规律中的_____律,若"小张是团员而且是班干部"为真,则选言判断_____为假。

10. 前提蕴涵结论的推理是_____推理。

二、单项选择题(从每小题的四个备选答案中选出一个正确答案,并将正确答案的序号填入括号内。每小题1分,共10分)

1. 选言判断可概括为(　　)。
   A. 假言判断　B. 联言判断　C. 复合判断　D. 关系判断

2. "小李与小张是邻居"这一判断是(　　)。
   A. 特称肯定判断　　　　B. 联言判断
   C. 性质判断　　　　　　D. 关系判断
3. 概念 A 与 B 具有真包含关系,则 B 与 A 具有(　　)关系。
   A. 真包含　　B. 对称　　C. 真包含于　　D. 传递
4. "并非不可能 p"与"并非可能 p"间具有(　　)关系。
   A. 矛盾　　　B. 差等　　C. 下反对　　D. 反对
5. "一个句子有错误,或是语法错误,或是内容错误,或是逻辑错误。这一语句的错误不是语法错误,也不是内容错误,显然是逻辑错误。"这一推理的推理形式是(　　)。
   A. 肯定否定式　　　　　B. 否定肯定式
   C. 否定前件式　　　　　D. 肯定后件式
6. 若"有的 S 是 P"真,"有的 S 不是 P"真,"所有的 P 都是 S"真,则 S 与 P 具有(　　)关系。
   A. 交叉　　B. 全异　　C. 真包含　　D. 真包含于
7. 判断"¬p∨¬q"与判断"¬p∨q"具有(　　)关系。
   A. 可同真可同假　　　　B. 不可同真不可同假
   C. 可同真不可同假　　　D. 可同假不可同真
8. 在"鲁迅的作品不是一天能读完的"与"鲁迅的作品不是科学幻想小说"两个判断中的"鲁迅的作品"(　　)。
   A. 均集合概念
   B. 均非集合概念
   C. 前者是非集合概念,后者是集合概念
   D. 前者是集合概念,后者是非集合概念
9. 若对(　　)同时给予否定,则不违反普通逻辑基本规律。
   A. SAP 与 SOP　　　　B. SIP 与 S$\overline{AP}$
   C. $\overline{P}$IS 与 PIS　　　　D. SE$\overline{P}$ 与 PES
10. 在((p(　　)¬q)∧¬p)→q 的空括号内填入连接词(　　),可使其成为有效的推理形式。
    A. ∨　　　B. ∧　　　C. →　　　D. ←

304

三、双项选择题(从每小题的五个备选答案中选出两个正确答案,并将正确答案的序号填入括号内。多选、错选、漏选均不得分。每小题2分,共20分)

1. "这次面试考生的顺序为:本科生、专科生、三好生、团员、非团员。"这一划分的逻辑错误是( )。

   A. 划分不全　　　B. 多出子项　　　C. 混淆划分依据
   D. 子项相容　　　E. 越级划分

2. 下列句子作为定义,其中符合定义规则的有( )。

   A. 推理是从两个以上的判断中得出一个新的判断的思维形式
   B. 三段论是由两个判断作前提推出一个性质判断的演绎推理
   C. 归纳推理是以个别性知识为前提推出一般性知识为结论的推理
   D. 间接论证是通过论证与论题相关的其他论断为假,从而确定该论题为真的一种论证方法。
   E. 矛盾关系是概念外延互不相容的关系

3. 类比推理不同于演绎推理和归纳推理,其主要特征为( )。

   A. 由个别性知识到个别性知识或由一般性知识到一般性知识
   B. 推理根据是假定类比属性和推移属性间有密切关系
   C. 结论没有超出前提所断定的范围
   D. 前提蕴涵结论
   E. 结论必然真

4. 如果A是一个普遍概念,B是一个单独概念,则A与B可能具有的关系是( )。

   A. 同一关系　　　　　B. 真包含关系
   C. 真包含于关系　　　D. 交叉关系
   E. 全异关系

5. 一有效三段论的结论是假的,则其大小前提不可能(　　)或(　　)。

　　A. 都真　　　B. 都假　　　C. 一真一假

　　D. 都成立　　E. 不都成立

6. 下列各组概念中具有全异关系的是(　　)。

　　A. 无效推理,纯关系推理

　　B. 假言选言推理,二难推理

　　C. 假言判断,选言判断

　　D. 真包含关系,真包含于关系

　　E. 对当关系推理,差等关系推理

7. 当 S 类与 P 类具有下列(　　)关系时,SAP 与 SEP 同假。

　　A. 同一　　　B. 交叉　　　C. 全异

　　D. 真包含　　E. 真包含于

8. 下列有效的相容选言推理形式是(　　)。

　　A. 非 p 或非 q,非 p,所以 q

　　B. 非 p 或 q,非 q,所以 p

　　C. p 或 q,p,所以 q

　　D. p 或非 q 或非 r,q,所以 p 或非 r

　　E. 非 p 或 q 或 r,非 r,所以非 p 或 q

9. 三段论"家长是爱孩子的,李某是爱孩子的,所以李某是家长"违反的规则是(　　)。

　　A. 中项在前提中至少周延一次

　　B. 大前提必全称

　　C. 小前提必肯定

　　D. 前提中应有一个是否定的

　　E. 结论是特称的

10. 已知"如果甲去东京,那么乙或丙也去东京"为真,则(　　)为真。

　　A. 只有甲去东京,乙或丙才去东京

　　B. 如果乙和丙去东京,那么甲也去东京

C. 如果甲不去东京,那么乙和丙均不去东京

D. 如果乙和丙都不去东京,那么甲也不去东京

E. 只有乙或丙去东京,甲才去东京

四、多项选择题(从每小题的五个备选答案中选出二至五个正确答案,并将正确答案的序号填入括号内。错选、多选、漏选均不得分。每小题 2 分,共 8 分)

1. 已知 p∨q 为假,则(　　)为真。

　　A. p∧¬q　　　　B. p∨¬q　　　C. p→¬q

　　D. ¬p∨¬q　　　E. p↔¬q

2. 下列对当关系的直接推理中,由真推假的正确式有(　　)。

　　A. SAP→$\overline{SEP}$　　B. SEP→$\overline{SOP}$　　C. SIP→$\overline{SEP}$

　　D. SOP→$\overline{SIP}$　　E. SOP→SAP

3. 以"除非手术,才能治好他的病"为前提,再增加一个前提,有效地进行假言推理,可推出的结论有(　　)。

　　A. 对他进行了手术

　　B. 治好了他的病

　　C. 没有治好他的病

　　D. 病人不愿意手术治疗

　　E. 并非对他进行了手术

4. 以"如果不坚决打击黑恶势力(非 p),就会导致社会倒退(q)"为前提进行有效假言推理,其结论可以是(　　)。

　　A. p　　　　B. ¬p　　　　C. q

　　D. ¬q　　　E. ¬¬p

五、图解题(每小题 3 分,共 9 分)

1. 试用欧拉图表示下列概念之间的关系:

　　A. 判断　　　B. 简单判断　　　C. 复合判断

　　D. 选言判断　E. 相容选言判断

2. 已知:概念 A 与 B 全异,B 真包含于 C。

求:A 与 C 可能具有的关系;并用欧拉图表示三者之间可能具有的关系。

3. 已知:(1) M 与 P 外延不相容,(2) "所有 M 是 S"为真,请用欧拉图表示 S 与 P 可能具有的各种外延关系。

六、表解题(4 分)

用真值表方法列出下列 A、B、C 三判断的真值表,并回答 A、B、C 均真时,甲是否去北京,乙是否去北京。

A. 只有甲去北京,乙才去北京。

B. 如果甲去北京,那么乙也去北京。

C. 甲不去北京或乙不去北京。

七、分析题(每小题 4 分,共 20 分)

1. 分析下面推理是何种类型?是否正确?为什么?

如果是一个真的联言判断,则它的联言支都真。这个联言判断只有一个联言支是真的,所以,这个联言判断是假的。

2. 已知甲乙丙丁四个人中有一人说了假话,试分析说假话的人是谁?

甲:所有产品在出厂前都被严格检验过。

乙:没有产品在出厂前被严格检验过。

丙:有的产品在出厂前没有被检验过,这不符合事实。

丁:有的产品在出厂之前被检验过了。

3. "并非有的商品没有价值,并非所有的劳动产品都是商品,所以,并非所有的劳动产品都有价值。"这一三段论的形式是什么?是否正确?为什么?

4. 以"所有的 A 不是 B"与"有的 C 是 A"为前提,能否必然推出"有的 C 不是 B"?能否必然推出"有的 B 不是 C"?为什么?

5. 写出下述论证所运用的推理形式,并说明这一推理形式是否正确?这一论证是否是直接论证?

我们不仅要建设高度的物质文明,而且要建设高度的社会主义精神文明。如果不在建设高度物质文明的同时建设高度的社会主义精神文明,就不能保证我国国民经济的持久发展和精神文明建设的社会主义方向。

八、证明题(5 分)

已知:有一个正确的三段论,两个前提中只有大前提有一个周延的项。

求证:这个三段论的大前提只能是 A 判断,小前提和结论均为 I 判断,并写出推导过程。

九、综合题(每小题 7 分,共 14 分)

1. 已知:(1)如果小王不学日语或小李不学英语,那么甲班有人不学日语;(2)不学日语的都不是甲班学生;(3)光明中学学生都不学日语而学英语。

问:由上述已知条件能否确定小王、小李是否是光明中学的学生?请写出推导过程。

2. 甲、乙、丙、丁四人争夺围棋赛前四名,赵、钱、孙、李预测如下:

赵:丁是第一名。

钱:甲不是第一名,并且乙不是第二名。

孙:如果乙是第二名,那么丙不是第三名。

李:如果甲不是第一名,那么乙是第二名。

结果表明:上述四人中仅有一人的预测正确。

问:甲、乙、丙、丁各获第几名?请写出推导过程。

参考答案

一、填空题
1. S P → ∨   2. 等值   3. 主 主
4. 全异(或对立或反对)   真包含(或属种)   5. 真 假
6. 真   7. 真   8. 排中律
9. 矛盾 小张或者不是团员或者不是班干部
10. 演绎

二、单项选择题
1. C 2. D 3. C 4. A 5. B 6. C 7. C 8. D
9. D 10. D

三、双项选择题
1. C D   2. C D   3. A B   4. B E   5. A D
6. C D   7. B D   8. D E   9. A D   10. D E

四、多项选择题
1. C D   2. A C E   3. A C   4. A C E

五、图解题

1.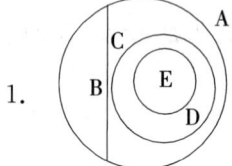

2.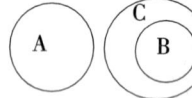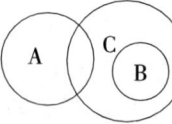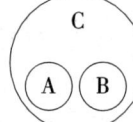

3.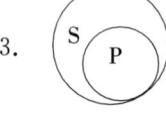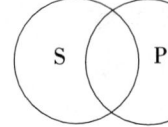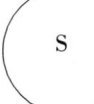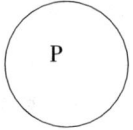

六、表解题

设 p：甲去北京

　　q：乙去北京

则 A 判断的逻辑形式为：p←q

　B 判断的逻辑形式为：p→q

　C 判断的逻辑形式为：¬p∨¬q

列表如下：

p q	¬p	¬q	p←q	p→q	¬p∨¬q
T T	F	F	T	T	F
T F	F	T	T	F	T
F T	T	F	F	T	T
F F	T	T	T	T	T

由上表可知：A、B、C 均为真时，甲不去北京，乙也不去北京。

七、分析题

1. 充分条件假言推理的否定后件式。正确。因为符合其推理规则"否定后件能够否定前件"，且前提是真实的。

2. 说假话的人是乙。四人的话各自逻辑形式为：

   甲：SAP 乙：SEP 丙：$\overline{SOP}$ 丁：SIP

其中 $\overline{SOP}$↔SAP，即甲和丙说的话逻辑值是相等的。据已知条件四人中只有一人说了假话，所以，甲和丙的话都应为真。可见乙和丁二人中有一人说了假话。又因为根据上反对关系，SAP 真时 SEP 必假，甲的话为真，所以乙说了假话，丁的话为真。

3. ∵ $\overline{SOP}$↔SAP

∴"并非有的商品没有价值"等值于"所有的商品都有价值"。

∵ $\overline{SAP}$↔SOP

∴"并非所有劳动产品都是商品"等值于"有的劳动产品不是商品"。

∵ $\overline{SAP}$↔SOP

∴"并非所有的劳动产品都有价值"等值于"有的劳动产品没有价值"。

∴该三段论的形式经整理后应为：

  MAP
  SOM
  ─────
∴ SOP

该三段论的形式不正确，因为违反三段论规则"前提中不周延的项在结论中不得周延"，犯了"大项扩张"的错误（或回答：违反了"第一格小前提必须是肯定的"规则）。

4. 能必然推出"有的 C 不是 B",不能推出"有的 B 不是 C",因为:

所有的 A 不是 B
有的 C 是 A
―――――――――――
∴有的 C 不是 B

这是正确的三段论。

有的 C 是 A
所有的 A 不是 B
―――――――――――
∴有的 B 不是 C

这一推理则是无效的,违反了"前提中不周延的项在结论中不得周延"的规则,犯了"大项扩张"的错误。

5. 充分条件假言推理的否定后件式,推理形式是:

¬(p∧q)→¬(r∧s)
r∧s
―――――――――――
∴p∧q

这一推理形式是正确的。这一论证不是直接论证。

八、证明题

证明:

(1) 因为已知小前提中无周延的项;所以小前提只能是 I 判断。

(2) 大前提要么是 A 判断,要么是 O 判断(已知大前提只有一个周延的项);大前提不能是 O 判断(因小前提已是 I 判断,两个特称不能得出结论)。所以,大前提只能是 A 判断。

(3) 结论为 I 判断(根据(1)、(2)以及三段论一般规则第5、第7条)。

九、综合题

1. 能确定小王不是光明中学的学生;不能确定小李是否是光明中学的学生。推导过程如下:

① 由条件(2)可知:甲班学生都是学日语的。(4)
(据判断变形直接推理)

② 由(1)和(4)可知:并非小王不学日语或小李不学英语。(5)
  (据充分条件假言推理的否定后件式)
③ 由(5)可知:小王学日语且小李学英语。(6)
  (据负选言判断等值公式)
④ 由(6)可知:小王学日语(7);小李学英语。(8)
  (据联言推理分解式)
⑤ 由(3)可知:光明中学学生都不学日语(9);
           光明中学学生学英语。(10)
  (据联言推理分解式)
⑥ 由(9)和(7)可知:小王不是光明中学学生。
  (据三段论推理第二格)

又因为由(10)及(8)构成三段论无效式,所以,不能确定小李是否是光明中学的学生。

2. 甲第一名;乙第二名;丙第三名;丁第四名。推导过程如下:

据负充分条件假言判断等值式可知:钱与李的话为矛盾关系判断;又据排中律可知:其中必有一真。

据已知(仅一人的话正确),则赵与孙的话均为假。由赵的话并据负单称肯定判断的等值判断可知:"丁不是第一名"为真。由孙的话并据负充分条件假言判断的等值式可知:"乙是第二名且丙是第三名"为真。

据联言推理分解式可知:乙是第二;丙是第三。由上述条件并据不相容选言推理的否定肯定式可知:甲是第一名;丁是第四名。

第二套练习题

一、填空题(每小题1分,共9分)

1. 任何一种逻辑形式都是由_____和_____两部分构成的。

2. 一个判断的主项周延,则这个判断是_____判断;一个判断的谓项周延,则这个判断是_____判断。

3. "或然性推理"与"必然性推理"在外延上具有_____关系。

4. "如果非P,则Q"与"P且非Q"均假,则P为_____,Q为_____。

5. 若 $\overline{SAP}$ 取值为真, $\overline{SIP}$ 取值为_____;若 SOP 取值为假,则 SEP 为_____。

6. 根据普通逻辑基本规律中的_____律,若"小李是大学生而且是工人"为假,则充分条件假言判断_____为真。

7. 若¬p∨q取值为真,且p取值为真,则q取值为_____。

8. 若一类比推理的前提均真,则其结论的真假情况是_____。

9. 或然性推理的类型有_____推理和_____推理。

二、单项选择题(从每小题的四个备选答案中选出一个正确答案,并将正确答案的序号填入括号内。每小题1分,共10分)

1. 选言推理可限制为(　　)。
   A. 相容选言推理　　　　B. 选言判断
   C. 推理有效式　　　　　D. 类比推理

2. 联言判断与选言判断(　　)。
   A. 均为简单判断
   B. 均为复合判断
   C. 前者是简单判断,后者是复合判断
   D. 前者是复合判断,后者是简单判断

3. 在概念外延关系中不具有传递性质的是(　　)关系。
   A. 同一　　B. 真包含　　C. 交叉　　D. 真包含于

4. "并非必然P"与"并非可能P"间具有(　　)关系。
   A. 矛盾　　B. 差等　　C. 反对　　D. 下反对

5. "如果是质优价廉的商品,则会受到顾客的欢迎;这种商品不受顾客的欢迎,说明这种商品不是质优价廉的商品。"这一推理形式是(　　)。
   A. 肯定前件式　　　　B. 否定前件式
   C. 肯定后件式　　　　D. 否定后件式

6. 若(　　),则 SIP 真,SOP 真。
   A. S与P全同　　　　　B. S真包含于P

C. S 真包含 P　　　　　D. S 与 P 全异

7. p∨¬q 与 ¬p∨q 可（　　）。
   A. 同真同假　　　　　B. 不同真不同假
   C. 同真不同假　　　　D. 同假不同真

8. 已知"甲可能认识乙"，可推出（　　）。
   A. 甲必然认识乙　　　B. 并非甲可能不认识乙
   C. 甲并非必然不认识乙　D. 甲不可能认识乙

9. 在 ((¬p(　　)¬q)∧p)→q 的空括号内填入符号（　　），可构成有效推理式。
   A. →　　B. ←　　C. ∨　　D. ∧

10. 如一有效三段论的小前提是特称否定判断，则大前提必为（　　）。
    A. 全称肯定判断　　　B. 全称否定判断
    C. 特称肯定判断　　　D. 特称否定判断

三、双项选择题（从每小题的五个备选答案中选出两个正确答案，并将正确答案的序号填入括号内。多选、错选、漏选均不得分。每小题 2 分，共 20 分）

1. 集合体与个体、事物的类与类分子之间，在具有的属性方面，其关系是（　　）。
   A. 类的每一分子不一定具有类的本质属性
   B. 集合体中的个体一定具有集合体的本质属性
   C. 类的每一分子一定具有类的本质属性
   D. 类不可能具有其分子具有的本质属性
   E. 集合体中的个体未必具有集合体的本质属性

2. 当 S 类与 P 类具有下列（　　）关系时，SEP 与 SOP 同假。
   A. 同一　　B. 交叉　　C. 全异
   D. 真包含　　E. 真包含于

3. 当 ¬p∨q 为假时，下列必假的公式有（　　）。
   A. p∧¬q　　B. ¬p→q　　C. q←p
   D. p←¬q　　E. q∧¬p

4. 由 SEP 可以推出（　　）。
   A. $\overline{POS}$　　　B. $\overline{PES}$　　　C. $\overline{SEP}$
   D. $\overline{SOP}$　　　E. PIS

5. 下列违反矛盾律的判断是（　　）。
   A. SAP∧SEP　　B. SIP∧$\overline{SOP}$
   C. □P∧◇P　　D. $\overline{SAP}$∧SEP
   E. SAP∧$\overline{SIP}$

6. 已知"有的 A 不是 B"为假,而"有的 A 是 B"为真,则 A 与 B 的外延关系是（　　）关系或（　　）关系。
   A. 全同　　　B. 真包含　　　C. 交叉
   D. 真包含于　　E. 全异

7. 下列判断中违反矛盾律要求的是（　　）
   A. (p∨q)∧(￢p∨￢q)
   B. (p→￢q)∧(￢p∨q)
   C. (p∨￢q)∧(￢p∧q)
   D. (￢p∧q)∧(￢p→q)
   E. (p→q)∧(￢p∨q)

8. 以"如果受贿,则犯法"为前提进行有效假言推理,其小前提可以是（　　）。
   A. 受贿　　　B. 未犯法　　　C. 未受贿
   D. 犯法　　　E. 犯法而未受贿

9. "不劳动者不得食,所以,得食的不是不劳动者"这个推理运用了（　　）或（　　）。
   A. 换质法　　B. 换位质　　C. 换质位,然后再换质
   D. 换质位　　E. 换位法

10. 如 A 与 B 都是单独概念,则 A 与 B 的外延关系可能是（　　）或（　　）关系。
    A. 全同　　　B. 真包含　　　C. 真包含于
    D. 交叉　　　E. 全异

四、多项选择题(从每小题的五个备选答案中选出二至五个正确答案,并将正确答案的序号填入括号内。错选、多选、漏选均不得分。每小题2分,共8分)

1. 已知 p∨q 为假,则(　　)为真。
   A. p→q　　　　B. p↔q　　　　C. p∧q
   D. ¬p∨q　　　　E. ¬p∧¬q

2. 与"如果非 p,那么 q"等值的判断有(　　)。
   A. 如果非 q,那么 p　　B. 并非(非 p 且非 q)
   C. 只有 q,才非 p　　　D. 只有 p,才非 q
   E. 非 p 且 q

3. 以下各组推论中,有效的是(　　)。
   A. p 或 q,p,所以非 q
   B. p 或非 q,非 p,所以非 q
   C. p 或非 q,q,所以 p
   D. p 或非 q,非 q,所以 p
   E. 非 p 或非 q,p,所以非 q

五、图解题(每小题3分,共6分)

1. 试用欧拉图表示下列概念之间的关系:
   A. 判断　　　　B. 选言判断
   C. 相容选言判断　　D. 不相容选言判断

2. 在括号内添入适当的符号,使之构成一个正确的三段论式:

   　　P　A　M
   　(　)(　)(　)
   ─────────
   ∴　S　I　P

六、表解题(第1小题3分,第2小题4分,共7分)

1. 列出 A、B 两个判断的真值表,并回答 A 是否蕴涵 B。
   A. p∧q　　　　　B. p↔q

2. 用真值表方法列出 A、B 两个判断的真值表,并回答 A 与 B 是否为反对关系的判断。
   A. 并非或者你不正确,或者我不正确。

B. 并非如果你不正确,则我就正确。

七、分析题(每小题 4 分,共 20 分)

1. 同时断定以下三个判断为真,是否违反矛盾律的要求?为什么?

   A. 所有兰花都是依靠昆虫授粉的。
   B. 所有巨兰都是兰花。
   C. 有的巨兰不是依靠昆虫授粉的。

2. 下面丙的议论是否违反逻辑基本规律的要求?并说明理由。

   甲:语词都表达概念。
   乙:有的语词不表达概念。
   丙:甲和乙的上述观点都不正确,我认为不能够说语词都
   　　表达概念,也不能够说有的语词不表达概念。

3. 指出下列文字中所运用的明确概念的逻辑方法,并分析其结构。

   弦乐器就是以弦为主要发音条件的乐器,分为三类:
   (1) 拨弦乐器,如琵琶、竖琴等;
   (2) 拉弦乐器,如二胡、小提琴等;
   (3) 击弦乐器,如扬琴等。

4. 写出下列推理的形式结构,并分析其是否正确。

   如果经济上犯罪,就要受到法律制裁;如果政治上犯罪,也要受到法律制裁。某人或经济上没犯罪或政治上没犯罪,所以,某人不会受到法律的制裁。

5. 同时肯定下列 A、B、C 三个判断,是否违反逻辑基本规律的要求?为什么?

   A. MAS　　　　B. MAP　　　　C. SEP

八、证明题(8 分)

试证明:第一格三段论有效的充分必要条件是同时具备:
(1) 大前提是全称判断。
(2) 小前提是肯定判断。
(3) 小项不得扩大。

(4)大项在前提与结论中的周延情况相同。

九、综合题（每小题 7 分，共 14 分）

1. 已知下列情况为真：

(1) 如果甲是第一名，那么乙是第二名。

(2) 只有乙不是第二名，丙才是第三名。

(3) 或者丁是第一名，或者甲是第一名。

(4) 丙是第三名。

问：谁是第一名？请写出推导过程。

2. 已知前提：

(1) $p \rightarrow (q \vee r)$

(2) $\neg q \rightarrow p$

(3) $\neg (s \rightarrow q)$

问：能否由此必然推出 $s \wedge r$？若能，请写出推导过程。

参考答案

一、填空题

1. 逻辑常项 逻辑变项。 2. 全称 否定

3. 全异（或矛盾）。   4. 假 假   5. 真 假

6. 排中 如果小李是大学生，那么他不是工人

7. 真   8. 不确定   9. 类比 不完全归纳

二、单项选择题

1. A 2. B 3. C 4. B 5. D 6. C 7. C 8. C

9. B 10. A

三、双项选择题

1. C E 2. A E 3. C E 4. A D 5. A E 6. A D

7. C D 8. A B 9. D E 10. A E

四、多项选择题

1. A B D E 2. A B C D 3. B C E

五、图解题

1.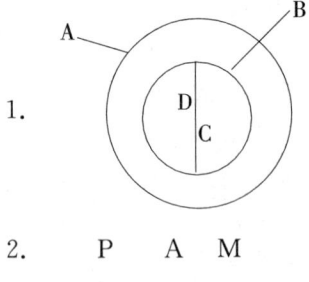

2. P A M
   (M) (A) (S)
   ∴ S I P

六、表解题

1. A、B 的真值表如下：

p	q	p∧q(A)	p←q(B)
T	T	T	T
T	F	F	T
F	T	F	F
F	F	F	T

由上表可知：A 蕴涵 B。因为 A 真，则 B 真；A 假，则 B 真假不定。

2. 设 p：你正确
   q：我正确
   则 A 的逻辑形式为：¬（¬p∨¬q）
   B 的逻辑形式为：¬（¬p→q）

列表如下：

p	q	¬p	¬q	¬p∨¬q	¬p→q	¬（¬p∨¬q）(A)	¬（¬p→q）(B)
T	T	F	F	F	T	T	F
T	F	F	T	T	T	F	F
F	T	T	F	T	T	F	F
F	F	T	T	T	F	F	T

由上表可知:A 与 B 不同真,可同假,即它们是反对关系的判断。

七、分析题

1. 违反矛盾律的要求。因为以 A、B 为前提,据三段论第一格推理可知"所有巨兰都是依靠昆虫授粉的"这一结论判断是真的(前提真,形式有效,结论必真),而这与 C 是矛盾关系判断,同时断定为真,违反了矛盾律要求:在同一思维过程中,对两个互相矛盾的判断不能同时给予肯定。

2. 丙的议论违反排中律的要求。因为甲与乙的话为矛盾关系判断(SAP 与 SOP)。排中律要求:在同一思维过程中,具有矛盾关系的判断不能都加以否定,其中必有一真,而丙对甲、乙的话均予否定,这就违反了排中律。

3. 第一句运用了定义。"弦乐器"是被定义项,"是"为定义联项,"以……乐器"为定义项。后面的文字,即"(弦乐器)分为三类……"运用了划分,"弦乐器"为母项。(1)(2)(3)中的拨弦乐器、拉弦乐器、击弦乐器分别为子项;"如"后面的内容分别是就各个子项所列举的更小的类。

4. 形式结构为:$p \rightarrow q$
$$r \rightarrow q$$
$$\neg p \vee \neg r$$
$$\therefore \neg q$$

该推理不正确。因为不符合二难推理的规则。当前提都真时,结论可能为假。

5. 违反矛盾律的要求。因为以 A、B、C 中任何两个判断为前提,进行有效的三段论推理,都可以推出与第三个判断具有矛盾关系或反对关系的判断。也就是说,同时肯定 A、B、C 三个判断,必然违反矛盾律。

八、证明题

证明:

1) 先证明同时具备(1)(2)(3)(4)是第一格三段论有效的充分条件。

① 由于(1),则中项至少可以周延一次。

② 由于(2)与(4),则前提中至多有一否定,并且前提中若有一否定,则结论否定。

③ 由于(3)与(4),则不出现小项或大项扩大的情况。

④ 由于(1),则不出现两个特称前提的情况。

⑤ 由于(3),则不出现前提有一个是特称,结论是全称的情况。

综上所述,同时具备(1)(2)(3)(4)是第一格三段论有效的充分条件。

2) 再证明(1)(2)(3)(4)是第一格三段论有效的必要条件。

① 设(1)不成立,即大前提为特称判断,则中项在大前提中不周延,故中项在小前提中应周延,即小前提须为否定。小前提否定,则结论否定,结论中大项必周延,则大项在前提中也应周延,那么大前提也应为否定,而两个否定前提推不出必然结论。故(1)是第一格三段论有效的必要条件。

② 设(2)不成立,则小前提否定。按规则结论也为否定,大项在结论中周延,则大项在前提中须周延,大前提须为否定,而两个否定得不出必然结论。故(2)是第一格三段论有效的必要条件。

③ 设(3)不成立,则小项扩大,推理无效。故(3)是第一格三段论有效的必要条件。

④ 设(4)不成立,有两种情况:第一种情况是大项在前提中不周延,却在结论中周延,这就犯了"大项扩张"的错误;第二种情况是大项在前提中周延,在结论中却不周延,这样,前提之一(大前提)否定,而结论却肯定,这也违反了三段论的一般规则。故(4)是第一格三段论有效的必要条件。

综上所述,(1)(2)(3)(4)是第一格三段论有效的充分必要条件。

九、综合题

1. 丁是第一名。推导过程如下:

① 由条件(2)和(4),可推出乙不是第二名。(5)

(据必要条件假言推理的肯定后件式)

② 由(1)(5),可推出甲不是第一名。(6)
    (据充分条件假言推理的否定后件式)
③ 由(3)(6),可推出丁是第一名。(7)
    (据不相容选言推理的否定肯定式)
2. 能必然推出 s∧r。推导过程如下：
① 由(3),可推出 s∧¬q。(4)
    (据负充分条件假言判断的等值式)
② 由(4),可推出¬q(5);s。(6)
    (据联言推理的分解式)
③ 由(2)(5),可推出 p。(7)
    (据充分条件假言推理的肯定前件式)
④ 由(1)(7),可推出 q∨r。(8)
    (据充分条件假言推理的肯定前件式)
⑤ 由(8)(5),可推出 r。(9)
    (据相容选言推理的否定肯定式)
⑥ 由(6)(9),可推出 s∧r。(10)
    (据联言推理的组合式)

第三套练习题

一、填空题(每小题 1 分,共 10 分)

1. 概念"判断"与概念"推理"在外延上具有_____关系。
2. "p 且非 q"与"要么非 p,要么 q"均假,则 p 为_____,q 为_____。
3. 反证法是先论证与原论题相_____的论断为_____,然后根据排中律确定原论题为真的论证方法。
4. 根据普通逻辑基本规律中的_____律,已知"如果 p,那么非 q"为真,则联言判断_____为假。
5. 根据普通逻辑基本规律中的_____律,已知联言判断"¬p∧q"为假,则充分条件假言判断_____为真。
6. 若¬p∨̇q 取值为真,且 q 取值为假,则 p 取值为_____。

7. 一个有效的第二格三段论,其结论的质必然是_____的。

8. 求因果五法是指_____、_____、_____、_____、_____。

9. 设 p 为"甲去北京",q 为"乙去北京",则与"并非甲和乙都去北京"相等值的充分条件假言判断的逻辑形式是_____。

10. 在 (((　)∨¬q)∧¬q)→¬p 的空括号中,填入变项符号_____,可构成有效的推理形式。

二、单项选择题(从每小题的四个备选答案中选出一个正确答案,并将正确答案的序号填入括号内。每小题1分,共10分)

1. "交叉关系与同一关系均属相容关系"这一判断是(　)。

  A. 全称判断   B. 特称判断
  C. 关系判断   D. 联言判断

2. 在不完全归纳推理中,结论的知识(　)前提的知识范围。

  A. 少于   B. 等于
  C. 超出   D. 有时等于有时超出

3. ¬(p∧q)→(¬p∧¬q) 与 ¬(p∨q)→(¬p∨¬q) 这两个推理(　)。

  A. 都有效   B. 都无效
  C. 前者有效,后者无效   D. 后者有效,前者无效

4. "并非如果 p,那么 q"与"有的 S 不是 P"这两个判断形式(　)。

  A. 常项与变项均相同   B. 常项相同,变项不同
  C. 常项不同,变项相同   D. 常项与变项均不同

5. "没有 S 是 P"与"没有 S 不是 P"这两个判断(　)。

  A. 质与量均相同   B. 质相同但量不同
  C. 质不同但量相同   E. 质与量均不同

6. 若 (p∨q)∨(¬p∨¬q) 为假,则 p 和 q(　)。

  A. 可同真,可同假   B. 可同真,不可同假
  C. 不可同真,可同假   D. 不可同真,不可同假

7. 当"非 p"真时,则( )为真。
   A. 必然 p   B. 可能非 p
   C. 可能 p   D. 必然非 p
8. 若 S 与 P 为( )关系,则 SAP 假,SEP 假。
   A. 全同   B. 全异   C. 对立   D. 真包含
9. 若"有的 S 是 P"、"并非所有的 S 都是 P"、"所有的 P 都是 S"三个判断均真,则 S 与 P 具有( )关系。
   A. 全同   B. 真包含于
   C. 真包含   D. 交叉
10. 若对( )同时肯定,则不违反逻辑基本规律的要求。
    A. SAP 与 SOP   B. S$\overline{AP}$ 与 S$\overline{EP}$
    C. SA$\overline{P}$ 与 SEP   D. $\overline{SEP}$ 与 $\overline{SIP}$

三、双项选择题(从每小题的五个备选答案中选出两个正确答案,并将正确答案的序号填入括号内。多选、错选、漏选均不得分。每小题 2 分,共 20 分)

1. "某医院肠道门诊部同一天深夜有七个腹泻病人前来就诊,医生问讯后得知他们都吃了某菜场出售的螃蟹。据此初步断定,腹泻可能是螃蟹不新鲜引起的",这里运用了探求因果联系的逻辑方法。其特点是( )。

   A. 两步求同,一步求异

   B. 从同中求异

   C. 从异中求同

   D. 先行情况中仅有一种情况是共同情况

   E. 先行情况中仅有一种情况是相异情况

2. 与"如果小李不来,那么小王来"等值的判断有( )。

   A. 或者小李来,或者小王来

   B. 并非小李不来,小王也不来

   C. 并非小李来,小王也来

   D. 如果小王来,那么小李不来

   E. 如果小李来,那么小王不来

3. 设"所有 A 是 B,所有 B 是 C"是有效三段论的两个前提,则此三段论(　　)。

　　A. 必然是第一格

　　B. 不是第二格,也不是第三格

　　C. 必然是第四格

　　D. 既非第一格,又非第四格

　　E. 不是第一格,就是第四格

4. 下列判断中,作为正确论证的必要条件的是(　　)

　　A. 论题必须保持同一　　B. 论据中不能包含假言判断

　　C. 论据必须真实可靠　　D. 论证方式必须是演绎推理

　　E. 论题不能是或然判断

5. 下列关系中同时有反对称性质和传递性质的是(　　)。

　　A. 概念间的全同关系　　B. 判断间的等值关系

　　C. 判断间的矛盾关系　　D. 概念间的真包含关系

　　E. 概念间的真包含于关系

6. 下列非有效的推理形式是(　　)。

　　A. $((p \rightarrow \neg q) \wedge p) \rightarrow \neg q$　　B. $(\neg p \rightarrow q) \wedge q \rightarrow \neg p$

　　C. $((p \leftarrow \neg q) \wedge \neg p) \rightarrow q$　　D. $(p \leftarrow q) \wedge \neg q \rightarrow p$

　　E. $((p \leftrightarrow \neg q) \wedge q) \rightarrow \neg p$

7. 若 SAP 与 SEP 恰有一假,则必有(　　)。

　　A. SIP 与 SOP 恰有一假

　　B. SAP 与 SIP 恰有一假

　　C. SEP 与 SOP 恰有一假

　　D. SEP 与 SOP 恰有一真

　　E. SIP 与 SOP 恰有一真

8. 当 S 类与 P 类具有下列(　　)关系时,SIP 与 SOP 同真。

　　A. 同一　　　B. 交叉　　　C. 全异

　　D. 真包含　　E. 真包含于

9. 下列各题中属于正确划分的是(　　)。

　　A. 判断可以分为简单判断、复合判断、负判断和模态判断

　　B. 性质判断可以分为全称肯定判断、全称否定判断、特

称判断

C. 纯关系判断可以分为对称关系推理、反对称关系推理和非对称关系推理

D. 三段论可以分为第一格三段论、第二格三段论、第三格三段论和第四格三段论

E. 不完全归纳推理可以分为简单枚举归纳推理和科学归纳推理

10. 在"中国是世界上人口最多的国家"这一判断中,主项、谓项都是( )概念和( )概念。

  A. 单独　　　　B. 普遍　　　　C. 集合

  D. 正　　　　　E. 负

四、多项选择题(从每小题的五个备选答案中选出二至五个正确答案,并将正确答案的序号填入括号内。错选、多选、漏选均不得分。每小题 2 分,共 8 分)

1. 已知 p 假,则可确定下列判断中( )的取值。

  A. p→¬q　　　B. p∨q　　　　C. p∧q

  D. □p　　　　　E. ¬p

2. 已知 p 真,就可以确定( )的真假值。

  A. p→p　　　　B. p∧q　　　　C. ◇p

  D. □p　　　　　E. ¬p

3. 下列各项中属于类比推理特征的是( )。

  A. 从个别到个别或从一般到一般

  B. 从个别到一般

  C. 前提不蕴涵结论

  D. 前提中的相同(或相似)属性与推移属性是不同的

  E. 结论蕴涵前提

4. 设 A 是一单独概念,B 是一普遍概念,则 A 与 B 的外延不可能是( )关系。

  A. 全同　　　　B. 真包含于　　C. 交叉

  D. 全异　　　　E. 真包含

5. 下列对概念的限制或概括正确的是( )。

   A."形式正确的推理"概括为"有效推理"

   B."假言判断"限制为"前件"

   C."被定义项"概括为"定义的组成部分"

   D."间接推理"限制为"三段论"

   E."模态判断"概括为"简单判断"

五、表解题(第 1、第 2 小题各 3 分,第 3 小题 4 分,共 10 分)

1. 用符号表示 A、B 两判断的形式结构,并列出 A 与 B 的真值表,判断它们是否等值。

   A. 要么小周当选为组长,要么小李当选为组长。

   B. 不能小李与小周都当选为组长。

2. 用真值表方法说明能否同时肯定 A 和 C,又否定 B?

   A. 如果甲是木工,那么乙是泥工。

   B. 乙是泥工。

   C. 甲是木工或乙是泥工。

3. 试用真值表方法判断下面的推理是否正确。

如果一个概念是否定判断的谓项,那么这个概念是周延的;这个概念是否定判断的谓项,所以,这个概念是周延的。

六、分析题(每小题 4 分,共 20 分)

1. 下列公式中,哪一个全面地表达了 E 与 I 的真假关系?为什么?

   A. $E \rightarrow \overline{I}$ B. $\overline{E} \rightarrow \overline{I}$ C. $E \vee I$

   D. $E \veebar I$

2. 当 q 取值为真时,能否确定 $(p \rightarrow q) \wedge q$ 的真假值?为什么?

3. 概念 S 与概念 P 的外延有交叉关系,试问:以 S 为主项、P 为谓项的 A、E、I、O 判断中哪些取值为真?这些取值为真的判断中,哪些可以进行有效的换位法推理?请用公式表示。

4. 断定一个充分条件假言判断为真,是否意味着断定了其所有支判断为真?为什么?

5. 下列 A、B 两判断能否同真?能否同假?它们是不是一对等值关系的判断?

A. 小李是大学生并且小李是团员
B. 如果小李是大学生,那么小李是团员

七、证明题(8分)

已知:A、B、C分别为有效三段论的前提和结论,D是与结论C相矛盾的性质判断。

试证:A、B、D中必有两个肯定判断。

八、综合题(每小题6分,共12分)

1. 几位大学生在一起议论现代社会中的某些难题,若他们的如下议论都是真的,则从中可以得出什么良策?请写出推导过程。

A:要么保住耕地(p),要么饿肚子(q)。
B:如果人口增长(r),那么就要增加住房(s)。
C:只有多盖高楼(t),才能增加住房,又保住耕地。
D:人口在增长,又不能饿肚子。

2. 设 MAP 真,SAM 真,试确定 S 与 P 的外延关系。请写出解法。

参考答案

一、填空题

1. 对立(或全异)   2. 假 真   3. 矛盾 假
4. 矛盾 p且q(p∧q)   5. 排中 $\neg p \rightarrow \neg q$
6. 假   7. 否定
8. 契合法(求同法)、差异法(求异法)、契合差异并用法(求同求异并用法)、共变法、剩余法
9. $p \rightarrow \neg q$ 10. p

二、单项选择题

1. D   2. C   3. D   4. D   5. C
6. D   7. B   8. D   9. C   10. C

三、双项选择题

1. CD   2. AB   3. BE   4. AC   5. DE
6. BD   7. AE   8. BD   9. DE   10. AD

四、多项选择题

1. A C D E
2. A C E
3. A C D
4. A C E
5. C D

五、表解题

1. 设p:小周当选为组长

   q:小李当选为组长

   则A判断的形式结构为:p ⩒ q

   B判断的形式结构为:¬(p∧q)

A与B的真值表如下:

p	q	p ⩒ q	p∧q	¬(p∧q)
T	T	F	T	F
T	F	T	F	T
F	T	T	F	T
F	F	F	F	T

据真值表可知:A与B不等值。

2. 设p:甲是木工

   q:乙是泥工

   则A的逻辑形式为:p→q

   B的逻辑形式为:q

   C的逻辑形式为:p∨q

A、B、C的真值表如下:

p	q	p→q	p∨q
T	T	T	T
T	F	F	T
F	T	T	T
F	F	T	F

据真值表可知:不能同时肯定A和C,又否定B。

3. 设 p:一个概念是否定判断的谓项

   q:这个概念是周延的

   则该推理的形式为:(p→q)∧p→q

其真值表情况列表如下：

p	q	p→q	(p→q)∧p	((p→q)∧p)→q
T	T	T	T	T
T	F	F	F	T
F	T	T	F	T
F	F	T	F	T

据真值表可知：这一假言推理是正确的。

六、分析题

1. D 全面表达了 E 与 I 不可同真、不可同假的关系。因为 A 只表达了 E 与 I 不同真的关系；B 错误地表达了 E 与 I 的真假关系；C 只表达了 E 与 I 不同假的关系。

2. 能确定。当 q 真时，p→q 为真，故可确定（p→q）∧q 取值为真。

3. SIP 与 SOP 取值为真。
SIP 可进行有效的换位法推理，公式为 SIP→PIS。

4. 不是。断定一充分条件假言判断为真，意味着断定了其前件与后件的真假情况属下列三种之一：(1) 前件与后件均真，(2) 前件假，后件真，(3) 前件与后件均假。因此，断定充分条件假言判断为真，不意味断定其所有支判断为真。

5. 若 A 真，则 B 真，故 A 与 B 可同真。
若 B 假，则 A 假，故 A 与 B 可同假。
若"小李是大学生"假，则 A 假而 B 真，故 A 与 B 不是一对等值关系的判断。

七、证明题

证明：

A、B 两个前提要么都是肯定判断，要么一个肯定判断一个否定判断，要么都是否定判断。

如果 A、B 都是肯定判断，则 C 必是肯定判断；D 与 C 矛盾，则 D 是否定判断。因此，A、B、D 中有两个肯定判断。

如果 A 与 B 一个是肯定判断，一个是否定判断，则 C 必是否定判断;D 与 C 矛盾,则 D 是肯定判断。因此,A、B、D 中有两个肯定判断。

如果 A、B 都是否定判断,则三段论无效。

所以,A、B、D 中必有两个肯定判断。

八、综合题

1. 良策是:多盖高楼。推导过程如下:

四种议论各自的逻辑形式为:

A：$p \veebar q$

B：$r \to s$

C：$t \leftarrow (s \wedge p)$

D：$r \wedge \neg q$

据题设可作如下推导:

$(r \wedge \neg q) \to r$

$(r \wedge \neg q) \to \neg q$

$((r \to s) \wedge r) \to s$

$((p \veebar q) \wedge \neg q) \to p$

$(s, p) \to (s \wedge p)$

$((t \leftarrow (s \wedge p)) \wedge (s \wedge p)) \to t$

由以上推导可知:良策是多盖高楼。

2. S 与 P 的外延关系是:S 与 P 全同或 S 真包含于 P。

本题有两种解法。

第一种:由于 MAP 真,则 M 与 P 有两种外延关系;由于 SAM 真,则 S 与 M 有两种外延关系。综合这四种情况,得 S 与 P 全同或 S 真包含于 P。

第二种:引进推理。由 MAP 和 SAM 推得 SAP,由前提真得 SAP 真,从而 S 与 P 全同或 S 真包含于 P。

附录三

应用练习题及参考答案

一、问题解析

1. 一天,苏格拉底带了一个青年到智者欧底姆斯那里去请教。欧底姆斯有意要显示自己的本领,他劈头就对青年提出这样一个问题:你学习的是你已经知道的还是不知道的东西?这个青年当然回答说,学习的是自己不知道的东西。于是这个智者就向青年抛出一连串的问题。二人的对话如下:

"你认识字母吗?"

"我认识。"

"所有的字母都认识吗?"

"是的。"

"而教师教你的时候,不正是教你认识字母吗?"

"是的。"

"如果你认识字母,那么他教你的不就是你已经知道的东西吗?"

"是的。"

"那么,或者你并不在学,只是那些不认识字母的人在学吧?"

"不,我也在学。"

"那么,如果你认识字母,就是学你已经知道的东西了吧?"

"是的。"

"那么,你最初的回答就不对了。"

于是,这个青年就这样被得意洋洋的智者弄得昏头昏脑。

请问:智者欧底姆斯是怎样把这个青年弄得昏头昏脑的?请你运用概念方面的知识加以分析。

2. 小王准备买房。他的条件是:位于市区繁华路段;附近不远处要有一所重点中学;价格在全市商品房中偏低;现房,面积120平米。经多方联系,总是不能找到合适的房源。最后,他决定降低条件,取消了"位于市区繁华路段"这一条。于是,很快就找到了三处符合要求的房源。经过筛选比较,他很快买到了一套合适的房子。

请你运用概念方面的知识分析:小王买房的经历说明了什么问题?

3. 世界著名的大文豪列夫·托尔斯泰有一句名言:"幸福的家庭都是相似的,不幸的家庭各有各的不幸。"

请你运用复合判断的知识来诠释这句话。

4. 著名的生物学家达尔文经过长时间的科学研究,早在1844年就得出了物种是在不断进化的这一思想。当时他的好朋友地质学家赖尔曾经多次劝说他发表这些见解,但是治学严谨的达尔文总是觉得自己的学说还需要进一步完善,就没有这样做。

1858年,正当达尔文准备发表自己的研究成果时,突然收到华莱士发自印度尼西亚某小岛的一封信,原来是一篇论文,并且作者的观点和达尔文的见解竟完全一样。华莱士在信中还请求达尔文向当时学术研究的权威机构林耐学会推荐这篇论文。这封信令达尔文感到左右为难。如果答应华莱士的请求,公开发表他的论文,那么自己多年研究的成果就会被埋没,得不到世人的公认;如果不答应华莱士的请求,只公布自己的成果,那么无异于压制他人,自己的良心又不得安宁。没过多久,达尔文的好友赖尔等人来访,看到达尔文憔悴的面容,再三追问,才得知此事。大家认真商讨了一番。有朋友说:"你应该当仁不让,因为进化的理论是你先提出的。""但是华莱士也是独立研究出来的,这样做我的良心会感到不安。"达尔文说。大家听了,都交口称赞达尔文的品格。这时达尔文的好友赖尔说:"我有一个主意,就是同时发表你们两人的论文。"达尔文忙问:"这可能吗?"赖尔说:"这件事情就交给我们来办吧。"后来,赖尔等人与林耐学会进行了商议,最终达成了一致的意见,把达尔文和华莱士的论文同时公之于世。

请问:达尔文为什么会左右为难?从逻辑的观点看,达尔文犯了什么逻辑错误?

5. 一次,身居闹市的某户居民家中被盗,丢失一笔现金和一台相机。当晚,公安人员将犯罪嫌疑人抓获,同时起获了被盗的相机等赃物。但犯罪嫌疑人十分狡猾,他一口咬定相机是自己的。在法庭上,审判长出示从被告家中搜到的这台相机,并问被告:"这台相机是谁的?"被告回答:"是我的。是我三年前从商店买的。""发票呢?""丢了。""照相机有什么特征?""这是一台德国产的蔡斯牌照相机。""你用它拍过照吗?""当然拍过。三年来,我一直用它拍照。""请你把它打开。"被告狡猾地问:"要是我把它打开了,那就证明照相机是我的,对不对?"审判长回答:"不对,打开了,并不能证明它就是你的;但是如果打不开,那就证明它一定不是你的。"法警把相机递给被告,被告反复摆弄也没能把相机打开。审判长问:"被告,你究竟能不能打开?"被告虽然神色慌张,但他仍在狡辩:"我忘了。但是这相机就是我的。""三年来你一直在使用,怎么会忘了?"被告无法自圆其说,只好低下了头。这时,审判长将相机交给失主,失主立即"咔嚓"一声打开了相机。审判长说:"被告,这相机不是你的,而是这位失主的。"被告一听,大声叫了起来:"你不是说,打开它并不能证明我的,为什么他打开了,就说是他的了?"审判长出示了失主购买相机的发票,说:"发票上的内容与失主的陈述是一致的。你有这样的证明吗?"这时被告彻底绝望了,不得不交代了犯罪事实。

请你运用推理方面的知识分析:审判长是怎样战胜狡猾的被告的?

6. 意大利的都灵大教堂,因为一件珍藏而遐迩闻名。相传该物乃耶稣遇难后包裹尸体的布幅。这块裹尸布是用细亚麻织成的,长4.3米,宽3米,供放在一只精致的盒子里,终年摆放在教堂的圣坛上。

这块裹尸布是1357年首次展示的,在这以后的六百多年中,它的真伪问题一直引起信徒们的激烈争论。一些信徒把它奉为至高无上的圣物而顶礼膜拜,不许有一丝一毫的亵渎和不敬;另一些信徒却认为它不过是好事者伪造出来的赝品。

某年,一神学院的四个学生来到都灵旅行。他们在看了这块裹尸布后,也就它的真伪问题发表了自己的看法:

甲:我相信这件圣物是真的。大家想象一下耶稣受难时的情景吧!耶稣是钉死在十字架上的,那时手腕上、大腿上一定流了大量的血。所以我们可以这样分析:如果它是真的,那么,在它上面必定也有大量的血迹(因为它是用来包裹尸体的),现在我们亲眼看到它上面有斑斑血迹,可见它是真的。

乙:我同意甲的分析。此外,我还要补充一点理由:只有这块布上有血迹,才有可能是圣物。像刚才甲所说的,我们亲眼看到它上面有很多血迹,可见它是圣物是无疑的了。

丙:我也认为这件圣物是真的。因为如果它是假的,那么,它就不可能在六百多年的时间里一直被我们的教友所敬奉。事实上,我们的教友都是虔诚地敬奉它的,可见它是真的。

丁:我不认为它是圣物。这道理是最简单不过的了。许多研究纺织史的专家认为:在欧洲,粗糙的亚麻织品在公元前虽然就出现了,但亚麻细布却是直到公元二世纪才出现。这就是说,如果这块布真的是耶稣的裹尸布,那么,耶稣应该是公元二世纪以后才受难的,可是,圣经说他是公元一世纪受难的呀!可见,它根本不可能是什么圣物。

请问:甲、乙、丙、丁四人的言论谁是正确的?为什么?请你用演绎推理方面的知识加以分析。

7. 一日,某贩毒集团的四个成员落网。四人在分别接受警察的讯问时,只有一人说了真话。下面是讯问笔录:

问:歌唱演员张无道是你们这个犯罪集团的头子吗?

甲:是的。

问:甲说的是实话吗?

乙:甲说的不是实话。

问:你们这个犯罪集团的头子是烟草公司的老板李黑吗?

丙:是的。

问:你们这个犯罪集团的头子是赵三儿吗?

丁:不是。

请问:这个犯罪集团的头子是谁?请你运用判断方面的知识加以分析。

8. 一天,喜迁新居的某房屋主人请客,约好四位客人6点钟到齐后一起吃晚饭。三位客人如约而至,只有一位重要的客人迟迟未到。一直等到6点半,主人心烦,随口道:"怎么搞的?该来的不来!"闻听此言,在座的客人王某心中不悦,起身告退。主人见状,又叹道:"唉,不该走的走了!"一言未了,余下的两位客人怒形于色,不约而同地陡然起身,悻悻而去。

请你运用推理的知识分析这一现象。

9. 一天,某监狱的看守对警官说:"真糟糕!伯利下班时留下一张字条,说昨晚他抓了一个杀人犯、一个赌徒。两个人都是牧师打扮。可是今早我上班时发现1号、2号、3号单人牢房里关着的人都是牧师打扮,看来一定是有个牧师来探监,也被错关在里面了。可是我弄不清楚谁是真正的牧师。该怎么办呀?"警官说:"问问他们不就行了吗?牧师肯定是要说真话的。""可是那两个罪犯不一定说真话呀?"于是警官和看守一起来到了牢房。

"你是什么人?"警官问1号牢房里的那个人。"我是赌徒。"警官又走到2号牢房门前,问:"关在1号牢房里的是什么人?""杀人犯!"对方回答。"关在1号牢房里的是什么人?"警官又问3号牢房里的人。"他是牧师。"对方回答。警官转身对看守说:"很明显,你应该释放……"

请问,关在1号、2号、3号牢房里的分别是什么人?请你运用判断和推理的知识加以分析。

10. 已经很晚了,某刑警队长正在办公室办公,忽然收到一封电报。电文如下:"本市博物馆一幅凡·高的画被盗——友。"刑警队长看完电报,立即赶到了博物馆。他在大厅里看到空空的画框挂在那里,显然画已经被盗走了。他的身边还站着两个人。一个是衣着讲究的管理员,另一个是穿着礼服的保管员。下面是他们的对话:

"我是警察局的。刚才接到通知,说博物馆里一幅凡·高的画被盗。你是管理员吗?"

"是的。几分钟前,保管员通知我,说我们收藏的那张最贵重的画被盗走了。"

"你是什么时候发现的呢?"刑警队长转向保管员,一边问道。

"10 点钟以前。博物馆在 7 点钟关门。也就是说,我是在三个多小时之前关的门。照理说是要到明天早上才开门的,可是我把一本书忘在大厅里了。在没有人来参观时,我常常用看书来打发时间,今天我想把它看完,就决定回来取书,没想到画被盗走了。"

"在你关门之前,画还在吗?"

"当然在。因为关门之前我还给画掸尘呢,要是那时候画就没有了,我肯定会发现的。"

"你对这一切的看法怎样呢?"刑警队长又转向了管理员。

"我想,是盗画的人自己给你发的电报。可能他是故意要把水搅浑。据我所知,这种贼喊捉贼的事情是常常会发生的。"

"你说得对。不过这情况已经很明显了。盗画的人就是你们两人中的一个。"

请问:刑警队长怀疑的是哪一个人呢?他的根据是什么?

二、选择题:

1. 甲:如果在视觉上不能辨别艺术复制品和真品之间的差异,那么复制品就应该和真品价值一样。因为如果两件艺术品在视觉上无差异,那么它们就有相同的品质,要是它们有相同的品质,那么它们的价格就应该相等。

   乙:我不同意你的看法。即使某人做了一件很精致的复制品,并且在视觉上无法把它和真品分开,由于这件复制品和真品产生于不同的年代,不能算有同样的品质。现代人重塑的兵马俑再逼真,也不能和秦陵的兵马俑相提并论。

   下列选项中能表明甲、乙的分歧的是(   )。

   A. 一件复制品是不是和真品有同样的时代背景。

B. 一件复制品是不是比真品的价值高。

C. 是不是把一件复制品误认为是真品。

D. 对两件艺术品判别不出差异是不是就能断定它们有相同的品质。

2. 在计算机语言中有一种逻辑运算,如果两个数同一位上都是0时,其和为0,一个为0,一个为1时或两个都是1时,其和为1,那么(　　)。

A. 如果和为1,则两数必然都是1

B. 如果和为0,则两数必然都为0

C. 如果和为0,则两数中可能有一个为1

D. 如果和为1,则两数中至少有一个为0

3. 若风大,就放飞风筝;若气温高,就不放飞风筝;若天气不晴朗,就不放飞风筝。

假如以上说法正确,若放飞风筝,则可断定为正确的说法是(　　)。

A. 风大　　　　B. 天气晴朗

C. 气温高　　　D. 风大并且天气晴朗

4. 甲:什么是生命?

乙:生命是有机体的新陈代谢。

甲:什么是有机体?

乙:有机体是有生命的个体。

以下对话与上述对话形式上最相似的是(　　)。

A. 甲:什么是真理?

乙:真理是符合实际的认识。

甲:什么是认识?

乙:认识是人脑对外界的反映。

B. 甲:什么是逻辑学?

乙:逻辑学是研究思维形式结构的规律的科学。

甲:什么是思维形式结构的规律?

乙:思维形式结构的规律是逻辑规律。

C. 甲:什么是家庭?

乙：家庭是以婚姻、血缘或收养关系为基础的社会群体。

甲：什么是社会群体？

乙：社会群体是在一定社会关系基础上建立起来的社会单位。

D. 甲：什么是人？

乙：人是有思想的动物。

甲：什么是动物？

乙：动物是生物的一部分。

5. 一定的经济发展水平，只能支持一定数量和质量的人口，因而物质资料的生产和人口增长必须协调发展。人作为生产者、消费者，其数量和质量必须与生产资料的质与量、消费品的结构与数量，以及资金的数量与投资结构等相适应。由此可以推出（　　）。

A. 目前中国人口数量与其经济发展水平已不相适应

B. 人既是生产者，又是消费者，但生产出的价值远大于消费掉的

C. 提高了人的数量和质量，经济就会发展

D. 当人的增长数量超过经济发展水平时，人的消费质量就会下降

6. 用肥皂在硬水中洗东西，肥皂将与硬水中的钙、镁发生化学反应，会产生一种不容易洗掉的沉淀物。这种沉淀不仅浪费肥皂，而且它沉积在织物上，使织物失去光泽，产生污点，甚至使羊毛、丝绸等织物的牢度大大降低。这意味着（　　）。

A. 肥皂是最好的去污物

B. 肥皂的价格很高

C. 肥皂不适合在硬水中洗东西

D. 肥皂在硬水里去污能力强

7. 光年是指光在一年内通过的距离。天文学中常用光年表示星体间距离的远近。

根据以上定义，下述概括正确的是（　　）。

A. 光年是一个很长的长度单位。

B. 光年是光学中的专业术语。
C. 光年可以用来计算天体的体积。
D. 光年在时间上的应用比较多。

8. 发散思维是指沿着不同的方向、不同的角度思考问题,从多方面寻找解决答案的思维模式。

下列不属于发散思维的是(　　)。

A. 以某个问题为中心,从不同的方向和角度,将思维指向这个中心
B. 鲁班从草拉破手指的事件中受到启发,发明了锯子
C. 人类从昆虫的眼睛构成得到启示,研制出了许多先进的夜视武器
D. 瓦特从茶壶水开受到启发发明了蒸汽机

9. 下面是甲、乙、丙、丁四城市某日的天气概况:已知四城市有三种天气情况,甲市和丙市的天气相同,乙市和丁市当天没有雨,则以下推断不正确的是(　　)。

A. 甲市小雨　　B. 乙市多云
C. 丙市晴　　　D. 丁市晴

10. 中华腾飞,系于企业;企业腾飞,系于企业家。因此,中国经济的腾飞迫切需要大批优秀的企业家。

下列选项中与上述推理方法相同的是(　　)。

A. 红盒中装蓝球,蓝盒中装绿球,因此,红盒中不可能装绿球。
B. 新技术增加产品的科技含量,科技含量增加产品的价值,因此,科技含量低的产品价值低。
C. 生产力决定生产关系,生产关系决定上层建筑,因此,上层建筑反作用于生产力。
D. 优秀的学习成绩来自于勤奋,勤奋需要意志支撑,因此,要取得好的成绩必须具有坚忍的意志。

参考答案

一、问题解析：

1. 欧底姆斯利用语词的多义性对概念进行了偷换。"教师教你的时候"这一概念在时间上具有不确定性，可以表示过去、现在甚至未来。欧底姆斯向青年发问："教师教你的时候，不正是教你认识字母吗？"这里的"教你的时候"是指过去。后来他又问："如果你认识字母，那么他教你的不就是你已经知道的东西吗？"这里"教你的时候"（文中没有出现）已经不是指前一个时间，而是指那之后的时间。青年没有意识到这一点，所以被欧底姆斯弄昏了头脑。

2. 根据同一属种序列概念内涵与外延间存在反变关系的理论，可以说明：对待客观事物的态度不应求全责备。因为小王最初买房时要求必须具备地段好、价格低等多个条件。而就房子的属性而言，内涵愈多，则外延愈小，因此小王总是找不到合适的房源。根据概念内涵与外延反变关系理论，概念的内涵愈少，则外延愈大，因此，当他降低了要求后，很快就找到了几处房源。

3. 幸福的家庭需要很多条件，能够同时满足这些条件的家庭才是幸福的。因此，幸福的家庭都是相似的。而不幸的家庭之所以不幸，一定是缺少某个幸福家庭所具备的条件。由于幸福家庭所具备的条件很多，缺少任何一个条件都会不幸福，至于每个不幸的家庭缺少的是哪一个条件，这可能是各不相同的，因此，不幸的家庭各有各的不幸。也就是说，幸福家庭所具备的全部条件是幸福家庭的充分条件；而其中的任何一部分都是不幸家庭的一个必要条件。

4. 在发表论文的问题上，达尔文的想法是：华莱士在科研方面获得了与自己相同的研究成果，他自然也具有发表研究成果的资格。究竟发表谁的成果，这是一个不相容的选言判断，因此达尔文陷入了困扰。而事实上，是有可能同时发表各自的论文的，这是一个相容的选言判断。因此，达尔文在这个问题上犯了混淆选言判断类型的错误，把相容选言判断误当作不相容选言判断来对待了。

5. 罪犯以"能打开相机"作为"是相机的主人"的充分条件，企图蒙混过关，掩盖犯罪事实。而审判长当即予以反击，说明前者是后者的必要条件，即打不开相机说明不是相机的主人，从而证明了罪犯不是相机的主人。当原告打开相机后，审判长认定他是相机的主人。此时罪犯再次刁难，审判长的回答表明："能打开相机"与"有发票"等条件共同构成"是相机的主人"的充分条件。至此审判长运用假言判断的知识战胜了狡猾的被告。

6. 丁的言论是正确的。分析如下：

甲的言论中包含一个充分条件假言推理，根据规则"肯定后件不能肯定前件"，因此该推理无效。所以甲的言论是错误的。

乙的言论中包含一个必要条件假言推理，根据规则"肯定前件不能肯定后件"，因此该推理无效。所以乙的言论是错误的。

丙的言论中包含一个充分条件假言推理，这个推理是有效的。但是前提不真实。因为如果它是假的，我们的教友也可能在六百多年的时间里一直把它当作真的而信奉它。一个推理有效，不等于它就是正确的。只有当这个推理既是形式有效的，又是前提真实的，两个条件都具备时，它的结论才是必然正确的。

丁的言论是正确的。因为它包含一个否定后件式的充分条件假言推理，这个推理是形式有效的，同时前提也是真实的，因此，丁的言论是正确的。

7. 这个犯罪集团的头子是赵三儿。甲和乙回答的内容是互相矛盾的，因此根据排中律，两句话中必有一真。又根据已知条件，四人的回答中只有一句为真，因此，丙、丁的回答都是假的。再根据排中律，与他们回答的内容相矛盾的判断就是真的。因此，赵三儿是犯罪集团的头子。

8. 主人说："该来的不来！"意即"该来的是没来的"，对这个判断进行换质，得到"该来的不是来了的"，再换位，得到"来了的不是该来的"，再换质，得到"来了的是不该来的"。因此，客人王某听了主人的话后愤然离去。主人又说："不该走的走了！"意即"不该走的是走了的"，对这个判断进行换质，得到"不该走的不是没走的"，再换位质,得到"没走的是该走的",所以余下的两位客人悻悻而去。

9. 关在1号、2号、3号牢房里的依次分别是:杀人犯、牧师、赌徒。根据牧师必然说真话和身在1号牢房的人的回答,可以断定1号牢房里的人不是牧师。由此可知,3号牢房里的人的回答是假话。三人话中只有一句话为真,可见2号牢房里的人说的是真话。也就是说,2号牢房里的人是牧师,1号牢房里的人是杀人犯,3号牢房里的人是赌徒。

10. 刑警队长怀疑的是管理员。因为她的话是有破绽的:在他们的全部对话中,刑警队长并没有说明他是从一封电报中得知名画被盗的事情的。而管理员怎么能知道发电报的事情呢?显然是她自己贼喊捉贼。

二、选择题:
1. D   2. B   3. B   4. B   5. D
6. C   7. A   8. A   9. C   10. D

参 考 书 目

1. 陈文江、秦美珠:《智者的逻辑》,上海交通大学出版社,1999年。
2. 陈宗明:《汉语逻辑概论》,人民出版社,1993年。
3. 谷振诣:《论证与分析》,人民出版社,2000年。
4. 郭彩琴:《全国高等教育自学考试全真模拟试卷集——普通逻辑原理》,新华出版社,1999年。
5. 华晓晨:《行政职业能力测验》,中国致公出版社,2005年。
6. 刘江:《逻辑学——推理和论证》,华南理工大学出版社,2004年。
7. 刘新友、田宏第:《普通逻辑自学导引》,高等教育出版社,1991年。
8. 南开大学哲学系逻辑教研室:《逻辑学基础教程》,南开大学出版社,2003年。
9. 牛鸿恩:《古代辩术精粹》,延边大学出版社,1995年。
10. 《普通逻辑》编写组:《普通逻辑》,上海人民出版社,1993年。
11. 宋文坚:《逻辑学》,北京大学出版社,1998年。
12. 宋文坚:《逻辑学的传入与研究》,福建人民出版社,2005年。
13. 张智光:《生活中的逻辑与智慧》,华文出版社,2001年。
14. 中国人民大学哲学系逻辑教研室:《逻辑学》,中国人民大学出版社,2002年。
15. 周礼全:《逻辑》,人民出版社,1994年。

后　记

　　笔者从事逻辑学教学多年,深感教材的科学性、趣味性和实用性是多么重要。在本书的编著过程中,笔者参阅了大量相关资料,结合多年来的教学体会,筛选吸收了其中一些优秀成果,并直接借用了部分例题。在此,谨向有关的作者表示诚挚的谢意。笔者特别要感谢宋文坚教授。宋教授曾多次指导我,并亲自审阅了部分章节,令我受益匪浅。此外,还要感谢北京大学出版社编审严胜男女士,她为本书的出版倾注了大量心血。笔者水平有限,书中不足在所难免,敬请各位同仁以及广大读者批评指正。

郭彩琴

2006 年 3 月 15 日